尽　善　尽　美　　　　弗　求　弗　迪

人才发展路径图

关键岗位胜任力建模与学习发展管理

孙科柳
廖立飞 著

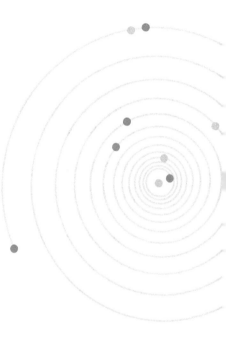

电子工业出版社.
Publishing House of Electronics Industry
北京 · BEIJING

内 容 简 介

　　人才发展路径图是一种增强员工的岗位胜任力，加快人才梯队的搭建速度，从而提高组织绩效的工具。本书共 8 章内容，分别为胜任力定义、工作任务分析、胜任力建模、胜任力体系、人才测评方案、人才地图构建、岗位学习地图、人才发展计划，详细介绍了规划人才发展路径的方法及配套工具，帮助读者从人才标准、人才测评、人才地图、人才成长 4 个维度全方位了解人才发展路径的相关理论和实践。

　　本书适合企业管理者、人力资源人员、培训人员、人才发展人员和管理咨询人员阅读、应用。

图书在版编目（CIP）数据

人才发展路径图：关键岗位胜任力建模与学习发展管理 / 孙科柳，廖立飞著. 一北京：电子工业出版社，2023.8

ISBN 978-7-121-45898-9

Ⅰ. ①人… Ⅱ. ①孙… ②廖… Ⅲ. ①人才培养－研究 Ⅳ. ①C964.2

中国国家版本馆 CIP 数据核字（2023）第 123969 号

责任编辑：黄益聪
印　　刷：固安县铭成印刷有限公司
装　　订：固安县铭成印刷有限公司
出版发行：电子工业出版社
　　　　　北京市海淀区万寿路 173 信箱　　　　邮编：100036
开　　本：720×1000　　1/16　　印张：18.25　　字数：285 千字
版　　次：2023 年 8 月第 1 版
印　　次：2025 年 7 月第 3 次印刷
定　　价：79.90 元

　　凡所购买电子工业出版社图书有缺损问题，请向购买书店调换。若书店售缺，请与本社发行部联系，联系及邮购电话：（010）88254888，88258888。
　　质量投诉请发邮件至 zlts@phei.com.cn，盗版侵权举报请发邮件至 dbqq@phei.com.cn。
　　本书咨询联系方式：（010）57565805，meidipub@phei.com.cn。

从人才竞争到人才经营

《襄阳记》有云："功以才成，业由才广。"千秋基业，人才为本。人才既是国家的根本，又是社会发展的重要源泉，还是企业基业长青的关键因素。

微软的联合创始人比尔·盖茨曾经说过："一家公司要想迅速发展，需要聘用好的人才，尤其需要聘用聪明的人才。"

由此可见，古今中外，人才的重要性毋庸置疑。正因为有人才，企业在管理、技术、经营等方面才能进步，社会的发展才能更加迅速。

自 1978 年改革开放以来的 40 余年是我国社会蓬勃发展、经济高速增长的关键时期。从我国经济社会发展的纵深视角来看，在这波澜壮阔的 40 余年间，我国企业的人才发展经历了从人才竞争到人才经营的转变。

以成本换市场：人才概念初现

1978 年，中国共产党第十一届中央委员会第三次全体会议召开，我国开始实行经济体制改革和对外开放的基本国策。一方面，民营经济和农村集体经济显示了强大的生命力；另一方面，部分国有企业甩掉僵化体制的包祓，焕发新的活力，中国石油、中国石化、中国四大银行率先跻身世界 500 强企业。

与此同时，上海、深圳等一线城市成为吸纳全国人才的热点城市；全国各地的亿万名农民工离开土地，来到城市"淘金"。20 世纪 90 年代，毕业生跨过国家"包分配"的"分水岭"，走向自主择业，一部分人选择外企，一部分人选择私企，一部分人选择自主创业。2000 年前后，我国劳动者凭借勤劳、勇敢和智慧，使我国企业在全球经济格局和产业链中获得了"加工制造"的定位。

以创新换认同：人才竞争

2000 年前后，全球一体化和信息技术的应用逐渐兴起，这对我国企业而言是一个全新的发展契机。在这段时间内，腾讯、阿里巴巴、百度相继成立，华为、中兴、美的、海尔、联想等企业快速成长，甚至代表我国企业参与全球化进程。

华为在 2000 年前后实施了一项大胆的人力资源薪酬策略，即开出远超社会平均水平几倍的工资，在全国范围内抢占人力资源。例如，在当时的人才市场中，应届本科毕业生的平均月工资是 800 元，华为则直接开出了 5000 元左右的高薪。

华为的这项策略倒逼其他企业提高薪酬水平，无论是在通信行业内还是在其他行业内，员工的薪酬待遇都跃上了新的台阶，我国人才市场的薪酬水平开始普遍提高。作为这方面的先行者，华为不但把竞争对手甩在身后，而且改变了我国企业在国际上的形象。

以速度换资本：人才经营

凯洛格发布的《企业大学白皮书》指出，2000—2010 年，人才培养成为我国企业的关键策略。

阿里巴巴的创始人马云曾经说过："企业请人很难。我很不喜欢'挖人'这一说。企业不应该费力'挖人'，而应该尽心尽力培养自己的年轻人。最好的人才一定是自己发现、培养和训练出来的。"

在互联网企业领头羊的影响下，如今，各行各业已经充分认识到人才经营的重要性，人才经营已经成为我国企业的战略议题和共识，人力资源被视为企业的重要资源。没有把人才经营看作经营策略的企业，很可能在行业发展和市场竞争中败下阵来。

如上所述，对我国企业而言，人才发展趋势已经从人才竞争转变为人才经营。谁能顺应这种人才发展趋势，谁就能在一定程度上把握未来、持续发展，并且发展得越来越好。

基于我国企业的人才发展实践和新兴技术的兴起，孙科柳和廖立飞两位老师合著了本书。本书结合了两位老师多年的从业实践经验，以及对企业人才发展的深入研究和思考，系统地梳理、总结了相关理论和标杆案例，为当今时代的我国企业绘制了一张全面、清晰的人才发展路径图。本书不仅有清晰的理论架构，还吸收了国内外许多著名企业、学者的实践经验和观点。

本书能够给有意改善人才发展现状、实施人才经营策略的企业带来有益的思考与启发，有助于企业顺应从人才竞争到人才经营的人才发展趋势，加快人才培养速度，提高人才培养效率，打造个性化、规模化、体系化的人才培养模式，进而增强企业的核心竞争力，助力企业实现可持续发展。

田之富

香港第一胜任力控股有限公司创始人、首席人才管理专家

前言

在全球化时代，企业之间的竞争逐渐由自然资源和资本的竞争演变为人才的竞争。企业呼唤人才，发展需要人才，人才资源已成为企业核心性的战略资源，对企业的可持续发展具有决定性的意义。

人才是指具备知识、技能、经验等岗位胜任资格，拥有完成任务的意志，并对企业发展做出贡献的人。

在高度复杂的环境下，人才作为企业极具活力的竞争要素，其流动已成为常态。这种常态对企业的人才管理提出了新要求，尤其是在人才发展与培养方面，盘活现有人才、提高人才密度和人才质量、实施人才发展策略是企业突破与创新的重中之重。

实施人才发展策略的关键在于从组织发展和人才发展的双视角出发，明确岗位胜任标准，构建胜任力模型；通过人才测评与盘点，检视当前与未来、现实与目标之间的人才数量差距和质量差距；用核心人员专项培养的方式打造人才济济的组织生态。这是一项战略性、系统性的工作，既要为组织战略服务，又要满足人才的发展诉求。

笔者在接受咨询的过程中发现，我国一些企业在人才管理方面存在人才梯队青黄不接、没有合适的人才承接新战略等痛点，导致企业错失发展机遇。笔者基于多年的人才发展咨询服务经验，系统地梳理、总结了相关理论和标杆案例，绘制了一张全面、清晰的人才发展路径图，以帮助企业加快人才培养速度、提高人才培养效率、修补人才链条的缺口。

人才发展路径图是一种增强员工的岗位胜任力，加快人才梯队的搭建速度，从而提高组织绩效的工具。同时，它能够最大限度地节约培训成本，企业可以将资金用于其他项目。

本书共 8 章，分别介绍了胜任力定义、工作任务分析、胜任力建模、胜任力体系、人才测评方案、人才地图构建、岗位学习地图、人才发展计划等内容。本书旨在帮助广大读者掌握构建胜任力模型、设计学习内容、绘制学习地图等知识；帮助企业开展人才测评与盘点，制订人才发展计划，向关键岗位源源不断地输送人才。

本书既吸收了国内外许多著名企业、学者的实践经验和观点，又融合了笔者多年的人才发展咨询服务经验，每一章都列举了大量的标杆企业和案例，打通了人才发展路径的各个环节。此外，本书还提供了有效的方法与工具，希望能为读者的人才发展工作提供一些借鉴。

在 VUCA［V（Volatile，易变）、U（Uncertain，不确定）、C（Complex，复杂）、A（Ambiguous，模糊）］时代，外部市场复杂多变，企业内部人才在物质需求得到满足后，往往会追求个性化发展，人才问题层出不穷。日后，笔者会深化对人才发展工作的研究，不断更新相关知识和内容，以满足读者的需求。

参与写作本书的伙伴拥有多年的人才发展工作经验，对人才发展有独到的见解。在写作本书的过程中，笔者参考了众多大学教授、咨询顾问、管理专家的真知灼见和实践经验，在此表示感谢！

最后，感谢团队在课题研发中的思想碰撞和在文字润色方面的辛勤付出。笔者水平有限，本书难免存在不足之处，敬请广大读者批评指正。

孙科柳　廖立飞

2023 年 6 月

目录

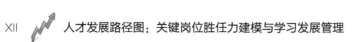

第

1

章　胜任力定义

企业的核心竞争力在很大程度上由企业内部人才的胜任力决定。要想最大限度地开发人力资源，企业必须对胜任力与胜任力模型有所了解。

1.1 胜任力与胜任力模型

我们处于一个知识大爆炸的时代，在这样的背景下，"术业有专攻"越来越重要。员工要想胜任一份工作，必须具备与工作岗位相匹配的能力；企业要想在行业内保持领先地位，不仅要招聘有能力的员工，还要基于胜任力的要求挖掘员工的潜力。

1.1.1 胜任力的起源与发展

"胜任力"一词由英文单词 Competency 翻译而来，同时，该单词还被翻译成素质、胜任素质、胜任特征、胜任能力、能力素质等词语。

胜任力的概念最早可以追溯到中国的尧舜时代，尧在选拔君主时已经有了"胜任力"的意识。《庄子》中也提到识人需要"八验"。

在古罗马时代，西方人为了弄清楚需要什么样的战士，绘制了战士的剖面图，可谓胜任力的雏形。

20 世纪初，泰勒开始对流水线工人进行"时间–动作"研究，他发现优秀工人和一般工人在完成工作的时间上存在差异，建议管理者培训工人，以提高工人的工作能力。泰勒的研究堪称后世学者开展胜任力建模研究的启蒙。

"胜任力"这一概念最早出现于 1973 年，由哈佛大学教授、社会心理学家大卫·麦克利兰正式提出。

【**知识点**】胜任力的起源

20 世纪 50 年代，经过较长时间的检验，美国政府意识到以智力因素为基础选拔外交官的效果并不理想，一些看似优秀的人才在面对外交官的实际工作情境时，往往难以做出令人满意的工作业绩。为此，美国政府邀请麦克利兰设计能够有效预测外交官实际工作业绩的选拔方法。

麦克利兰在设计过程中发现，真正影响和区分员工实际工作业绩的因素不仅有企业关注的传统因素（如员工具备的知识、学历或经验），还有一些无法直接观察的因素（如员工的社会角色、特质、动机等）。

基于这次经历，麦克利兰在 1973 年发表的《测量胜任力而非智力》一文中提出了"胜任力"这一概念。麦克利兰认为，通过学校中的成绩无法准确预测一个人在职业或生活中其他方面的成就，并提出"真正能区分生活成就或工作业绩优劣的深层个人条件和行为特征是胜任力"。

1982 年，美国组织行为学教授理查德·鲍伊兹出版了《胜任的经理：一个高效的绩效模型》一书，对胜任力概念进行了深化，构建了胜任力模型，并真正将胜任力模型运用于企业人力资源管理领域。之后，胜任力模型被广泛应用于企业人力资源管理实践。

截至 1991 年，胜任力评价法被传播到 26 个国家，并被超过 100 位研究者应用。21 世纪初期，《财富》杂志的调查数据显示，在世界 500 强企业中，超过一半的企业基于胜任力进行人才管理。同期，美国薪酬协会的调查表明，75%～80%的美国企业或多或少地将胜任力运用于企业人力资源管理实践。

20 世纪 90 年代末，胜任力概念被华为应用于中国的企业管理。1998 年，《华为基本法》正式颁布实施，这一年成为中国企业引入胜任力概念的元年。之后，在以中国人民大学教授彭剑锋为代表的学者们的努力下，胜任力模型被正式引入中国的企业管理。

经过几十年的发展，胜任力在企业中的应用范围越来越广泛，胜任力模型在企业人力资源管理实践中扮演的角色越来越重要，越来越多的企业开始重视并建立以胜任力模型为主导的战略性人力资源管理系统。

1.1.2　胜任力与胜任力模型的概况

我们可以将胜任力理解为员工完全胜任某岗位的工作所需要的核心能力，包括知识技能、个人素质、性格特征、价值观、动机、态度等。

作为人才评估、人才发展的重要因素，胜任力受到了诸多学者、企业家的关注。经过几十年的发展，由于研究者的研究角度不同，对胜任力的界定也不同，因此，直到今天，业界对胜任力的界定仍未达成共识。

1．胜任力的含义

关于胜任力的含义，国内外较有影响力的观点如下。

1973 年，胜任力概念的提出者麦克利兰认为胜任力包括 6 个维度，如表 1-1 所示。

表 1-1　麦克利兰认为胜任力包括的 6 个维度

维　　度	具 体 内 容
知识	一个人在某一特定领域拥有的事实型信息与经验型信息
技能	一个人结构化运用知识完成某项具体工作的能力
社会角色	一个人基于自身的态度、价值观形成的行为方式和风格，如以怎样的形象展示自己
自我概念	一个人对自己的身份、性格、价值的认识和看法
特质	一个人的个性、身体特征对环境和各种信息表现出来的持续反应，如品质可用于预测一个人在长期无人监督的情况下的工作状态
动机	一个人在某一特定领域的自然、持续的想法和偏好，如想让他人接受自己的观点

1979 年，古菲尔米诺提出胜任力包括概念胜任力、人际胜任力、技能胜任力这 3 个方面。

1982 年，理查德指出胜任力是个体的潜在特征（包括动机、个性、自我形象、态度与价值观、知识与技能等，可以直接影响工作绩效），并提出了"洋葱模型"。

1991 年，伍德夫提出胜任力是个体相关行为的类别，是使个体胜任工作的显著行为。

1993 年，斯潘塞夫妇提出胜任力是能够显著区分某项工作中表现优异的员工和表现普通的员工的深层特性，包括动机、特质、自我概念、态度或价值观、知识、认知、技能等任何可以被可靠测量的因素。目前，该观点得到了较多学者的认可。

2000 年，王重鸣提出胜任力是促使员工产生优秀绩效的特征，包括员工具备的知识、能力、技能和价值观、个性、动机等。

2003 年，彭剑锋提出胜任力是驱使个体勤奋工作、产生优秀工作绩效的各种个性特征的集合。

虽然研究者对胜任力的界定尚未达成共识，但是，随着胜任力概念的发展，业界形成了以下共同看法。

（1）胜任力的构成要素包括知识、技能、自我表现、动机等，胜任力是各种特征的集合，包括外显的特征和潜在的特征。

（2）胜任力具有可测量性，即胜任力是一系列能够被识别和测量的行为的集合，这些行为是可观察、可测量的。

2．胜任力模型的内涵与发展

胜任力模型是指为了实现组织的整体绩效目标，对特定工作岗位要求的，与高绩效相关的一系列不同的胜任力要素及其可测量的等级差异的组合。

胜任力模型的呈现方式既可以是详细的文字说明，也可以是形象的图像勾勒，还可以是二者的结合。比较经典的胜任力模型有"冰山模型"和"洋葱模型"。

1）"冰山模型"

1973 年，基于胜任力的 6 个维度，麦克利兰根据胜任力的内容搭建了一个有机的层次体系——"冰山模型"，如图 1-1 所示。

图 1-1　"冰山模型"

麦克利兰把胜任力描述成"一座在水中漂浮的冰山"，个体素质的不同表现被划分为"冰山以上的部分"和"冰山以下的部分"：知识和技能是"冰山以上的部分"，它们是胜任力中直接呈现在表层的内容；社会角色、自我概念、特质、动机是"冰山以下的部分"，它们很难被直接观察、评估，是决定个体行为和表现的关键因素。

2）"洋葱模型"

"洋葱模型"是在"冰山模型"的基础上演变而来的。学者理查德对麦克利兰提出的"冰山模型"进行了深入研究，提出了"洋葱模型"，如图 1-2 所示。

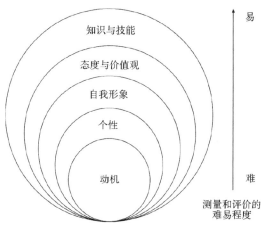

图 1-2   "洋葱模型"

"洋葱模型"把胜任力搭建成了由内至外层层包裹的结构，展示了胜任力的各个因素，并说明了各个因素可被测量和评价的难易程度。在"洋葱模型"中，居于核心地位的因素是动机，向外展开依次为个性、自我形象、态度与价值观、知识与技能。越靠外的因素越易于测量和评价；越靠内的因素越难以测量和评价，它们对一个人在某一特定领域的长远发展具有更加深刻的影响。

1.1.3   胜任力模型的价值

随着 VUCA 时代的到来，企业面临的环境不断发生变化，企业需要通过调整战略来适应复杂的环境。在这样的背景下，企业有必要构建胜任力模型吗？已经构建好的胜任力模型是否需要推倒重建呢？

【案例】马云：要选择最合适的员工，而不是最聪明的员工

1999 年，"十八罗汉"放弃了北京的高薪工作，跟着马云回杭州创业。当阿里巴巴逐渐步入正轨后，在一次演讲中，马云告诉"十八罗汉"："你们只能做'连长''排长'，至于'团级'以上的干部，我们得另请高明。"当时的马云认为，"十八罗汉"虽然忠心耿耿，但是缺乏带领阿里巴巴前行的能力。于是，马云开始从企业外部获取顶尖人才，从国际名校招纳人才，聘请了卫哲、吴伟伦、曾鸣、谢文、崔仁辅等顶尖的职场精英。他们一来，马云立刻给他们高位。

然而，不到 5 年，这批"空降兵"几乎都"阵亡"了。与此同时，和马云共同创业的彭蕾、谢世煌等人则凭借毅力与能力，在阿里巴巴身居要职。经过这件事情，马云向"十八罗汉"承认了自己的错误："我犯了一个错误，我曾经说你们只能做小组经理，所有的副总裁都要从外部聘请。现在，我从外部聘请的人才都走了，而被我质疑过能力的人几乎都成了副总裁或董事。"后来，马云坚定了两个企业信条：态度比能力重要，选择同样比能力重要。

我们能够从马云选择员工的经历中看出，员工的能力是可以培养的，员工的态度却很难培养。如果员工缺乏建设企业的意愿，那么即使员工的能力再强，也难以成为引领企业发展的领头羊。

VUCA 时代的到来使人才对企业的可持续发展越来越重要，越来越多的企业家、人力资源管理者开始寻找一种能够综合判断员工的内部动机、态度和外部知识、经验的方法，为建设可持续发展的企业找到真正合适的人才。在这样的背景下，胜任力模型广受青睐，其应用价值主要体现在以下 4 个方面。

1. 帮助企业提炼文化

构建胜任力模型需要在企业内部进行调研和谈论，这个过程可以加深参与者对企业文化的理解，帮助企业文化建设者透析、提炼、丰富和深化企业文化。

【案例】阿里巴巴的"六脉神剑"

阿里巴巴在成立 5 周年时形成了名为"六脉神剑"的价值观，它相当于阿里巴巴胜任力模型的基础。"六脉神剑"包括"客户第一""团队合作""拥抱变化""诚信""激情""敬业"等胜任力词条，它们是从阿里巴巴的核心价值观中提炼出来的，体现了阿里巴巴对所有员工的要求。

2019 年 9 月 10 日，阿里巴巴在成立 20 周年之际宣布，全面升级企业的使命、愿景、价值观，出台了"新六脉神剑"，具体内容如下。

客户第一，员工第二，股东第三；

因为信任，所以简单；

唯一不变的是变化；

今天最好的表现是明天最低的要求；

此时此刻，非我莫属；

认真生活，快乐工作。

在阿里巴巴的"新六脉神剑"中，每一"脉"都有各自的出发点，它们共同组成了"阿里人"与世界相处的态度。

2. 助力企业战略落地

胜任力模型基于行为特性描述高绩效员工需要具备的关键能力，是助力企业战略落地的管理工具。

【案例】字节跳动的"字节范"

"'字节范'是字节跳动企业文化的重要组成部分，是我们共同认可的行为准则。"这是字节跳动对企业文化的定义。"字节范"的具体含义是追求极致、务实敢为、开放谦逊、坦诚清晰、始终创业、多元兼容。不难看出，"字节范"其实就是字节跳动的通用胜任力模型。

通过"字节范"，字节跳动将企业战略对每个员工的要求精准而直接地传递了出来。这样可以协调员工行为与企业战略，确保企业战略真正落实到每个员工的具体行动中，保证个体与组织的行动步调一致。

3. 建立统一的人才标准

胜任力模型通过行为化的方式描述胜任岗位的榜样，基于可观察的行为，为企业建立统一的人才标准。

【观点】"慧眼识人"未必可信

据美国管理者协会统计，美国企业识人的平均准确率大约为 50%，中国企业识人的平均准确率长期徘徊在 30%~40%。中国企业识人的平均准确率比较低的重要原因是，中国文化笃信"慧眼识人"，管理者常常凭感觉识别人才。

心理学研究表明，感觉具有极大的欺骗性，在凭感觉检验、评估他人时，人们往往会出现首因效应、类我效应、晕轮效应、刻板印象等心理偏差。事实上，即使大量实践证明某管理者在目前的管理岗位上表现突出，也不能判定该管理者一定能胜任更高级别的管理岗位。

在成立初期，对于人才的选择，华为采用了传统的"专而优则仕"的简单模式，让大批业务骨干走上管理岗位。实践结果表明，在这批业务骨干中，超过 30%的人无法胜任更高级别的岗位。任正非发现，单凭经验和感觉是不可靠的，必须采取更客观、有效的手段来识别人才。基于此，华为进行了人才评价体系的重大变革。

胜任力模型可以为企业建立统一的人才标准，有助于管理者对"企业需要什么样的人才"这一问题达成共识。

4．全面提升人力资源管理水平

胜任力模型只能提供一种人才标准，如果将其应用于人力资源管理，就能为企业创造大量的附加值，从而全面提升企业的人力资源管理水平。

【案例】华为：从秘书岗位入手，推进任职资格体系变革

1996 年，华为的员工人数发展到了 2000 多人，其中秘书有将近 40 人。这些秘书的学历参差不齐，既有大专学历、本科学历，也有研究生学历。从工作结果来看，学历越高的秘书，其工作结果反而越差。相关人员经过调查、分析后发现，在进入公司后，研究生学历的秘书常常想着换工作或转到研发、销售等部门，对本职工作不太上心；而大专学历的秘书大多对这份工作很满意，因而在工作时很投入。

经过综合讨论，华为决定对秘书岗位制定胜任标准，并将胜任标准分为

5个等级。华为根据这些胜任标准考核秘书，如一级秘书需要考试，没有通过的人需要再次考试；从一级秘书晋升为二级秘书可以涨工资，五级秘书可以晋升为部门经理；等等。华为基于胜任标准考核秘书，并将考核结果作为岗位晋升、薪酬调整的依据。这样，秘书不仅清楚自己需要提升哪些地方，也有了提升自己的动力。这一变革取得了不错的效果，之后，华为将秘书岗位的胜任标准推广到对管理层的选拔和任用，切实培育了一批又一批符合企业要求的管理人才和技术人才。

从企业的层面来看，胜任力模型可以为企业人力资源的储备和培养提供人才标准，帮助企业吸引、留住人才，减少人才流失；从管理者的层面来看，制定以胜任力模型为基础的绩效标准，有利于管理者对员工任免、日常工作和薪酬等方面进行管理；从员工的层面来看，制定基于胜任力模型的绩效标准，能够促使员工提升胜任力，并为员工制定职业规划提供依据。

1.2　胜任力模型的标准结构

优秀人才是可以被设计和训练出来的，了解胜任力模型的构成要素和组成结构，构建胜任力模型的能力定义库，能够帮助企业提炼和设计胜任力模型，促进企业战略性人力资源系统的搭建与落地。

1.2.1　胜任力模型的构成要素

不同的胜任力模型有不同的名称、定义，以及若干个行为等级描述或在工作中展现胜任力的特定行为要点。

在一般情况下，现代企业构建的胜任力模型需要包括如表 1-2 所示的 5 个要素。

表 1-2　现代企业构建的胜任力模型需要包括的 5 个要素

要　　素	具 体 说 明
素质	素质包括基本素质和核心素质：基本素质指个性特征，如诚实、勇敢、热情等；核心素质是与工作更密切的个人品质，如职业道德、综合品质（责任感、富有创造力）等
知识	知识包括基本知识、专业知识、职能相关知识。以人力资源岗位为例，该岗位的胜任力模型要求人力资源人员具备基本的写作能力（基本知识），掌握与招聘、培训相关的知识（专业知识），熟悉与人力资源相关的政策、法律法规（职能相关知识）等
技能	技能包括一般技能和专业技能。以人力资源主管为例，其应当具备一定的计算机操作技能和调查研究技能（一般技能），掌握人际沟通技能、构建薪酬体系的技能和管理技能（专业技能）
业务能力	业务能力包括与业务相关的管理能力和人员管理能力。例如，企业高层除了要具备人员管理能力，还要具备统筹全局、把握战略的能力（与业务相关的管理能力）；基层员工需要具备一定的业务能力和自我管理能力
潜能素质	潜能素质包括自我概念、特质、动机和驱动力，是对员工胜任力更深层的要求，往往难以观察，关系着员工的长远发展

1.2.2　胜任力模型的能力定义库

能力定义库是构建胜任力模型的重要工具，它概括了人们在日常工作和生活中表现出来的知识、技能、社会角色、自我概念、特质、动机等的特点，其主要来源如图 1-3 所示。

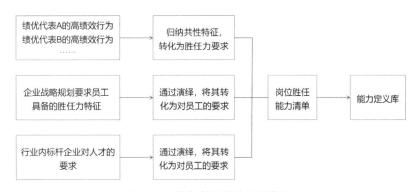

图 1-3　能力定义库的主要来源

1．胜任力词典

胜任力词典是能力定义库的主要来源之一。最早的胜任力词典来源于理查德，1981 年，理查德对一些关于经理人胜任力的资料进行了分析，归纳了一组用于识别优秀经理人且适用于不同企业的胜任力因素。之后，麦克利兰对全球 200 多项工作涉及的胜任力进行了研究和分析，逐步发展和完善了理查德归纳的胜任力因素，提炼了 21 个通用胜任力要素，构成了胜任力词典的基本内容。

根据内容或作用的相似度，麦克利兰将胜任力词典中的 21 个通用胜任力要素划分为 6 个基本特征族，并根据不同胜任力要素对行为与绩效差异产生的影响的显著程度，将每个基本特征族划分为 2～5 个具体的胜任力要素，如图 1-4 所示。

图 1-4　胜任力词典

1）帮助与服务族

帮助与服务族的胜任力要素主要体现在愿意满足他人的需要，使自己与他人的兴趣、需要相一致等方面，既能单独影响一个人的行为，也能帮助冲击与影响族、管理族的胜任力要素发挥作用。帮助与服务族具体包括 2 个胜任力要素，分别是人际理解能力、客户服务导向。

2）成就与行动族

成就与行动族的胜任力要素主要通过如何完成任务、如何实现目标来反映一个人对设定目标和采取行动的取向。成就与行动族具体包括 4 个胜任力要素，分别是成就导向，重视次序、品质、精确，主动性，信息收集。

3）冲击与影响族

冲击与影响族的胜任力要素主要反映一个人对他人的影响力，可以作为帮助其他基本特征族发挥作用的基础，与个体能否在企业中发挥积极的作用密切关联。冲击与影响族具体包括 3 个胜任力要素，分别是冲击与影响、关系建立、组织认知。

4）管理族

管理族的胜任力要素主要反映一个人影响并启发他人的能力，这对管理者而言是非常重要的。通过相关的胜任力要素，管理者可以传达不同的意图或目标。管理族具体包括 4 个胜任力要素，分别是培养他人，团队合作，团队领导，命令、果断与职位权力的运用。

5）认知族

认知族是帮助一个人了解和认识外界事物的基本条件，具体包括 3 个胜任力要素，分别是分析式思考、概念式思考和技术、职业、管理的专业知识，通常表现为系统地组织与拆分事物的各个部分，并通过系统的比较，确定各个部分之间的因果关系与时间顺序等内容。

6）个人效能族

个人效能族的胜任力要素主要反映一个人与他人工作的相关性，决定了一个人在遇到紧急事件时做出的排解压力、解决困难等一系列行为的有效性，同时可以帮助其他基本特征族发挥作用。个人效能族具体包括 5 个胜任力要素，分别是自我控制、自信、弹性、组织承诺、其他个人特色与能力。

麦克利兰对每一个胜任力要素进行了具体的解释，并给出了至少包括 1～5 级的分级说明。以帮助与服务族及其中的人际理解能力为例，二者的具体内容分别如表 1-3、表 1-4 所示。

表 1-3　帮助与服务族的具体内容

基本特征族	胜任力要素	解　释	划分维度	行为表现
帮助与服务族	人际理解能力	人际理解能力表示一个人想理解他人的愿望，能够帮助一个人体会他人的感受，通过理解他人的语言、动作等，分析他人的观点，洞察他人没有表达出来的情感，并用适当的语言帮助自己和他人表达情感	• 理解他人的深度或复杂度，即从理解他人明确的想法或明显的情感，到理解他人行为背后复杂的、隐藏的动机； • 倾听与反馈他人，即从基本的倾听、理解他人过去的行为，到有意帮助他人解决个人或人际交往中的困难	• 认知他人的情绪和感觉； • 通过倾听与观察来理解他人，预测他人的反应并做出准备； • 理解他人的态度、兴趣、需求和观点； • 理解他人的思想、情感、行为及其背后的复杂原因
	客户服务导向	客户服务导向表示一个人想帮助或服务他人、满足他人需求的愿望，其焦点是挖掘和满足客户的需求	• 动机的强度和行动的完整性，即在整个行动中以担任客户信赖的顾问或辩护人的角色为重点； • 为客户付出心力或采取行动的程度，即从花费时间到自愿为客户付出超常的心力	• 搜集客户真正的需求，即使远远超出客户原来的表述，也要提供能够满足其需求的产品或服务； • 愿意独立承担客户服务问题的责任，不采取逃避的态度，并迅速解决问题； • 担任客户信赖的顾问或辩护人的角色，根据客户的需要和问题提出独到的见解； • 以长远的眼光看待并解决客户的问题

表 1-4　人际理解能力的具体内容

分　级		分　级　说　明
A. 理解他人的深度或复杂度	A.-1	缺乏理解，误解他人或对他人的知觉及行动觉得意外，包括用种族、文化、性别方面的刻板印象看待他人
	A.0	不适当，虽未表现出对他人明确的洞察力，但无证据表明其产生了严重误解
	A.1	可以与直接说服力相结合，理解他人当前的情绪或陈述清楚的内容，但不是两者都理解
	A.2	理解他人当前的情绪和陈述清楚的内容
	A.3	理解他人现有的、尚未说明的想法、担心、感觉，或者敦促他人采取行动
	A.4	理解根本问题，理解他人持续的感受、行动、担心等背后的原因或公平看待他人的优点和缺点
	A.5	理解复杂的根本问题，理解他人的思想、情感、行为及其背后的复杂原因

分 级		分 级 说 明
B. 倾听与反馈他人	B.-1	缺乏同情心，冒犯他人
	B.0	不适当或没有显示倾听之意
	B.1	倾听他人的感受、话语中的深意或在他人倾诉时洗耳恭听，有可能提出问题，以做出对他人的分析和判断，通过理解他人的心情来理解对方过去的行动
	B.2	愿意倾听、敞开心扉，刻意制造谈话机会或积极地理解他人（通常是为了影响、培养、帮助或领导他人）
	B.3	预测他人的反应，通过倾听与观察来理解他人，预测他人的反应并做出准备
	B.4	有回应地倾听，回应他人关心的事情，通过沟通或乐于助人的态度表达对他人的关心
	B.5	采取行动、提供协助，为解决主动提出的问题或通过观察得知的问题提供协助

麦克利兰把胜任力词典中的每一个胜任力要素分成了 2～3 个级别，从不同角度定义胜任力要素。

A 级别：展示行动的强度与完整性，是描述胜任力要素的定义的核心维度，可以展示胜任力要素驱动实现绩效目标的强度，以及为实现绩效目标而采取的行动的完整性。

B 级别：展示影响范围的大小，包括胜任力要素影响人数的多少、影响职位的高低和影响规模的大小。例如，某些胜任力要素可能影响个体、团队、部门、企业甚至国际性的大型组织。

C 级别：展示努力的程度，包括行动的复杂程度和个体在主观上的努力程度，如个体为了实现某个目标而投入的人力、物力、资源、时间、精力等。

2．对标行业构建胜任力模型

在确定胜任力模型中的胜任力要素时，企业可以参考同行业的标杆企业或兄弟企业的胜任力模型，这样能够有效弥补自身的不足，构建符合行业规律的胜任力模型。

【案例】东风乘用车对标行业构建胜任力模型

东风乘用车以演绎归纳为基础、以企业文化为导向、以行业案例为补充，构建了符合企业现状和行业规律的胜任力模型。东风乘用车构建胜任力模型的具体流程如图 1-5 所示。

图 1-5   东风乘用车构建胜任力模型的具体流程

在过渡模型校验阶段，东风乘用车将初步确定的过渡模型与集团兄弟企业神龙、国产自主企业吉利、行业领先企业大众、国际一流企业通用电气的模型进行了对比，对过渡模型进行了优化和补充，最终构建了契合企业战略与文化、遵循行业发展规律、拓展广阔国际视野的胜任力模型。

在对标行业构建胜任力模型时，企业不应盲目参考行业标杆，而应先在企业内部开展调研，结合实际情况初步确定胜任力模型。如果企业与行业标杆的差距较大，那么企业可以将行业标杆的胜任力模型作为自身发展的导向，分阶段地定义和丰富自身的胜任力模型，在确保健康生存的前提下迅速发展。

1.2.3   胜任力模型的组成结构

完整的胜任力模型应该包括模型结构、指标名称、指标定义、指标维度、行为等级描述等部分。简单的胜任力模型可以没有模型结构或行为等级描述等部分。

1. 模型结构

胜任力模型是由岗位所需的胜任力组成的模型，能够直观地展示员工胜任岗位所需的能力。在实际工作中，完整的胜任力模型可以从核心能力素质、通用能力素质和专业能力素质这 3 个角度来提炼。

核心能力素质是企业基于自身的核心价值观、文化与战略愿景，要求全体员工都应具备的能力素质；通用能力素质是每个岗位序列要求的能力素质，不同的岗位序列对通用能力素质的要求不同；专业能力素质需要视具体的岗位来确定。

2．指标名称

指标名称是胜任力模型中非常重要的部分，不合适的指标名称容易让员工对指标的理解产生歧义，影响胜任力模型的效度。

指标名称需要满足以下 3 个要求：一是通俗易懂，便于理解和记忆；二是能够准确概括指标的内涵，指向清晰、不容易产生歧义；三是能够体现岗位和企业的特点，符合企业内部的习惯。

3．指标定义

指标定义是对胜任力核心行为特征的简洁表达。指标定义应准确表达指标的内涵和胜任力核心行为特征，与指标名称、指标维度保持一致，并且简洁明了、容易理解。

4．指标维度

指标维度能够将构成指标完整内涵的关键因素展示出来。设置指标维度的目的是将指标的内涵中需要强调的关键因素更加清晰、具体地展示出来，如将"学习创新"指标划分为"追求卓越""开放心态""反思提升"3 个维度。

指标维度的数量以 2～4 个为宜。维度过多不仅容易造成分解过细，使胜任力模型过于复杂，还容易导致后期评估缺少焦点。在同一个指标下，各维度之间必须相对独立、没有重叠，而且各维度结合在一起应能较为完整地反映指标的内涵。

5．行为等级描述

行为等级是某个胜任力要素在不同等级的员工的差异性行为特征中的层级组合。在一般情况下，一个指标的行为等级以 3～4 级为宜，如将胜任力行为表现划分为"优秀""合格""不足"3 个等级。在划分等级时，各行为等级应呈现出一定的坡度，它们之间应有明显的递进关系。

对于具体的行为等级，我们应该用行为化的语言描述出来，这既有利于后期评估的量化，也能为培养和提升员工的能力提供具体、详尽的指导。

【案例】构建隆平高科区域经理岗位胜任力模型

在为隆平高科设计区域经理岗位的人才发展项目时，我们为该岗位构建了胜任力模型。在构建胜任力模型前期，通过参考胜任力词典和标杆企业的模型，我们初步确定了该岗位的胜任力能力清单。之后，通过问卷调研和行为事件访谈（Behavioral Event Interview，BEI），我们为隆平高科的区域经理岗位构建了胜任力模型，其结构如图 1-6 所示。

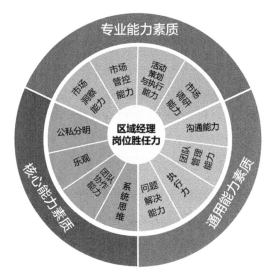

图 1-6　隆平高科区域经理岗位胜任力模型的结构

在完成了胜任力模型的构建后，我们对胜任力词条进行了定义，如表 1-5 所示。

表 1-5　隆平高科区域经理岗位胜任力词条定义

胜任力类型	胜任力词条	胜任力词条定义
专业能力素质	市场洞察能力	能够通过宏观分析、客户分析、竞争分析发现规律，正确把握市场格局，分清战略目标的优先级与主次关系
	市场管控能力	能够加强市场管控，规范市场秩序，保持企业产品价格的稳定性和经销商的经营积极性，并使经销商获得长期、稳定的利润；能够拥护企业的市场管控理念和政策，坚决带头践行，坚决处理团队内部违反企业市场管控理念和政策的行为
	活动策划与执行能力	能够策划、组织市场推广和促销活动，拉动销量增长，拓展客户来源，提升品牌的口碑和影响力
	市场调研能力	能够不局限于现有的资料，主动采用各种方法收集各类相关信息，具备挖掘潜在市场机会的意识和能力

续表

胜任力类型	胜任力词条	胜任力词条定义
通用能力素质	沟通能力	能够正确倾听他人的意见，理解其感受、需要和观点，并做出适当的反应
	团队管理能力	能够组建团队，并带领团队取得良好的业绩
	执行力	能够认真、清晰地理解企业的要求，采用高效的方法推动工作取得进展，平衡员工的工作量和任务的紧急性、复杂性，保证完成任务
	问题解决能力	为了达到最终的目的，能够从不同角度分析问题、寻求答案；在遇到问题时，能够自主、自发地思考解决办法，有规划、有方法、有步骤地处理问题，并适宜、合理、有效地解决问题
核心能力素质	公私分明	绝不损公肥私、假公济私，坚决拒绝"山头主义"和"圈子文化"，忠诚于企业，而不是个人
	乐观	保持平常心，能够乐观地面对生活和工作
	团队协作能力	愿意作为群体中的一员，与群体中的其他人协作完成任务，而不是采取单独的或竞争的方式开展工作
	系统思维	具有整体性的思维方式，能够从全局或从不同角度、多个方面看待问题，而不是只能看到单方面的问题

1.3　胜任力模型与任职资格的关系

胜任力模型与任职资格是企业常用的管理工具，它们的关系是一种"你中有我，我中有你"的关系。为了构建完整而有效的胜任力模型，我们需要将其与任职资格区分开。

1.3.1　任职资格体系的发展与内涵

任职资格是企业为了保证实现工作目标，对任职者必须具备的知识、技能、经验、能力和任职者的个性等方面做出的明确要求。

1. 任职资格体系的形成与发展

任职资格体系的形成与发展可以分为生理特征、"冰山模型"、任职资格体系 3 个阶段。

泰勒作为科学管理的开山祖师，在研究工人的动作、劳动工具的同时，还开展了与岗位对人的要求相关的研究。在科学管理时代，学者主要研究个体的生理特征对岗位的影响，如身体健康状况、局部动作的灵活性等，这可以被看作任职资格体系的起源。

　　1973 年，麦克利兰提出了"冰山模型"，丰富了任职资格体系。他指出，企业在选择人才时，除了要关注个体的生理特征，还要关注个体是否具备潜在的能力。此后，越来越多的学者加入了识别表现优异者和表现一般者的行列。

　　随着"冰山模型"这一概念的兴起和心理测评工具的成熟，心理学被广泛应用于人力资源管理领域，研究者尝试通过对人的测评来解决人岗匹配和筛选高绩效员工等问题。任职资格体系具有相对客观性和程序公平性，为管理员工创造绩效的过程提供了具有操作性、牵引性的支撑。此外，明确的任职资格体系还使组织和个人在岗位任职标准方面达成了共识，它在人才发展、晋升和薪酬激励等环节之间形成了紧密的衔接，因而广受业界的欢迎。

2．任职资格体系的构成

　　任职资格也被称为资质，通常包括对任职者的学历、专业、工作经验、工作技能、能力等方面的显性验证和心理测试、背景调查等方面的隐性验证。任职资格标准的构成要素如图 1-7 所示。

图 1-7　任职资格标准的构成要素

任职资格标准各构成要素的具体说明如表 1-6 所示。

表 1-6　任职资格标准各构成要素的具体说明

构 成 要 素		具 体 说 明
基本条件	从业标准	对工龄、资质、证书的要求
	学历	对学历的要求
	现职情况	目前的就职情况（是否和其他企业存在劳务关系）
	绩效情况	通过排名、评分、计算历史累计贡献等方法对业绩做出的要求
否决项	品德	对道德品质的要求
资格标准	行为标准	遵守行业法律、企业规定
	素质标准	对内在品质的要求，如个性、动机等
	必备知识	对做什么、怎么做、输出结果、输出质量的要求

任职资格常被应用于人力资源管理领域，有助于解决人力资源管理中的"绩效黑箱"问题。在绩效管理中，我们很难界定是什么导致了最终的绩效结果。任职资格在行为端构建基于绩效目标的有效行为和组织能力体系，以此打开"绩效黑箱"，支撑企业战略的实施。任职资格更关注任职者能干什么，而不是任职者知道什么，以此评估任职者能否担任某个等级的职务。任职资格管理能够帮助企业实现战略目标，并根据企业的要求，对员工的工作能力和工作行为进行系统化管理。

3．任职资格体系的内涵

任职资格体系从胜任力的角度出发，对员工的能力进行等级划分，从而为规范员工的培养和选拔、设计员工的职业成长通道、促使员工不断学习，以及晋升、薪酬调整等人力资源管理工作提供重要的依据。

任职资格体系包括任职资格标准、任职资格定级评价、任职资格调整与管理、任职资格落实与反馈。

企业可持续发展的核心能力与任职资格体系的关系如图 1-8 所示。

任职资格体系与企业战略密切相关，任职资格体系为企业的人才培养和发展提供了标准，为员工的行动提供了指导。可以说，任职资格体系连接了员工和企业。以任职资格体系为"土壤"，能够培养和发展企业需要的能力，从而形成企业可持续发展的核心能力。

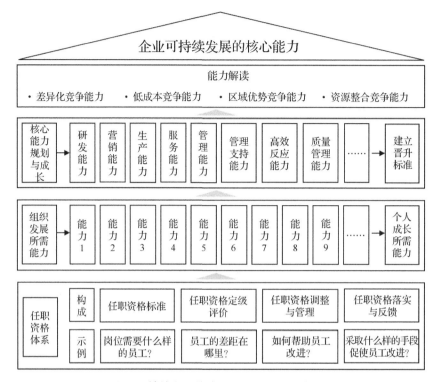

图 1-8　企业可持续发展的核心能力与任职资格体系的关系

1.3.2　胜任力模型与任职资格

虽然胜任力模型与任职资格在概念上有一定的交叉，但是二者在企业管理中的应用广度和深度是不同的。合理运用这两种工具的前提是明确二者的异同。

1. 胜任力模型与任职资格的差异

胜任力模型与任职资格的差异主要体现在基本内容、侧重点、适用范围、应用阶段这 4 个方面。

1）基本内容不同

胜任力模型中包括员工具备的外在的知识、技能和内在的自我形象、动机、个性等。任职资格主要是员工履行岗位职责所需的资质，除了包括员工的知识、技能、个性等，还包括对员工的经验、学历、职称、各类上岗证或从业资格证的要求。

2）侧重点不同

斯潘塞博士认为，胜任力模型是区分高绩效员工和低绩效员工的个体深层特征。换言之，胜任力模型能够帮助企业识别高绩效员工的核心素质，挖掘高绩效员工"看不见"的深层特征。任职资格侧重描述员工的知识、技能和过往经验，它们比较容易通过后天学习来获得。

任职资格描述的是员工履行岗位职责所需的经验、技能、知识等，至于拥有任职资格的员工是否创造了良好的工作绩效、是否取得了预期的工作成果，需要通过胜任力模型界定员工的工作成果等级，"能做"和"愿意做"是两个完全不同的等级。

例如，我们可以将这两种工具应用于人才培养和发展。以胜任力模型为基础的人才培养和发展更关注知识、能力、意志、人格的发展，其目标是最大限度地激发员工的潜能。任职资格的重心是员工的专业发展，其目标是提升员工的专业等级和技能。

3）适用范围不同

胜任力模型是挖掘成功行为的模型，任职资格描述的是员工胜任岗位的最低能力素质要求。前者强调高绩效，虽然包括显性的知识和技能，但是更注重隐性的潜力。用胜任力模型预测个体未来的行为适用于企业的中高层管理者。

任职资格侧重描述员工胜任岗位的基本要求，强调的是员工胜任岗位的最低能力素质要求，虽然包括对员工的内在要求，但是更强调外在要求，除了关注员工具备的知识和技能，还关注员工的学历和过往经验等，适用于对企业全体员工进行考核。

4）应用阶段不同

从企业发展的角度来看，处于转型期的企业适合用胜任力模型招聘和培养人才，处于稳定发展期的企业适合用任职资格招聘和培养人才。

2. 胜任力模型与任职资格的联系

综合上述观点，我们可以发现，从某种程度上来讲，任职资格包含胜任力模型。

首先，从基本内容的角度来看，任职资格不仅包括胜任力模型的内容（如员工的知识、技能、个性等），还包括员工的经验、学历、职称、各类上岗证或从业资格证等内容。也就是说，任职资格的构成要素比胜任力模型的构成要素更丰富。

其次，从适用范围的角度来看，任职资格的适用范围大于胜任力模型的适用范围。

最后，任职资格在职级上有所划分，其涵盖了能力不同的各个职级，兼顾了低绩效员工和高绩效员工。胜任力模型主要关注高绩效员工。

基于以上分析可知，胜任力模型是任职资格中较为关键的部分。与任职资格相比，胜任力模型更强调员工胜任岗位并为企业创造高绩效的个体深层特性，主要关注高绩效员工。

1.3.3　胜任力模型与任职资格的融合应用

在应用胜任力模型时，我们很容易陷入一个认知误区，那就是把岗位胜任力等同于岗位任职资格，认为员工必须完全具备岗位胜任力才能上岗。事实上，在进行人力资源管理时，我们应根据实际情况，选择合适的工具。

1. 胜任力模型的适用情况

1）企业处于快速扩张期

当企业处于快速扩张期时，需要招聘大批员工以支撑企业发展，此时应用胜任力模型可以不拘泥于员工的某种资历、知识、经验，重点关注员工创造高绩效需要具备的能力素质。

特别需要注意的是，在应用胜任力模型时，企业必须全面评估管理能力和管理成本。由于应用胜任力模型的成本比较高，而且对人力资源部门的员工和管理者的要求也比较高，因此小规模企业在快速扩张期应用胜任力模型时，一定要对自身进行评估，在经费允许的前提下，可以邀请专家团队参与协作。

2）企业处于转型期

当企业处于转型期时（如完成兼并或收购后、重塑组织文化后、再造业务流程后、调整组织结构及领导班子后 ），需要借助胜任力模型培养大量的人才。

经过转型期，原来在岗位上的员工可能不具备足够的能力来满足业务快速发展的需求，或者企业内部可能出现员工频繁更迭、流失的现象，人才梯队容易出现断层，企业急需符合企业标准的大批人才来支撑自身转型。此时，以高绩效为目标的胜任力模型能够帮助企业更有针对性地选拔和培养优秀人才。

3 ）选拔中高层管理者

胜任力模型不仅关注个体的知识和技能，还关注个体的非专业能力素质（如潜力、动机、价值观等），能够较好地预测个体未来的行为，非常适合用来选拔中高层管理者。

2．任职资格的适用情况

1 ）企业处于稳定发展期

当企业发展到一定程度时，经过长时间的沉淀，有了稳定的客户群体和明确的人才需求。为了适应市场的快速变化，企业需要在胜任力模型的基础上建立任职资格体系，以实现精准的人岗匹配，保证企业稳定发展。

2 ）建立关键技术岗位晋升通道

要想留住技术型人才，企业应当建立关键技术岗位晋升通道。对于关键技术岗位，企业往往更注重人才的技术、经验、从业资格等，使用任职资格能够高效地为技术、经验合格的技术型人才定岗、定薪，从而更好地激励和挽留他们。

在很多情况下，企业可以把胜任力模型与任职资格打通，而不是把胜任力模型作为一个独立的模块。一方面，企业可以通过战略与文化演绎、行为事件访谈等方法补充任职资格（尤其是中高层管理者的任职资格）的相关信息；另一方面，企业可以通过岗位分析、研讨、问卷调查等形式开展调研，完善企业的任职资格体系，提高企业的管理效率，使二者更好地发挥应有的作用。

1.4 胜任力模型在人力资源管理中的应用

胜任力模型是企业对岗位胜任要求的行为化描述，它可以将抽象的能力素质转化为可衡量的客观要素，以此指导人才招聘选拔、搭建绩效薪酬体系和员工培训发展等工作。

1.4.1 应用于人才招聘选拔

人才招聘选拔的困难在于识别应聘者的潜在素质，即根据应聘者过去的工作经历、工作表现预测其未来的工作绩效，并结合应聘者的知识、技能和经验、背景等外在特征做出录用决策。

与传统的人才招聘选拔方式相比，基于胜任力模型进行测评更精准、有效、有针对性。

【案例】宝洁招聘"八大问"

早在 30 年前，宝洁就将胜任力模型融入了企业管理。通过对几百名不同部门、不同层级的优秀经理的领导行为进行分析，宝洁提炼了"5E"领导力模型。

为了识别管理岗位的应聘者是否符合企业标准，宝洁的高级人力资源专家基于"5E"领导力模型精心设计了招聘"八大问"，从多个角度考察应聘者的内在潜力和综合素质，如表 1-7 所示。

表 1-7　宝洁招聘"八大问"

问　　题	考察内容
请你举例说明你是如何设定一个目标并实现它的	目标感
请你举例说明你在团队活动中如何发挥主动性，并且起到领导者的作用，最终获得期望的结果	领导力
请你描述一种情形，在这种情形中，你必须寻找相关信息，发现关键问题，并且自己决定按照哪些步骤获得期望的结果	计划性
请你举例说明你是怎样用事实促使他人与你达成一致意见的	说服力
请你举例说明在完成一项重要任务时，你是怎样和他人进行高效合作的	协作力

续表

问　　　题	考 察 内 容
请你举例说明你的某个有创意的建议曾经对某项计划的成功实施起到了重要的作用	创新性
请你举例说明你怎样对你所处的环境进行评估，并且将注意力集中在最重要的事情上，从而获得期望的结果	前瞻性
请你举例说明你是怎样学习一门技术并将其应用于实际工作的	学习力

经典的宝洁招聘"八大问"已经成为许多企业招聘时的标杆问题，它们抓住了企业所需人才的特性，从多个角度对应聘者进行考察，不但关注应聘者的学历和经验，而且将应聘者的深层特征纳入考察范围，从应聘者过往经历的行为表现中发现其潜在素质。这些潜在素质往往是不易改变的，它们对预测应聘者在复杂环境中的工作行为有较高的信度。

中国人民大学教授董克用等研究者的研究表明：对于组织的招聘选拔工作，深层特征往往是最有价值的，而且对于越复杂的工作，深层特征越有价值。

把胜任力模型应用于人才招聘选拔，是通过围绕岗位所需的胜任力精心设计招聘评价技术来实现的。胜任力模型利用科学的手段深入挖掘真正影响工作绩效的个体条件与行为特征，达到了更好的预测效果，提高了人才招聘选拔的精确度和成功率。

胜任力模型在人才招聘选拔中的主要应用如表 1-8 所示。

表 1-8　胜任力模型在人才招聘选拔中的主要应用

应 用 环 节	具 体 内 容
设计招聘信息	精准描述所需人才的特征，快速匹配应聘者
设计甄选工具	设计甄选工具及类目，紧扣胜任力要求，增强预测能力
面试过程评价	掌握应聘者的能力等级及其与岗位的匹配度

要想把胜任力模型应用于人才招聘选拔，企业需要开发相应的测评工具，确定应聘者是否具备岗位所需的职业素养、能力和知识，如基于胜任力模型开发的心理测验系统、笔试和面试题库等；对于能力方面的测评，企业可以基于胜任力模型设计 360° 反馈问卷。

1.4.2　应用于搭建绩效薪酬体系

绩效考核的关键在于设定绩效考核指标和相应的绩效标准。绩效考核的结果会直接影响员工的绩效薪酬，进而影响员工的工作满意度和留存率等。因此，搭建具有激励性的绩效薪酬体系是人力资源管理中非常重要的一项工作。

在以往的绩效考核中，很容易出现以下 3 个问题：一是绩效标准缺乏统一性；二是评估主体缺乏足够的信息，无法对员工创造的绩效进行精确的监控和评估；三是难以收集与绩效相关的数据，而且在讨论员工绩效的不足时缺少指标。

把具有客观性、分级可测评性的胜任力模型应用于搭建绩效薪酬体系，可以使企业具备区分高绩效员工和低绩效员工的能力，为企业设定绩效考核指标和绩效标准提供客观的佐证和支持。

【案例】华为薪酬管理体系的"16 字方针"

20 世纪 90 年代，人力资源管理在国内尚未兴起。当时，任正非花了 2000 万元请 IBM 公司为华为重塑人力资源管理体系、梳理薪酬架构。华为当时的薪酬架构可以用"16 字方针"概括：以岗定级、以级定薪、人岗匹配、易岗易薪。"16 字方针"概括了华为职位与薪酬管理的具体过程，充分阐明了华为利用胜任力模型打造薪酬管理体系的内涵，如图 1-9 所示。

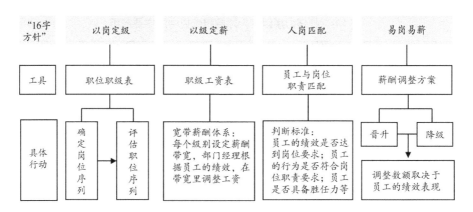

图 1-9　华为薪酬管理体系的"16 字方针"

对于 "16 字方针" 中的 "人岗匹配"，华为强调员工与岗位职责匹配，判断标准是员工的绩效是否达到岗位要求和员工的行为是否符合岗位职责要求，此外还包含一些基本条件，如知识、素质、经验（胜任力）等，以此判断员工与岗位职责是否匹配。华为将胜任力模型应用于薪酬管理体系，既能统一评估标准，又能充分收集与绩效相关的数据，有助于对员工各方面的行为及其对企业的贡献进行较为客观的评估。

胜任力模型在搭建绩效薪酬体系中的主要应用如表 1-9 所示。

表 1-9　胜任力模型在搭建绩效薪酬体系中的主要应用

应 用 环 节	具 体 内 容
展示行为范例	基于胜任力模型进行多角度、全方位的展示
评估行为表现	比较员工的实际行为与行为范例，评估差距
采取措施	若员工的实际行为与行为范例一致，则晋升、上调薪酬；若员工的实际行为与行为范例不一致，则通过绩效面谈分析原因或培训员工

展示行为范例主要是对具有可观察特征的胜任力进行定义和行为化描述，这些定义和描述可以清楚地说明什么样的行为能够展示个体的胜任力，从而把胜任力模型转化为 360° 评估量表，评估员工的实际行为与行为范例的差距，使绩效考核结果有据可依。

在借助胜任力模型进行绩效面谈时，管理者可以将员工的注意力集中在高绩效员工的关键行为上，帮助员工明确改善自身工作行为的方向，促进员工绩效的提升。

以胜任力模型为基础的绩效薪酬体系能够从以下两个方面促进企业实现绩效目标：一是对员工完成岗位任务取得的成果进行客观的绩效评估，确保评估结果可以真实地反映员工的能力素质；二是为员工实现个人目标和将组织目标融入日常工作指明方向，鼓励员工提升自身的能力。

1.4.3　应用于员工培训发展

企业搭建培训体系的目的是缩小员工的实际工作绩效与期望工作绩效之间的差距，主要关注员工创造优异的工作绩效所需的知识和技能；与此相矛盾的是，在培训过程中，企业往往难以保证培训始终围绕与员工胜任岗位最相关的能力来开展。

在培训中经常出现的一个问题是，培训容易受当前的商业需要或新发展趋势的影响（如全面质量管理、授权问题等），难以真正围绕岗位和员工的胜任力来开展。

胜任力模型是基于企业的实际情况，通过提炼企业中的优秀员工和普通员工的差异而形成的。基于胜任力模型的培训能够更精准地把握各岗位员工欠缺的具体能力素质，通过对员工当前的情况和理想的情况进行对比，帮助员工找到需要培训的方向，确保培训者把培训的重点放在正确的事情上，而不是流行的事情上。

【案例】海尔：先找差距，再找方法

海尔的培训有三大原则：一是选准母本、清楚目标、找出差距；二是干什么学什么，缺什么补什么；三是急用先学，立竿见影。在这三大原则中，"选准母本、清楚目标、找出差距"居于首位。企业要想高效培训，首先要找到标杆员工，再让其他员工向标杆员工看齐，根据标杆员工的标准，明确其他员工需要培训什么。

如何"选准母本"呢？胜任力模型是一个不错的选择，它能够显著区分工作情境中表现优异的员工和表现普通的员工，从而帮助员工认识到自己的不足之处。

在培训准备期间，海尔会先让员工学习和了解岗位胜任力模型，再让员工基于岗位胜任力模型写出自己最需要提升的 3 个方面。通过这种方式，海尔可以收集员工的反馈，从而更有针对性地培训员工，有效避免了把培训眼光局限于当前的商业需要或流行的事情。培训者可以把培训的重点放在对岗位绩效有最大影响的知识、技能和个性特点等方面，确保培训与企业价值观、企业战略牢牢挂钩。

胜任力模型明确了培训需求，能够帮助普通员工对标优异员工。其主要从前期准备、实施落地、效果评估这 3 个角度提升培训员工的效果，如图 1-10 所示。

前期准备	实施落地	效果评估
确认培训对象，借助胜任力模型分析培训需求和目标，并制订培训计划	开展培训并做好培训记录；收集改善意见，修正和完善培训计划	基于胜任力模型确定评估指标、设计评估方法和分析培训效果

图 1-10　利用胜任力模型提升培训员工的效果

胜任力模型在员工培训发展中的主要应用如下。

（1）在企业中开展基于胜任力模型的培训，能够有效利用培训时间和资金，为员工接受持续辅导和反馈相关信息搭建框架。

（2）胜任力模型能够把对绩效有影响的培训项目和与员工的工作重心关系不大的培训项目区别开，有助于在决定怎样使用有限的资源时减少培训者的主观想法，提高培训质量。

（3）胜任力模型能够根据员工的个人发展情况确定他们需要具备的技能，以及他们需要在职业生涯中的哪个阶段具备这些技能，让员工在适当的时间接受适当的培训，帮助员工在工作中应用和巩固相关技能。

（4）胜任力模型能够明确企业的培训需求，企业可以按照胜任力模型中涉及的要求设置相应的培训课程，以降低综合培训成本或提高通过培训获得的收益，增强培训的有效性和针对性。

第

2

章　工作任务分析

构建符合岗位要求的胜任力模型需要以工作任务分析为前提。通过工作任务分析，企业可以将实施战略所需的组织能力转化为对具体岗位的要求，为构建符合企业发展特点的胜任力模型做好铺垫。

2.1　承接业务战略，厘清关键成功因素

"不谋万世者，不足谋一时；不谋全局者，不足谋一域。"企业战略决定了企业未来的发展方向，而决定企业战略能否落地的关键因素之一是员工是否符合企业战略的要求，包括员工的行为是否与企业战略的方向一致、员工的工作能力是否达到企业战略的要求、企业上下能否形成合力。

2.1.1　理解业务战略

业务战略是企业战略的重要组成部分，其反映并体现了企业创造价值的模式，主要关注企业的目标市场、发展途径和发展措施等。企业应根据业务战略确定人力、物力、财力的组合方式和投入方式，确保企业的资源始终聚焦于战略"主航道"。

【案例】华为"军团"：打破组织边界，为公司多产"粮食"

2020 年 9 月 15 日，在美国的多轮制裁下，华为丧失了从供应链上获取高端芯片的能力，其手机业务遭遇重大挫折。科纳仕智能手机分析 2021 年第一季度的报告显示：华为手机在全球智能手机市场的出货量跌出前五名，在中国智能手机市场的出货量与 2020 年第一季度相比下降 50%，从第一名跌到第三名；2021 年第二季度，华为手机跌出中国智能手机市场的出货量前五名，这是自 2015 年以来华为手机首次跌出中国智能手机市场的出货量前五名。

在终端发展受阻的情况下，对华为而言，求生存是第一要务。基于此，"向传统行业进军"成为华为 2021 年的重大战略。

2021 年 4 月，华为设立"煤矿军团"，目的是将信息技术应用于矿山场景，实现"矿山智能化"。作为试点，华为在"煤矿军团"的管理上做出了新的尝试：华为采用短链条的模式，给每个项目都配备了研发团队，快速打通了"军团"内部的产业基础研究、产品研究、市场交付等职能，缩短了产品进步的周期。设立"煤矿军团"仅半年时间，其工作便获得显著成果——"煤矿军团"的成员几乎覆盖了国内所有煤矿大省，"军团"设置了交互与服务部，专门负责培训合作伙伴，把华为的服务能力传授给合作伙伴。

2021 年 10 月，为了实现纵向能力对重点行业的突破，进一步将数字化

应用于传统行业，华为设立了海关和港口、智慧公路、数据中心能源、智能光伏"四大军团"，在人员调配、能力支撑等方面进行了新的布局。任正非亲自制定方案并监督执行，华为集中了各个业务集团的精兵强将，有效打破了组织边界，实现了快速决策。

任正非表示："通过'军团'作战，打破现有组织边界，快速集结资源，穿插作战，提升效率，做深、做透一个领域，对商业成功负责，为公司多产'粮食'。"设立"军团"是华为在特殊时期求生存的重要举措。

业务战略不是一成不变的，它会随着企业生存环境的变化而变化，进而影响组织能力的激活方式、组织架构的调整和人才队伍的变化。

从根本上讲，企业的一切都要为业务战略服务。业务战略能够直接影响组织设计和企业关键任务，最终反映在对执行企业关键任务的人才的能力要求上。无论是选拔人才还是培养人才，企业都应当以业务战略为导向，确定对人才的能力要求。

2.1.2   从战略规划到战略执行

为了连接战略规划和战略执行，华为在 IBM 公司构建的 BLM（Business Leadership Model，业务领导力模型）的基础上丰富了该模型的含义，通过进一步深化该模型，帮助管理层在从战略规划到战略执行的过程中进行系统的思考、务实的分析、高效的资源调配和执行情况跟踪。华为的 BLM 如图 2-1 所示。

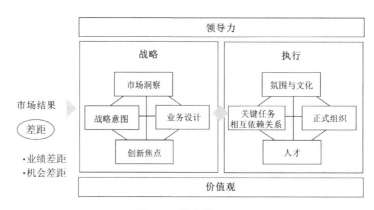

图 2-1   华为的 BLM

IBM 公司前咨询顾问柏翔将华为的 BLM 形象地比喻为企业聚焦战略的"三把钥匙和一个钥匙环"。

"第一把钥匙"是华为的 BLM 的第一个部分——差距,这是战略规划的起点。要想找到差距,企业既要对标行业标杆,也要捕捉新的市场机遇,即找到企业的业绩差距和机会差距。两类差距的具体说明和应对方式如表 2-1 所示。

表 2-1　两类差距的具体说明和应对方式

差距类型	具体说明	应对方式
业绩差距	这类差距聚焦企业当前的问题,是企业当前的经营结果和期望值之间的差距	通过管理、改善战略执行体系来缩小或消除差距
机会差距	这类差距是企业保持当前的经营方式和采用新的业务设计会带来的经营结果之间的差距	通过战略创新来缩小或消除差距

差距来源于 3 个方面:一是过往的战略不符合市场的变化趋势,二是企业的战略执行体系不符合当前的战略要求,三是企业缺乏执行战略的领导力和价值观。

在找到产生差距的原因后,企业要找"第二把钥匙"——领先的战略。要想制定领先的战略,企业必须站在客户和市场的角度,不拘泥于现有的成就,客观地看待自己,敢于否定自己、否定过去的成功模式,在不断洞察市场的过程中保持反思和创新,重新思考业务设计。

"第三把钥匙"是领先的执行,它要求组织行动始终以战略为导向,在澄清战略的基础上,明确执行战略的关键任务,并积极解决企业发展过程中的惯性问题,聚焦于战略"主航道",营造企业发展所需的氛围与文化,寻找并培养企业所需的人才。

从战略规划到战略执行,这是一个闭环,需要用强有力的"钥匙环"串联起来,也就是企业的领导力和价值观。在这个过程中,企业通常面临两大考验:一是对领导力的考验,如在识别差距的时候与哪家企业对比,管理者在制定战略时要有多强的自我批判精神;二是对价值观的考验,如企业推行变革的决心有多大,高层是否支持变革,企业能否营造新的氛围与文化,以适应新的战略。

战略解码是从战略规划到战略执行的关键节点之一。它通过可视化的方式，将企业战略转化为全体员工可理解、可执行的行为过程，帮助企业的各级团队正确理解企业战略，确保各级团队把事情做正确，从而搭建战略规划与战略执行之间的桥梁。

【案例】华为利用 BEM 实现战略与执行的"握手"

　　为实现组织战略的落地，华为利用 BEM（Business Execution Model，业务执行力模型）层层拆解战略，通过组织战略 KPI（Key Performance Indicator，关键绩效指标）确定组织目标和重点岗位个人目标，搭建组织目标和个人目标之间的桥梁。这个过程如图 2-2 所示。

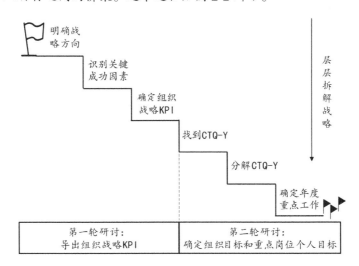

图 2-2　华为利用 BEM 层层拆解战略的过程

　　在这个过程中，第一步反复进行战略规划和业务规划的制定，意在深刻理解并明确战略方向和战略目标；第二步、第三步基于平衡计分卡导出 CSF（Critical Success Factor，关键成功因素）和组织战略 KPI；后三步对 CTQ-Y（Critical to Quality-Year，年度质量关键点）进行分解，导出个人的年度重点工作。

　　在利用 BEM 进行战略解码时，华为会组织两轮研讨：第一轮研讨的重点是基于组织的战略方向，识别关键成功因素，导出组织战略 KPI；第二轮研讨的重点是根据 CTQ-Y，把组织战略 KPI 分解为个人的年度重点工作。

BEM 有助于企业对战略进行层层解码，导出可衡量、可管理的组织战略 KPI 和可执行的关键任务，通过系统、高效的运营管理，确保企业实现战略目标。BEM 的底层逻辑如图 2-3 所示。

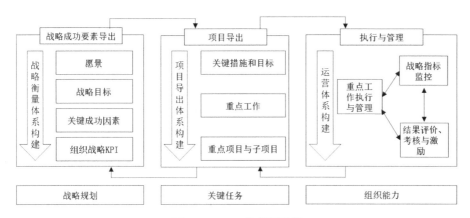

图 2-3　BEM 的底层逻辑

借助 BEM，企业可以构建一个战略解码、关键任务导出、组织能力培养环环相扣的闭环系统，明确从战略规划到项目团队执行，再到通过构建运营体系保证项目团队顺利开展工作的全过程。

2.1.3　导出关键成功因素和组织战略 KPI

关键成功因素是实现企业的愿景和战略目标，需要企业重点管理，以确保竞争优势的差异化核心因素。

企业提炼的关键成功因素会直接影响战略的落地效果，进而影响企业的发展方向。以 BLM 为例，企业可以从差距、战略意图、业务设计等方面提炼关键成功因素。

企业提炼关键成功因素应注意以下两个要点：一是提炼持续性的关键成功因素，包括业务增长成功因素和能力建设成功因素；二是制定季度目标，明确年度的跟踪和衡量标准（因为关键成功因素的影响周期往往比较长）。

战略地图是识别关键成功因素的重要工具，如表 2-2 所示，其以平衡计分卡的财务、客户、内部运营、学习与成长这 4 个层面为核心，以系统化、可视化的形式呈现企业各级目标层层递进的关系。团队可以围绕战略地图进行"端对端"的系统研讨，从而完成对战略的承接。

表 2-2　战略地图以平衡计分卡的 4 个层面为核心

层　面	具　体　内　容
财务	财务是企业考量战略的首要和最终层面，它描述了企业的最终目标。在提炼关键成功因素时，企业需要把财务放在首要位置，可以从收入增长、效率提高等方面进行考量和描述
客户	企业需要根据业务设计中选择的客户群体，理解客户的价值主张，具体考虑以下两个方面：一是企业与客户交换什么价值，二是企业如何获取、体现与客户交换的价值
内部运营	内部运营的核心是正确地做事，从这个层面来考量，企业可以从综合管理创新流程、运营管理流程、客户管理流程、法规与社会流程等方面提炼关键成功因素
学习与成长	学习与成长体现了无形资产对战略执行的重要意义，描述了企业如何围绕内部运营形成竞争对手无法复制的核心竞争力，体现了战略执行对组织能力的要求

关键成功因素是企业实现战略目标的必要条件，通常由特性、准则、能力等构成。提炼关键成功因素应当明确体现出在企业成功时，这些因素的发展趋势。提炼关键成功因素的示例如图 2-4 所示。

财务	客户	内部运营	学习与成长
• 利润最大化	• 产品价值最大化	• 缩短供货周期	• 获得全球人才
• 增加销售额	• 扩大市场份额	• 改善经销商管理	• 构建先进的企业文化
• 拓展高利润产业	• 优化产品形象	• 采购流程效率最大化	• 构建知识管理体系
• 资产利用率最大化	• 提高产品质量	• 中低端产品免费维护	• 形成技术壁垒

图 2-4　提炼关键成功因素的示例

平衡计分卡创始人罗伯特·卡普兰曾对战略做出了这样的论断："如果你不能描述它，你就不能衡量它；如果你不能衡量它，你就不能管理它；如果你不能管理它，你就不能实现它。"在将战略解码为一个个关键成功因素后，我们需要进一步将其分解为可衡量的指标——组织战略 KPI。

组织战略 KPI 是战略落地的"降落伞"，通过对指标的整合和控制，组织绩效行为可以与企业战略目标的要求相吻合。组织战略 KPI 的导出步骤如表 2-3 所示。

表 2-3　组织战略 KPI 的导出步骤

导 出 步 骤	含　义	目　的	呈 现 方 式
明确战略方向	基于战略目标明确战略方向，并用简短的句子描述战略	使战略方向具体化、可衡量化	战略方向、战略方向的定义
识别关键成功因素	识别实现战略目标的中长期关键成功因素	澄清战略，明确实现战略目标的中长期关键成功因素	战略地图、关键成功因素
导出关键成功因素的构成要素和组织战略 KPI	确定战略周期内关键成功因素的内容和范围，识别 KPI 池	为关键成功因素匹配量化指标，从而评价指标达成情况	关键成功因素的构成要素、KPI 池

KPI 是描述和分解目标的高效工具，在导出组织战略 KPI 时，我们应该用指标化的语言描述 KPI。

【示例】描述 KPI

下面以描述"提高客户满意度"这一关键成功因素的 KPI 为例进行说明。

示例一：	示例二：
提升研发能力	2022 年的新产品平均上市时间缩短到 7 个月
满足市场需求	2022 年的产品开发计划完成率达到 90%
减少客户投诉	2022 年，产品设计被客户投诉的次数减少 50%

在上述示例中，示例一对 KPI 的描述是错误的，缺乏清晰、可衡量的指标，难以界定企业是否达成了 KPI；示例二描述的 KPI 有明确的时间和可衡量的指标，是可管理、可达成的 KPI，能够切实引导企业各部门理解行动要点。

2.2　明确支撑重点工作的能力要求

明确支撑重点工作的能力要求是战略执行的重要环节：一方面，它能够帮助员工确定成长的方向和标准；另一方面，从长远的角度来看，它能够促进企业对人才竞争力的关注和培养。

2.2.1 明确关键任务

关键任务指的是找到支撑关键成功因素和组织战略 KPI 的核心工作，即找到"撕开城墙口"的策略与方法。关键任务在企业的整个战略执行体系中处于起点的位置，是确定关键岗位能力的前提。

企业的关键任务主要是通过对战略进行梳理和分析，找出提高销售收入、完成新产品开发和交付等背后的关键事件。关键任务通常具备以下 4 个特征，在识别关键任务时，企业可以进行充分的比较和考量，从而确认关键任务。

（1）关键任务必须存在于企业需要大幅改善的领域。

（2）关键任务的结果最终会反映在绩效的改善上，如市场占有率、销售收入、利润等财务绩效的改善。

（3）关键任务涉及的领域包括产品生产、交付、创新和客户营销等。

（4）关键任务是可衡量的。

识别关键任务既对战略执行具有重大意义，又是战略执行中面临的巨大挑战。我们可以采用预测和评估重点、难点、变化点的方法，对战略目标加以梳理，并对标关键成功因素，导出支撑企业创造价值的关键任务。

要想导出高质量的关键任务，我们需要对业务进行深刻的理解和思考，分析实现战略目标的重点、难点、变化点，并积极地接受挑战。在经过对企业战略的反复解读、分析和内部讨论后，我们导出的关键任务会越来越精准，质量会越来越高。2011 年华为终端公司导出的关键任务如表 2-4 所示。

表2-4　2011 年华为终端公司导出的关键任务

序　号	关　键　任　务
1	终端公司要进入手机领域公司的前五名
2	从白牌原始设计制造商定制向原始设备制造商华为自有品牌转型
3	全面拓展四大渠道，构建"运营商渠道+社会化渠道+实体渠道+电商渠道"
4	建立项目型组织，落实授权机制，让"听得见炮声"的人做业务决策
5	建立适应领先者的人才结构
6	解决劳资分配问题，落实"3：1策略"

在识别并明确了关键任务后，企业需要进行内部讨论，可以借助
SMART（Specific，明确性；Measurable，可衡量性；Attainable，可达成性；
Realistic，相关性；Time-based，时限性）法则明确关键任务的要点。通过对
企业战略进行反复解读、分析和内部讨论，企业内部可以更加明确关键任务
及其标准，从而更好地聚焦工作重点，高效分配企业的资源，避免出现"平
均用力"、浪费资源等情况。

2.2.2　从关键任务到年度重点工作

年度重点工作是企业在下一年完成关键任务的具体行动计划，是企业
为了实现短期目标和长期目标需要优先完成的工作。

在确定年度重点工作时，企业需要召开研讨会，对上一年的工作复盘和
战略调整、年度重点工作确定、年度重点工作标准化、工作推进时间表进行
探讨。

确定年度重点工作一般从上一年的工作复盘结果和拆分关键任务这两
个方面来进行：前者根据上一年的重点工作目标和实际的完成情况，找到制
定上一年的重点工作目标和完成工作任务的过程中存在的问题，并寻求解
决方案，以便为下一年的年度重点工作提供制定和实施方案的可参考经验；
后者对关键任务进行阶段性拆分，形成以年为周期的阶段性关键任务目标，
从财务、客户、内部运营、学习与成长等层面考虑如何优化战略实施路径。

在研讨会上，参会者需要分配标准化的年度重点工作项目，确定各项目
的负责人及其权责，以及各项目的启动时间和推进方法，并形成工作推进时
间表。

根据表 2-4 中的关键任务 1，华为终端公司确定的 2011 年度重点工作
如表 2-5 所示。

表 2-5　华为终端公司确定的 2011 年度重点工作

序　　号	2011 年度重点工作
1	产品：按时发布华为的 P 系列手机和 M 系列手机
2	品牌：打造客户喜爱的品牌

续表

序　号	2011 年度重点工作
3	渠道：建立穿透三线、四线城市的渠道
4	供应：构建柔性的供应体系
5	区域：手机销量在欧洲重点国家的市场份额占比超过 16%

2.2.3　支撑重点工作落地的关键因素

组织能力是支撑重点工作落地的关键因素，是企业基业长青的基础。一些企业之所以失败，不是因为战略方向错误或缺乏市场洞察能力，而是因为没有及时培养适应新发展机会的组织能力。

组织能力是指组织利用内外部的各种资源，系统化解决问题并实现组织既定目标的能力。组织能力的 3 个部分分别是人才队伍、组织体系、企业文化，如图 2-5 所示。

图 2-5　组织能力的 3 个部分

1．人才队伍是组织能力的核心

人力资源是企业的第一资源。人才队伍建设是指在发挥现有人才作用的同时进行人才储备，以保持企业人才队伍的稳定和可持续发展，也就是阿里巴巴提出的"搭班子"。

阿里巴巴的人才梯队如图 2-6 所示。阿里巴巴将管理者分成 3 层，分别是"头部"力量（高层管理者）、"腰部"力量（中层管理者）、"腿部"力量（基层管理者），并为他们设置了不同的班级，如"风清扬"班、"逍遥子"班、高潜班、"侠客行"班。

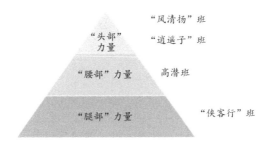

图 2-6　阿里巴巴的人才梯队

字节跳动的人才梯队采用了"3+2"模型。

3（操作原则）	2（用人哲学）
• 面试要三轮 • 人才选择要三思 • 人才培养要"三生三世"	• 如果我把人才留住了，别人就用不了了 • 把人才招进来以后，即使暂时用不上，也杜绝了竞争对手使用他们的可能性

基于"3+2"人才梯队模型，在不到 10 年的时间内，字节跳动的员工人数突破了 10 万人大关。

2. 组织体系是组织能力的"营盘"

俗话说："铁打的营盘流水的兵。"组织体系不是单一的组织结构，而是由组织结构、管控模式、业务流程体系、操作规范等系统化形成的"能力营盘"。例如，华为的干部管理体系和集成产品开发体系、阿里巴巴的"政委"体系都是组织体系的一部分。在发展过程中，企业只有不断建立和完善各种管理体系，才能形成稳固、成熟、高效的组织体系。

3. 企业文化是组织能力的灵魂

企业文化是在企业的经营实践中被企业全体员工遵循的文化理念、经营理念、管理理念和用人理念，是一种组织氛围。

图 2-7 所示为阿里巴巴的集团文化。从图 2-7 中我们可以看出，阿里巴

巴的集团文化的核心部分是集团要求各子公司必须考核的价值观——"六脉神剑"（见图 2-8）。

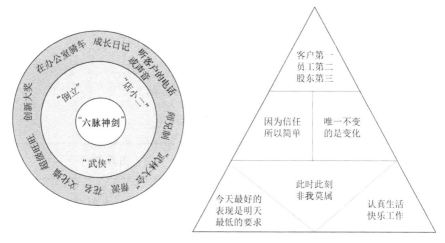

图 2-7　阿里巴巴的集团文化　　图 2-8　阿里巴巴的价值观——"六脉神剑"

在图 2-7 中，中间的部分是各子公司的子文化；靠外的部分是子文化的外显形式，如"阿里日""阿里集体结婚日""阿里员工运动会"等文化活动和一些吉祥物，它们是看得见、摸得着的。

组织能力越强，业务增长或转型的速度越快，企业就越能在不断变化的环境中超越竞争对手。华为业务的高速增长验证了组织能力的重要性。

【案例】华为组织能力的锻造

华为在遭受严重打压后，仍然取得了巨大的商业成功，实现了可持续发展。这得益于华为建立了科学的管理体系，持续锻造组织能力。正如任正非所说的那样："方向要大致正确，组织要充满活力。"

组织能力的锻造是一项战略工程，需要兼顾方方面面。笔者经过多年的研究认为，华为锻造组织能力的精髓在于以下 3 个方面。

（1）人才辈出的干部队伍建设。

华为的成功在很大程度上是人力资源管理的成功。华为通过系统化的干部管理，确保内部人才层出不穷，打造了一个"敢打仗、能打仗、打胜仗"的"铁军"团队。

（2）持续开展组织变革。

华为的组织体系不是一成不变的，而是在持续对抗"熵增"。在 IBM 公司等众多咨询公司的帮助下，华为建立了 IPD（Integrated Product Development，集成产品开发）、LTC（Lead to Cash，机会至收款）、ITR（Issue to Resolved，售后）三大业务流程体系，提升了流程管理的程序化、自动化、信息集成化水平，因时而变、因事而变，实现了流程化的组织建设和运作，大大提高了业务质量和工作效率。

（3）塑造独具特色的企业文化。

在 30 多年的发展历程中，华为塑造了"以客户为中心、以奋斗者为本、长期坚持艰苦奋斗"的企业文化，将其贯穿于组织机制的方方面面，并写入了《华为基本法》，达成了团队共识，建立了共同的目标体系，使整个团队的管理素质和能力得到了质的提升。

组织能力的锻造既是一项持续性的系统工程，也是企业走向卓越和可持续发展的必经之路。明确支撑重点工作的组织能力，归根结底是明确如何建设人才队伍、建立组织体系、塑造企业文化。

2.3 组织设计与岗位职责

为了确保业务战略在组织层面和个人层面得到有效承接，充分匹配组织能力与业务战略，企业需要基于业务流程，对组织进行设计、调整和优化，并确定与业务流程相匹配的岗位职责。

2.3.1 基于业务流程进行组织设计

在组织管理中，流程化组织指的是针对客户需求，沿着业务流程进行授权、行权和监管的组织。

要想在竞争中越来越强，企业必须重视组织管理，建设流程化组织，摆脱对"人"的依赖。

【案例】华为的组织管理目标是建设流程化组织

1998 年，IBM 公司对华为当时的组织管理状态进行了全面诊断，给出的解决方案是华为必须建设流程化组织。当时的华为是职能型组织，这种组织类型很难支撑华为走出中国、迈向世界。随着与 IBM 公司合作开展 IPD 体系变革，华为的流程化组织建设正式起步。

2004 年，任正非在与员工的座谈会上强调："我们所有的目标都是以客户需求为导向的，通过充分满足客户需求来增强核心竞争力。我们的工作方法是建设 IPD 体系等一系列流程化组织。在明确了目标后，我们需要建设流程化组织。先有目标，再有流程化组织，就是最有效的运作方式。"这个过程具体是如何进行的呢？华为基于业务流程进行组织设计的基本逻辑如图 2-9 所示。

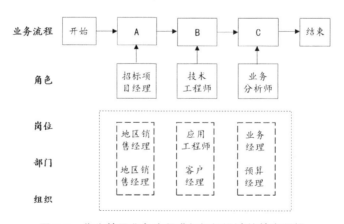

图 2-9　华为基于业务流程进行组织设计的基本逻辑

华为的"布阵点兵心法"强调："根据战略决定要不要设计组织，根据业务流程决定如何设计组织，根据生命周期确定组织导向，根据组织导向挑选合适的干部。"这套"心法"直指组织设计的本质。在"布阵"时，华为重点关注以客户需求为导向的业务流程，通过厘清业务流程中上下游的关系，在组织和组织之间形成合力，从而建设协同型组织。在对业务流程进行梳理和优化后，华为持续整合组织的各种职能和资源，向流程化组织进化。

时至今日，华为已经创立了 30 多年。这些年来，华为紧密围绕客户需求，逐步探索并建设流程化组织，按照系统的管理制度进行规范化管理，及时为客户提供满足其需求的优质产品和服务，实现企业的持续进步与发展。

任正非曾说："我们建立了以客户需求为导向的公司发展目标，为了满足客户需求，所有的组织建设都应该是流程化的组织建设，这样才可以快速响应客户，同时保持低成本。围绕这个目标进行组织建设，需要什么就保留什么，多余的组织及人员都要裁掉，这样才能实现高效、低成本。"任正非认为，在组织运作的过程中，以客户需求为导向建设流程化组织，既可以及时为客户提供满足其需求的优质产品和服务，又可以实现高效的组织运作。

2.3.2　沿着业务流程进行宏观组织匹配

设计流程化组织包括两个步骤：第一步是沿着业务流程进行宏观组织匹配，第二步是明确岗位承担的流程角色。在沿着业务流程进行宏观组织匹配时，企业可以借助 4R［AR（Accountable Responsible，总体责任）、TR（Total Responsible，全面责任）、PR（Partial Responsible，部分责任）、CR（Customer Responsible，客户责任）］工具。

【案例】华为借助 4R 工具，沿着业务流程进行宏观组织匹配

4R 工具是华为沿着业务流程进行宏观组织匹配的常用方法。华为将内部流程分为 15 个一级流程，并将一级流程划分为 L1～L6 级。在进行宏观组织匹配时，华为是沿着 L1～L4 级流程来匹配的；L5～L6 级流程主要用来匹配岗位与职责。不同流程角色的具体描述如表 2-6 所示。

表 2-6　不同流程角色的具体描述

流 程 角 色	具 体 描 述
AR	管理并执行流程，是流程的掌控者，每个流程只能有一个 AR
TR	执行整个流程或流程的大部分活动
PR	执行部分流程
CR	执行不同客户场景中的整个流程或流程的大部分活动

4R 工具界定了组织中的不同流程角色。借助 4R 工具，企业可以明确在流程运作的过程中调整和优化组织的方向。利用 4R 工具分析组织与流程角色的匹配性如图 2-10 所示。

流程	组织1	组织2	组织3	……
1	AR	横向分析 AR	AR	
2	PR	PR	CR	
3	TR	PR	CR	纵向分析
4	TR	PR	CR	
5	TR	PR		

图 2-10　利用 4R 工具分析组织与流程角色的匹配性

通过横向分析和纵向分析，我们可以从图 2-10 中发现两个问题：首先，从横向分析的角度来看，流程 1 中存在多个 AR，即存在同一个流程有多个掌控者的问题；其次，从纵向分析的角度来看，组织 1、组织 2、组织 3 均在多个流程中扮演相同的角色，即存在同一个组织职责过多的问题。

在利用 4R 工具分析组织与流程角色的匹配性后，我们可以发现组织中有哪些地方需要调整和优化。在分析的过程中，我们需要注意以下两个问题。

（1）关于 AR 有两种情况。一是同一个流程有多个 AR。每个流程应该有且只有一个 AR，同一个流程有多个 AR 很容易产生"多头领导"现象。一旦产生"多头领导"现象，就会降低流程的运作效率，增加组织之间的冲突。在这种情况下，我们需要重新分析组织的权责，并为流程确定唯一的 AR。二是流程没有 AR，这样会导致流程无人管理、流程运作变得困难。

（2）关于 TR/PR/CR 有两种情况。一是一个组织在不同的流程中担任了过多的 TR/PR/CR 角色，这意味着该组织参与了多个流程。在这种情况下，我们需要思考能否将部分流程拆分给其他组织。二是一个组织担任了过少的 TR/PR/CR 角色，在这种情况下，我们需要思考是否应增加该组织的职责或直接取消该组织。

企业运营的核心是业务流程，业务流程设计应该位于组织设计之前。业务流程和组织之间通常具有清晰的对应关系，当组织与业务流程不匹配时，企业需要调整组织，匹配业务流程。

2.3.3　流程角色与岗位职责

在沿着业务流程进行宏观组织匹配后，组织架构基本上就确定下来了。接下来，我们需要明确岗位承担的流程角色，可以利用 RACI［R（Responsible，负责者）、A（Accountable，批准者）、C（Consulted，被咨询者）、I（Informed，被告知者）]模型进行权责梳理和角色定义。

【管理研究】RACI 模型

RACI 模型是定义活动参与者的流程角色和责任的常用工具。该模型采用矩阵的形式，一般在纵向上标明流程中的各项活动，在横向上标明活动中的所有流程角色。活动中的流程角色主要分为以下 4 类。

（1）负责者：实际执行任务的人，可多人分工。

（2）批准者：对任务拥有审批权和否决权的人。每个流程最好有且只有一个批准者。

（3）被咨询者：在执行任务前或执行任务的过程中提供指导性意见的人，通常需要进行双向沟通。

（4）被告知者：在其他人做出决策或采取行动后需要被告知结果的人，通常只需要进行单向沟通。

如表 2-7 所示，在利用 RACI 模型明确岗位承担的流程角色时，我们可以采用矩阵的形式，分别进行横向分析和纵向分析。

【示例】利用 RACI 模型明确岗位承担的流程角色

表 2-7　利用 RACI 模型明确岗位承担的流程角色

活　　动	岗 位 1	岗 位 2	岗 位 3	……
1				……
2				……
3				……
……				……

如表 2-7 所示，我们可以在横向、纵向上分别标明活动、岗位，并在空白格内填入每个岗位在活动中承担的流程角色（如 R、A、C、I），之后分别进行横向分析和纵向分析。

1. 横向分析

如果在横向上没有 R，就意味着该活动没有负责者，各方等待批准、被咨询、被告知。如果在横向上有太多 R，那么我们需要思考该活动中是否存在岗位职责重叠、是否存在不同岗位反复执行同一任务而无法向前推进等情况。在这些情况下，我们需要简化或取消部分岗位的职责。如果在斜向上有太多 R，那么我们需要思考该活动的交接步骤是否过多、有没有合并的可能。

如果在横向上没有 A，就意味着该活动没有批准者，我们需要任命一人担任 A。

如果在横向上有太多 C，那么我们应思考是否需要那么多顾问（顾问过多会增加完成任务的时间和成本）。

如果在横向上有太多 I，那么我们应思考是否需要告知那么多人。I 的数量应以实际的业务需求为准，而不应被"官僚"或"权威"左右。

2. 纵向分析

如果在纵向上有太多 R，那么我们需要思考这些 R 有没有足够的能力执行多项活动，是否需要把一部分 R 的职责拆分给其他岗位。

如果在纵向上没有 R 或 A，那么我们需要思考能否减少或增加相关岗位的职责。

如果在纵向上有太多 A，那么我们需要思考授权是否合理，是否应将某些活动的 A 拆分给其他岗位以实现有效制衡，会不会出现所有事项都等着某个 A 决策，从而造成流程难以推进的情况。

此外，在进行纵向分析时，我们还要重点分析个体在活动中承担的流程角色是否与其能力相匹配。

在利用 RACI 模型明确岗位承担的流程角色时，我们要注意以下 3 点：在同一项活动中，A 有且只有一个；可以有多个 R，A 可以兼任 R；R 不可以兼任 I、C。利用 RACI 模型明确岗位承担的流程角色，可以使岗位职责设计更全面，因为流程角色是岗位职责的重要来源，这样可以有效弥补组织内部"关起门来"设计岗位职责的不足。此外，利用 RACI 模型明确岗位承担的流程角色还可以增强流程的适用性，用岗位匹配流程角色能够有效减少人员变动对流程运作的影响，保障流程稳定运作。

2.4　岗位职责体系划分

在完成权责梳理和角色定义后，企业需要对岗位职责体系进行设计和划分，实现全企业、全流程的岗位职责体系化，并基于岗位职责体系，在组织内部设计不同的职业成长通道，通过建立机制，把战略目标传递给员工。

2.4.1　岗位职责体系化设计

岗位职责体系化设计指的是根据岗位的工作任务内容，具体规划各岗位的职责，从而有效避免在实际工作中出现"踢皮球"或无人担责的情况。

1. 了解定岗的含义

定岗指的是在企业战略的指导下进行组织结构设计和职能分解，根据企业的需要设置岗位。定岗是企业岗位管理的基础性工作。

亚当·斯密在《国富论》一书中论述了制作别针的问题："如果每个工人都完成抽丝、拉直、切断、削尖等制作别针的全过程，那么每人每天最多能制作 20 根别针；如果把制作别针的全过程分解为若干道工序，每个工人完成一道工序，那么每人每天的产量能提高到 4800 根别针。"

这段论述生动地表明了分工与定岗之间的关系，即定岗的本质是分工，按照专业化原则，把整体工作分解为若干个部分，并把性质相同或类似的工作合并为一个岗位。

定岗是一种基于专业化原则的经验式决策方法，定岗结果会影响企业业务目标的实现情况，最终影响企业的运营成本。因此，企业在定岗时需要综合分析内外部环境，并遵循如表 2-8 所示的五大原则。

表 2-8　定岗的五大原则

原　则	具 体 说 明
因事设岗原则	"先有'事'，后有'人'""先确定职责，再设立岗位"是定岗的首要原则。除了部分特殊情况，企业应尽可能避免因人设岗，以减少组织冗余
协作原则	虽然设置岗位强调专业化分工，但是岗位之间的协作也很重要。在进行分工时，企业应综合分析岗位之间的关联性，确保各岗位职责明确，而且能彼此协作，以发挥最大的效能
最少岗位原则	企业既要最大限度地节约人力成本，又要尽可能缩短岗位之间传递信息的时间，减少信息传递过程中的"衰减效应"，增强组织的战斗力和竞争力
客户导向原则	为客户创造价值是企业存在的依据，设置岗位必须从客户的角度考虑。这里的"客户"不仅包括外部客户，还包括内部客户
监控原则	企业内部的某些工作之间存在监控关系（如财务工作中的会计和出纳），必须分别设置不同的岗位

2．规范岗位职责

岗位职责主要包括工作责任、工作权力、工作方法、沟通协作模式，具体说明如表 2-9 所示。在分析和设计岗位职责时，我们应该以企业战略为导向，结合流程或活动中的关键任务，突出不同岗位的独特价值。

表 2-9　岗位职责的具体说明

岗 位 职 责	具 体 说 明
工作责任	工作责任是对员工在工作中应该承担的职责和应该承受的压力的界定。责任要适度，若责任过重，则容易导致员工产生抱怨和抵触；若责任过轻，则容易导致员工行为轻率和工作低效
工作权力	权力和责任是相对的，责任越重，权力越大。若二者脱节，则容易影响员工的工作积极性
工作方法	工作方法包括领导对下级的工作方法、组织和个人的工作方法设计等。对于不同性质的工作，员工应采用有针对性的工作方法，切忌千篇一律
沟通协作模式	组织是一个有机的整体，它是由若干个相互关联和制约的环节构成的，各环节之间必须沟通协作、相互制约

笔者在研究和实践过程中发现：在一些企业的组织结构中，岗位职责设计容易违反定岗的五大原则，出现如表 2-10 所示的常见问题。

表 2-10　岗位职责设计的常见问题

常见问题	示意图	具体含义
职责交叉	A B（交叉）	A 和 B 属于同一层次的岗位，职责存在交叉部分
职责重叠	A / B（上下重叠）	A 和 B 属于不同层次的岗位，职责存在重叠部分
职责空档	A　B（分离）	A 和 B 属于同一层次的岗位，职责存在缺失部分
职责错位	B A / A B	本该由 B 岗位负责的职责由 A 岗位负责
职责虚位	A（虚线）/ B	流程或权限设计存在问题，出现职责遗漏现象

　　职责交叉和职责重叠会影响企业的运作效率和成本，导致工作脱节、重复作业，耗费过多的资源，一旦出现问题，员工容易互相推诿。职责空档、职责错位、职责虚位除了会影响企业的运作效率，还会给企业带来潜在的风险，容易造成管理控制上的漏洞。

　　为避免出现职责交叉、职责重叠、职责空档等问题，在进行岗位职责设计时，我们可以借助如表 2-11 所示的部门职能与岗位职责分析矩阵，检查部门职能的分解情况和岗位职责的分配情况，查漏补缺，确保部门职能分解到位和岗位职责分配清晰。

表 2-11　部门职能与岗位职责分析矩阵

岗位职责		部门职能				
		职能 1	职能 2	职能 3	职能 4	职能 5
岗位 1	职责 1		✓（圈）		✓（圈）	行 A →
	职责 2	✓（圈）				
	职责 3					
岗位 2	职责 1			✓		
	职责 2					行 B →
	职责 3	✓（圈）				
岗位 3	职责 1		✓		✓	
	职责 2	列 a		列 b　✓		

下面对表 2-11 进行说明。

（1）一对多：如行 A，说明岗位职责过多，应当细化或减少该岗位的职责。

（2）一对空：如行 B，说明岗位职责冗余或部门职能缺失。

（3）多对一：如列 a，说明不同岗位（岗位 1 和岗位 2）之间存在职责重叠或职责界限模糊的问题，应当明确界定岗位职责。

（4）空对一：如列 b，说明部门职能有遗漏，应当把遗漏的部门职能落实到具体的岗位。

3．撰写岗位说明书，形成岗位职责体系

在规范岗位职责的基础上，企业要设定明确的岗位职责要求，让员工明白自己应该做什么、怎么做和在什么情况下履行岗位职责，避免因为岗位职责不清出现员工越权或推卸责任的情况。在撰写岗位说明书时，我们应特别关注如表 2-12 所示的关键内容。

表 2-12　岗位说明书的关键内容

关 键 内 容	具 体 说 明
责任人	根据工作的需求设置岗位，明确责任人的权责，确保权责清晰，保证团队内部事事有人做、人人有事做，在追究责任时能够迅速找到相关责任人
工作内容	工作内容包括员工日常的主要工作事宜和所在岗位应该承担的主要责任
工作方法	采用正确的工作方法会产生事半功倍的效果
工作标准	工作标准是对任务成果的时间、数量、质量等方面做出的控制和界定，是根据员工的岗位职责制定的量化标准
考核细则	考核细则可以确保岗位职责清晰、划分到位，它不仅是对员工日常工作的要求，还是管理者对员工进行监督与考核的依据

有了岗位说明书，员工可以清楚地了解自己的岗位职责和权限，并督促自己完成应该完成的任务；管理者可以通过岗位说明书进行追溯管理，一旦某个工作环节出现了差错，管理者就可以根据岗位说明书快速找到相关责任人，这给管理工作带来了便利。从组织结构的角度来看，我们应明确各岗位在横向上、纵向上与其他岗位之间的关联性（特别是工作交接点、协助点、支持点），实现岗位职责体系化，从制度层面避免"踢皮球"或无人担责的情况。

2.4.2　划分岗位职系和岗位序列

划分岗位职系和岗位序列是企业进行岗位管理的基础、重点。基于岗位职系和岗位序列的分类结果，企业可以为员工设计多条职业成长通道，为员工的培训发展、激励提拔、薪酬发放等活动提供依据，进而组建稳定的核心员工队伍，确保企业的竞争力不断增强，促进企业持续发展。

1．岗位职系

岗位职系由两个或两个以上工作性质相似的岗位组成，这些工作性质相似的岗位可以在具体职责和所需资格、条件等方面存在差异。

在进行岗位职系划分时，企业应以工作性质相似为原则，通过企业价值链分析确定划分标准。若岗位职系划分得不合理，则容易导致企业陷入绩效管理困境。

【观点】销售部门的员工未必在销售职系中

销售部门的员工一般包括销售人员、计划人员、售后服务人员、内勤人员等。销售人员的薪酬包括底薪和提成，其中提成的占比更高。计划人员、售后服务人员和内勤人员主要根据岗位绩效获得工资。因此，企业在进行岗位职系划分时，不能把销售部门的所有员工都划分到销售职系中。

企业在进行岗位职系划分时，可以根据工作性质，把岗位职系分为 4 个类型，如表 2-13 所示。

表 2-13　岗位职系划分

类　　型	具 体 说 明
管理职系	主要从事人员管理工作的员工。按照管理层级，可以将管理职系划分为高层管理者、中层管理者和一般管理者。在通常情况下，只要是有下级的管理者，都可以划分到管理职系中
专业技术职系	运用某些专业知识提供支持、服务或创造价值的员工。专业技术职系包括销售、市场、财务、人力资源、技术研发、质量管理、采购等岗位职系，可以针对具体专业设置岗位职系，如行政职系、销售职系等
技能职系	主要从事技能工作、依靠熟练的技能创造价值的员工，如生产部门的电工、钳工、天车工、叉车司机等
辅助职系	主要从事事务性工作的员工，如保安、清洁工、洗碗工、包装工、搬运工等

在完成岗位职系划分后，企业需要对不同岗位职系分别进行定义，把企业的所有岗位划分到合适的岗位职系中。

2．岗位序列

岗位职系划分形成了岗位职责体系的大框架，在此基础上，企业可以对岗位职系进行进一步划分，形成岗位序列。岗位序列是具有相似的工作性质和任职要求的岗位的统称。

岗位序列划分可以通过业务类别对比和职责归类这两种方法来实现。根据业务特点、工作性质的不同，可以将常见岗位划分为管理序列和专业序列，其中专业序列可以进行进一步划分，如表2-14所示。

表 2-14　岗位序列划分

类　　型		具 体 说 明	评 判 标 准
管理序列		从事管理工作且拥有一定职务的岗位序列	企业的付薪依据主要是其承担的计划、组织、领导、控制职责
专业序列	支撑序列	从事某方面的职能或生产管理工作且不具备或不完全具备独立管理职责的岗位序列	企业的付薪依据主要是其承担的指导、监督、辅助、支持员工等方面的职责
	技术序列	从事技术研发、设计等工作的岗位序列，有一定的技术含量	企业的付薪依据主要是其掌握的专业技术
	市场序列	从事专职销售或市场开拓等工作的岗位序列	工作场所不固定，在企业外部的时间甚至比在企业内部的时间更长。这种岗位序列的绩效考核、薪酬激励管理与其他岗位序列存在较大的差异
	操作序列	在企业内部从事生产作业类或最基础的决策等层次较低的工作的岗位序列	工作场所比较固定，岗位技能的专业化程度比较高，工作内容的重复性比较强，体现创造力的机会比较少，是基层员工的主要群体

【示例】划分岗位序列

W公司将岗位划分为1个管理序列和4个专业序列，具体包括15个子序列，其中专业序列包括支撑序列、技术序列、市场序列和销售序列，如图2-11所示。

管理序列	支撑序列	技术序列	市场序列	销售序列
• 高层管理 • 中层管理 • 基层管理	• 财务KPI • 客户KPI • 内部运营KPI • 学习与成长KPI	• 研发技术 • 工程建设 • 维护运营 • 区域维护	• 业务管理 • 营销策划	• 客户经理 • 客户服务

图 2-11　W 公司的岗位序列

W 公司对不同的岗位序列做出了清晰的界定与划分，为对员工进行差异化管理提供了便利，这种差异化管理很明显地体现在对员工的绩效考核与薪酬激励方面。

2.4.3　设计职业成长通道

在完成岗位职系和岗位序列的划分后，接下来，企业需要在纵向上对每个岗位序列中的岗位进行等级划分，并设计职业成长通道。

1. 划分岗位等级

在实践中，岗位等级是基于岗位序列的职责范围、重要性、难度和所需知识、技能、素质等进行划分的。

一个岗位序列通常可以划分为 4～6 个等级，企业应根据自身的实际需要进行划分。

【案例】美世岗位职系

如表 2-15 所示，美世咨询公司建立了美世岗位职系，将所有岗位划分为管理类、专业类、非专业类。管理类岗位划分为 7 个等级，专业类岗位划分为 5 个等级，非专业类岗位划分为 3 个等级。

表 2-15　美世岗位职系

等　　级	管理类岗位	专业类岗位	非专业类岗位
7	总经理		
6	职能负责人		
5	子职能负责人	资深专家	
4	高级经理	专家	

续表

等　级	管理类岗位	专业类岗位	非专业类岗位
3	经理	资深职员	资深职员
2	主管/团队领导	职员	职员
1	团队领导	助理	助理

美世咨询公司对各类岗位的等级划分标准进行了清晰的描述。以专业类岗位为例，其等级划分标准如表 2-16 所示。

表 2-16　美世咨询公司专业类岗位的等级划分标准

等　级	划　分　标　准
5（资深专家）	（1）企业或行业内公认的专家。 （2）充分掌握某个专业领域的知识与技能。 （3）对多个专业领域有广泛的了解
4（专家）	（1）在所在领域积累了丰富的知识，具备在高度复杂、专业的领域制定标准和指导原则的能力。 （2）在面对技术、商业方面的挑战时，能够推陈出新，在传统解决方案的基础上取得重大的进步，提出新的解决方案
3（资深职员）	（1）能够熟练运用现有的专业、技术或商业方面的系统方法。 （2）一般通过数年的实际工作、调查研究或参与有挑战性的项目等方式获取需要具备的知识。 （3）能够指导专业类岗位的下级开展工作，并对他们的工作质量进行评估
2（职员）	（1）能够在有限的监督下开展工作，需要运用比较专业的知识。 （2）具备了解特定客户的需求或技术要求的能力，能够熟练运用自己掌握的知识与技能
1（助理）	（1）在上级的指导下完成日常工作。 （2）不需要具备相关工作经验，通常需要具备一定的学历

2．设计员工的职业成长通道

借助岗位职责体系的大框架，企业可以连接岗位职系和岗位等级，并结合员工的专业转化方式，打通不同岗位等级之间的晋升通道，从而设计员工的职业成长通道。

职业成长通道既是员工在企业中的职业发展轨迹，也是企业为员工的职业发展和晋升设计的路线，还是员工实现职业理想和职业生涯目标的主要途径。

很多企业推行的是双轨制职业成长通道，即把职业成长通道分为管理通道和专业通道，两条通道之间不相通。管理类岗位的员工要想晋升，需要承担更多的管理责任，成为更高层次的管理者；专业类岗位的员工要想晋升，需要积累专业岗位上的经验、技能和评职称，成为某方面的专家。

虽然员工可以选择管理通道或专业通道，但是双轨制职业成长通道很难实现两条通道的互换与交流。为了解决这个问题，部分企业对双轨制职业成长通道进行改良，即根据不同职业成长通道在专业和技能等方面的相关性，设计不同职业成长通道之间的转换关系，员工可以在相关性较强的职业成长通道之间转换。例如，销售通道内的员工可以向营销通道转换，生产通道内的员工可以向工艺工程师通道转换。

【案例】华为的职业成长"五级双通道"

如图 2-12 所示，华为的职业成长通道是"五级双通道"。华为设置了管理通道和专业通道，其中专业通道可以细分为技术、营销、采购、生产等通道。管理通道和专业通道之间是打通的，在积累了一定的经验后，员工可以根据自身的特长和发展意愿，选择向管理通道或专业通道发展。

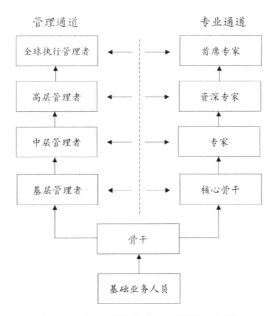

图 2-12　华为的职业成长"五级双通道"

华为的基础业务人员在达到技术资格二级成为骨干后，可以根据自己的实际情况选择职业成长通道。技术能力突出、管理能力较弱的员工可以选择向专业通道发展，其成长路径为"核心骨干→专家→资深专家→首席专家"。管理能力较强的员工可以选择向管理通道发展，其成长路径为"基层管理者→中层管理者→高层管理者→全球执行管理者"。两条职业成长通道之间是互通的，只要员工的能力足够强，就可以在通过资格判定后，在管理通道和专业通道之间转换。

企业在设计职业成长通道之间的转换关系时，需要注意以下两个关键点：一是确保所有专业通道都可以向管理通道转换；二是根据专业技能要求的高低，明确两条通道内不同等级的对应关系。

2.5 岗位工作分析

在以岗位职责的形式顺利地将企业的关键任务传递给具体岗位上的员工后，为了构建胜任力模型，接下来，企业需要对具体的岗位或岗位序列进行工作任务分析，导出员工胜任某个岗位或岗位序列所需具备的关键能力。

2.5.1 岗位职责与工作任务

岗位职责是岗位需要完成的工作内容和需要承担的责任范围，是具象化的工作描述。

岗位职责一般以岗位职责说明书的形式来呈现。岗位职责说明书通常包括岗位基本信息、岗位职责和岗位任职要求这 3 个部分，如表 2-17 所示。

表 2-17 岗位职责说明书

一、岗位基本信息			
岗位名称	大客户经理	所在部门	市场拓展部
岗位编号		岗位定员	
直接上级		直接下级	
二、岗位职责			
(1) 根据本部门的规划完成个人重点工作和业绩指标,协助完成本部门的业绩回顾及经营偏差分析; (2) 负责市场调研及竞争对手分析,协助完成市场分析与规划、挖掘可开发客户、拟定营销方针、实施营销计划、参与产品与解决方案的利益链设计、开展客户满意度及售后服务调查、组织召开项目评审会、管控项目交付风险、验收项目等工作; (3) 根据本部门的规划开发客户、管理营销线索,负责项目回款、挖掘二次销售机会等工作; (4) 收集、整理并汇总客户的信息,做好客户的分层、分级管理和客户生命周期管理等工作; (5) 协助完成售后服务解答、客户投诉处理与反馈等工作; (6) 协助部长做好员工的技能与经验辅导、管理建设、周边协同等工作; (7) 完成上级交办的其他工作			
三、岗位任职要求			
学历与专业要求	大专及以上学历,与管理类、营销类相关的专业		
经验要求	有 3 年以上的销售工作经验和 1 年以上的管理工作经验; 有市场拓展、企业关系管理、政府关系管理、撰写客户方案等经验		
上岗证或从业资格证			

一个岗位包括若干项职责,每一项职责可以分为多项工作任务。要想完成每一项工作任务,员工需要按顺序完成多个工作步骤。岗位、职责、工作任务、工作步骤的关系如图 2-13 所示。

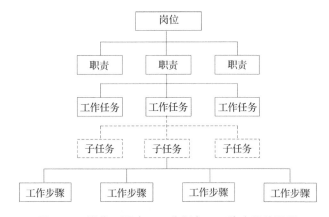

图 2-13 岗位、职责、工作任务、工作步骤的关系

根据四者的关系，我们可以采用多种方法列出岗位的工作任务清单，如通过拆解岗位职责提炼工作任务、基于岗位的工作步骤归纳工作任务，或者采用整理工作记录、访谈研讨等方法。基于大客户销售的岗位职责列出的工作任务清单如图2-14所示。

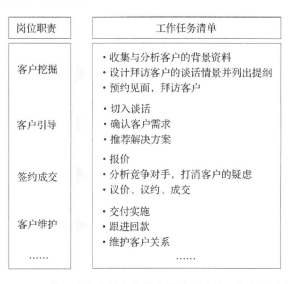

图 2-14　基于大客户销售的岗位职责列出的工作任务清单

　　图2-14将大客户销售的岗位职责拆解成了具体的工作任务清单，架起了岗位与人才之间的桥梁。事实上，岗位对人才的能力要求往往是通过工作任务中的重点、难点推导出来的。

2.5.2　确定岗位关键任务

　　一个岗位对应着多项岗位职责，一项岗位职责对应着多项工作任务。考虑到时间成本和人力成本，我们不可能展开分析每一项工作任务。在进行工作任务分析前，我们需要确定岗位关键任务。

　　岗位关键任务是岗位职责范围内的关键工作。如果员工不能正确、高效地完成岗位关键任务，就会导致部门任务无法完成，甚至造成企业的重大损失。岗位关键任务主要来源于企业战略或管理层的目标、工作任务的分解结果、年度/季度/月度重点工作计划、岗位重要职责的分解结果、关键的日常工作等。

我们不仅可以通过分析业务资料、访谈研究、问卷调查等方法确定岗位关键任务，还可以结合使用上述方法，打通岗位相关业务的整体流程，找到对岗位价值较高的活动，从而确定岗位关键任务。

【案例】隆平高科确定区域经理的关键任务

在构建隆平高科区域经理的胜任力模型之前，为了确定区域经理的关键任务，我们使用了业务资料分析法和行为事件访谈法。

1. 多措并举，提炼工作任务

1）业务资料分析法

通过查阅、分析隆平高科过往的业务资料，我们提炼了区域经理的工作任务，如表 2-18 所示。

表 2-18　通过业务资料分析法提炼的区域经理的工作任务（部分）

序　　号	工 作 任 务
1	渠道开发
2	市场洞察
3	目标管理
4	计划制订与执行
5	营销活动规划与开展
6	示范会议
7	市场销售
8	示范点跟踪
9	营销方案制定
10	团队培训

2）行为事件访谈法

我们对隆平高科的 4 名总监和 22 名区域经理进行了行为事件访谈，提炼了区域经理的工作任务，如表 2-19 所示。

表 2-19　通过行为事件访谈法提炼的区域经理的工作任务（部分）

序　号	工 作 任 务
1	目标管理
2	客户关系管理
3	市场洞察
4	计划制订与执行
5	营销活动规划与开展
6	示范会议
7	市场销售
8	示范点跟踪
9	营销方案制定
10	品牌宣传

2. 统计分析调查问卷，确定工作任务优先级

通过业务资料分析法和行为事件访谈法，我们确定了隆平高科区域经理的 38 项工作任务，并据此设计、发放了调查问卷，如表 2-20 所示。在对回收的调查问卷进行统计分析后，我们确定了区域经理各项工作任务的优先级。

表 2-20　区域经理工作任务优先级调查问卷

请您根据实际工作情况，选择子任务在区域经理岗位工作中的角色责任、难度、与业绩相关的程度									
工作任务	序号	子任务	角色责任			难度			与业绩相关的程度		
			主导	带教	配合	高	中	低	高	中	低
调研工作设计	1	对市场调研工作的设计（规划、模板、工具）									
市场环境调查	2	搜集市场环境信息（种业政策、地方政策）									
	3	市场容量调研									
种植农户调研	4	对种植农户的调研									
产品需求调研	5	对区域市场中产品需求趋势的调研									
	6	产业链下游对产品的需求特性（加工企业的需求、居民的饮食特性）									

区域经理工作任务优先级的划分说明如下。

第一优先：主导+带教≥50%，难度（高）≥50%，与业绩相关的程度（高）≥50%。

第二优先：主导+带教≥50%，难度（高+中）≥80%，与业绩相关的程度（高+中）≥85%（去除已经被划分为第一优先的工作任务）。

最终，我们确定了隆平高科区域经理工作任务的优先级，部分工作任务的优先级如表 2-21 所示。

表 2-21 隆平高科区域经理工作任务的优先级（部分）

序　号	工作任务	优先级	序　号	工作任务	优先级
1	竞争对手调研	第一优先	11	创造性解决问题	第一优先
2	新品种观察	第一优先	12	调研工作设计	第二优先
3	新品种定位	第一优先	13	市场环境调查	第二优先
4	展示方案设计	第一优先	14	产品需求调研	第二优先
5	确定目标	第一优先	15	客户调研设计	第二优先
6	建立目标激励机制	第一优先	16	客户分级	第二优先
7	制定市场营销方案	第一优先	17	新品种渠道开发	第二优先
8	市场管控	第一优先	18	确定推广区域	第二优先
9	突发事件处理	第一优先	19	制订执行计划	第二优先
10	绩效管理	第一优先	20	目标确认与落实	第二优先

在实际工作中，企业可以针对具体岗位，结合使用分析业务资料、访谈研究、问卷调查等方法，确定具体岗位的关键任务。这些方法从不同的角度出发，有助于企业识别对岗位至关重要的关键任务，从而为导出关键岗位的能力素质要项提供依据。

2.5.3　导出关键岗位的能力素质要项

在确定了岗位关键任务后，企业需要使用一定的工作任务分析方法，展示完成关键任务必需的工作步骤，以及整个流程的执行路径和顺序，通过从岗位职责到关键任务，再到工作步骤的转化，为工作步骤匹配相应的能力素质要项。从岗位职责到能力素质要项的底层逻辑如图 2-15 所示。

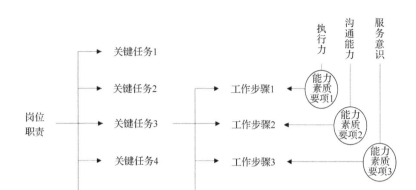

图 2-15 从岗位职责到能力素质要项的底层逻辑

为了导出关键岗位的能力素质要项，我们需要借助"关键任务—工作步骤—能力素质要项"对应表，对岗位的关键任务、工作步骤和能力素质要项进行梳理。

在梳理岗位的关键任务、工作步骤和能力素质要项之前，我们要明确如何提炼能力素质要项：一是对岗位的业务资料进行分析；二是成立专家小组，根据关键任务的业务流程提炼能力素质要项。

此外，在导出关键岗位的能力素质要项时，我们还要注意，工作任务分析关注的是岗位本身，是岗位对员工提出的能力要求，不需要区分表现一般的员工和表现优异的员工。

【案例】隆平高科导出区域经理的能力素质要项

在为隆平高科导出区域经理的能力素质要项时，我们成立了专家小组，通过分析业务资料和专家研讨等方法，提炼了区域经理需要具备的 29 项专业能力素质、19 项通用能力素质和 26 项核心能力素质，并形成了该岗位的能力清单。

专家小组借助"关键任务—工作步骤—能力素质要项"对应表，对隆平高科的区域经理岗位进行了梳理，如表 2-22 所示。

表 2-22　隆平高科区域经理岗位"关键任务—工作步骤—能力素质要项"
对应表（部分）

关键任务	序号	工作步骤	能力素质要项		
			专业能力素质	通用能力素质	核心能力素质
竞争对手调研	1	调研规划与设计（模板、工具）	活动策划能力	计划制订能力	逻辑清晰
	2	收集竞争对手的信息	市场调研能力	（1）信息收集能力；（2）沟通能力；（3）人际交往能力	务实高效
	3	对收集的信息进行整理和分析	数据分析能力	行业知识应用能力	细致认真
	4	形成竞争对手调研报告	（1）市场预判能力；（2）总结归纳能力	行业知识应用能力	系统思考
……	……	……	……	……	……

在对完成关键任务需要具备的能力素质要项进行梳理后，专家小组合并了相同的能力素质要项，并对相似的能力素质要项进行了总结和提炼，最终确定了区域经理的 19 项专业能力素质、16 项通用能力素质和 19 项核心能力素质，如表 2-23 所示。

表 2-23　隆平高科区域经理的能力素质要项（部分）

序　号	专业能力素质	通用能力素质	核心能力素质
1	活动策划与执行能力	学习能力	团结协作
2	渠道开发能力	计划制订与执行能力	公正无私
3	市场洞察能力	执行力	业绩导向
4	市场营销能力	创新能力	利润意识
5	营销策划能力	工作协同能力	创新精神
……	……	……	……

工作任务是连接岗位与人才的重要桥梁，岗位对人才的能力要求往往是通过工作任务中的重点、难点推导出来的。通过对岗位关键任务的分析，企业既能找到设定人才标准的重要依据，也能将所需的组织能力顺利转化为对人才的具体要求。

第

3

章 胜任力建模

构建胜任力模型是企业正确选择人才和培养所需人才的起点。传统的招聘和选拔往往只注重岗位所需的技术、经验、学历等显性素质，缺少对创造优异绩效所需的其他隐性素质的要求，容易导致企业招聘大量不能长期胜任岗位的员工。基于胜任力模型的招聘、选拔、培养强调胜任力和促使员工创造优异绩效的特质，从长远的角度来看，有助于实现企业和员工的共同成长。

3.1 胜任力建模流程

构建胜任力模型是一项需要集企业各部门之力的浩大工程。为了确保胜任力模型与岗位高度匹配，在构建胜任力模型之前，我们要充分了解胜任力建模的流程和方法，规范、正确地采取行动。

3.1.1 了解胜任力建模方法

胜任力建模方法不是唯一的。企业既可以根据发展战略，自上而下地演绎，把组织能力和企业的文化、价值观落实到具体岗位上；也可以自下而上地反馈，对标部分绩优员工的能力和素质，提炼胜任力；还可以结合使用这两种方法，这样既能体现企业对未来发展方向的把握，又能让关键员工参与其中。

在正式开始建模之前，我们需要思考以下 4 个问题，以便对企业的实际情况进行评估。

（1）企业要想继续发展，对员工能力的依赖程度高吗？

（2）在企业中，能力因素对员工的绩效影响大吗？

（3）企业有完善、成熟的管理机制吗？

（4）企业有成体系的岗位序列吗？

如果上述 4 个问题的答案都是肯定的，企业就具备构建体系化胜任力模型的基本条件。胜任力模型往往适用于大型企业（如海尔、华为、阿里巴巴等业务板块丰富的企业）、管理基础较好的中型企业、技术型/创新型企业或技术含量较高的部门。对于规模较小、管理基础较差、劳动密集型企业或技术含量较低的部门，胜任力模型通常很难发挥其应有的价值。

此外，在构建胜任力模型之前，我们还要掌握如表 3-1 所示的胜任力建模三大原则，以确保胜任力模型能够满足企业的实际需求。

表 3-1　胜任力建模三大原则

原　则	具 体 说 明
战略导向原则	胜任力模型既要反映企业当前对员工的胜任力要求，也要反映企业战略对员工的胜任力要求。只有紧密结合企业战略和个人发展愿望，胜任力模型才能发挥其导向作用
量身定制原则	不同的企业有不同的发展战略和业务模式，对员工的胜任力要求也有所差异。企业要充分了解和分析自身的实际情况，构建适合自身的胜任力模型，不能照搬标杆企业的胜任力模型
持续完善原则	构建胜任力模型不是一件一劳永逸的事情，需要随着企业的发展持续进行，主要原因如下。 （1）胜任力建模技术的限制：胜任力建模技术是不断发展的，企业只有持续完善模型，才能突破旧技术的限制。 （2）环境变化：企业内外部的环境不断变化，企业的发展战略和业务模式也会变化，胜任力模型应该随之调整

在进行胜任力建模时，企业需要根据自身的建模目的确定具体的建模方法。在一般情况下，构建以企业和员工的长期发展为导向的胜任力模型，需要先使用演绎法搭建胜任力模型的框架，再通过访谈来归纳、补充胜任力的具体含义。

企业可以结合使用演绎法和归纳法，设计如图 3-1 所示的胜任力建模流程。

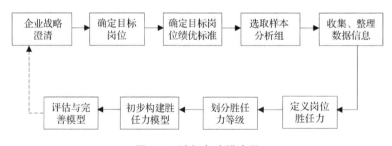

图 3-1　胜任力建模流程

在图 3-1 中，胜任力建模流程包括 9 个步骤，各步骤及其含义如表 3-2 所示。

表 3-2　胜任力建模流程的步骤及其含义

步　骤	含　义
企业战略澄清	通过召开研讨会,对企业战略的方向、目标、实现路径和资源需求进行全面澄清,并达成一致意见
确定目标岗位	不是所有的岗位都需要构建胜任力模型,一般优先为重要管理岗位或研发岗位构建胜任力模型
确定目标岗位绩优标准	主要通过工作任务分析来确定,为选取样本做好准备
选取样本分析组	从在岗员工中分别抽取绩优员工和绩效普通员工开展调查,找到他们的深层差距
收集、整理数据信息	选择合适的方法收集、整理构建胜任力模型的数据信息,为建模提供客观支持
定义岗位胜任力	基于数据信息,识别影响绩优员工和绩效普通员工关键行为的胜任力,并对识别出来的胜任力做出规范的定义
划分胜任力等级	对各种胜任力进行等级划分,并对不同等级的胜任力做出行为描述
初步构建胜任力模型	结合企业的发展战略、经营环境及目标岗位的实际情况,初步构建胜任力模型
评估与完善模型	对初步构建的胜任力模型的有效性进行评估,并完善模型

通过上述流程,我们既可以从企业战略中推导出企业对员工的核心能力要求,又可以兼顾个体成功的因素,从而丰富胜任力模型的内涵。整个胜任力建模流程形成了一个完整的闭环,我们可以根据企业战略、组织发展、员工成长等因素,不断调整和丰富胜任力模型的内涵。

3.1.2　选择合适的建模对象

不同的企业有不同的组织架构和层级,设立了不同的岗位。特别是大型企业,岗位数量多、人员规模大,如果为所有岗位都构建胜任力模型,那么不仅工作量巨大,还要消耗许多人力和物力。实际上,对于一部分岗位,胜任力模型的实用性较差。企业应当选择合适的建模对象,并以此为切入点构建胜任力模型。

在选择合适的建模对象之前,我们需要简单了解一下胜任力模型的类型。胜任力模型分为 3 个类型,分别是全员通用的核心胜任力模型、适用于管理者的领导力模型和基于岗位序列的专业胜任力模型。对于员工的发展与成长，构建基于岗位序列的专业胜任力模型更为重要，因为它能帮助员工更准确地进行自我定位，找到岗位要求员工具备而自身不具备的技能，从而更有针对性地提高自身的素质，规划自身的成长路径。

在实际的应用场景中，企业不需要为所有岗位都构建胜任力模型，只需要为核心岗位构建胜任力模型。需要建模的核心岗位通常应具备以下 4 个特点。

（1）核心岗位是创造企业核心价值的岗位。

（2）核心岗位是对企业未来的发展有直接影响的岗位。

（3）核心岗位是需要企业自行培养，而且培养周期较长的岗位。

（4）核心岗位是可替代程度较低的岗位。

如果企业有较多的核心岗位，那么应优先选择员工数量最多的核心岗位。例如，高新技术企业可以为核心技术岗位建模，如设计师、工程师、产品经理；高速发展的企业可以为中高层管理者建模。

企业若想实现胜任力模型全员覆盖，则可以分层级或分序列建模，因为同一层级或序列在胜任力上往往存在共性，具体差异主要体现在对专业知识和技能的要求上。如果企业为每一个岗位都构建胜任力模型，就容易导致胜任力模型的颗粒度过细，使用起来非常烦琐，反而会增加企业各方面的工作量，不便于管理。

【案例】华为的胜任力模型基本架构

华为的胜任力模型分为通用胜任力模型和基于岗位序列的专业胜任力模型。通用胜任力模型包括成就意识、演绎思维、归纳思维、团队精神等 18 个胜任力要素。基于岗位序列的专业胜任力模型包括为管理者、研发族、营销族、专业族、操作族等职位族构建的胜任力模型。

在华为，各个职位族可以细分为更小的族，如专业族可以细分为流程管理、人力资源、财经、秘书等细分族。对于每个细分族，华为会构建专门的胜任力模型。

华为是我国最早将胜任力模型纳入企业管理的企业之一，早在 20 世纪 90 年代，华为就在 IBM 公司的协助下着手构建核心胜任力模型和重要岗位的胜任力模型。经过多年的实践，在经历了"先僵化，再优化，后固化"的管理过程后，胜任力模型已成功融入华为的管理实践。

　　其他企业在初次构建胜任力模型时，可以参考华为的经验，先构建核心胜任力模型和重要岗位的胜任力模型，再构建其他岗位序列的胜任力模型。

3.1.3　组建专业的建模团队

　　构建胜任力模型是一项技术难度较高的工作，负责该项工作的建模团队非常关键。如果建模团队不够专业（如在准备阶段缺乏战略与文化演绎分析能力，在访谈时无法挖掘有效的行为事件，在编码和数据统计的过程中出现差错等），就会导致建模失败。

　　为了确保建模成功，建模团队中应包含以下成员。

1. 专业的建模人员

　　建模团队中必须包含专业化水平较高的建模人员，他们可以来自企业内部或外部。他们既要掌握扎实的构建胜任力模型和管理、发展人才的专业知识，也要熟练运用构建胜任力模型的工具、方法与技巧，如行为事件访谈法、能力素质萃取、数据处理与分析等。除此之外，他们还要具备系统思维和较强的总结归纳能力、文字表达能力、沟通协调能力等。

　　如果企业内部没有专业的建模人员，那么可以向咨询公司寻求帮助。

2. 企业的高层管理者

　　除了包含相关领域的专家，建模团队中还应包含熟悉企业文化的高层管理者。专家通常来自企业外部，对企业文化的理解难免存在偏差，需要得到高层管理者的配合和支持。例如，在提炼胜任力的环节，对于同一行为事件，专家和企业的高层管理者提炼的胜任力可能存在较大的差异。

　　胜任力模型的使用者是企业的高层管理者，参与胜任力模型的构建过程有助于他们准确理解胜任力模型的内涵。

3. 人力资源部门的员工

　　除了高层管理者，人力资源部门也需要将胜任力模型应用于招聘、培训、发展员工和薪酬绩效考核等方面。为了确保胜任力模型的有效性，并加深对胜任力模型的理解，人力资源部门的员工同样需要参与构建胜任力模型的过程。

专业的建模人员、企业的高层管理者和人力资源部门的员工可以通过研讨会、头脑风暴等形式开展合作。

3.2　胜任力建模方法

在胜任力建模的实际应用场景中，为了兼顾企业战略和绩优员工的行为，企业需要根据自身的建模目的、面临的情况和岗位的特点等，有侧重地结合使用归纳法和演绎法。

3.2.1　归纳法和演绎法

在正式建模之前，建模团队要充分了解胜任力建模方法，灵活选择并合理使用恰当的方法。

1.归纳法

归纳法指的是分别从目标群体中抽取一部分绩优员工和绩效一般员工，对他们进行访谈，并收集他们在工作中的行为数据，以挖掘和归纳创造优异绩效所需的个人素质，进而形成胜任力模型。归纳法是胜任力建模的经典方法，麦克利兰就是使用该方法完成胜任力建模的。即使已经过去了半个世纪，归纳法仍然是胜任力建模的主流方法。

使用归纳法构建胜任力模型的流程如图 3-2 所示。

图 3-2　使用归纳法构建胜任力模型的流程

使用归纳法构建胜任力模型的起点是工作任务分析，企业需要将同一岗位上的员工划分为绩优者和绩效一般者，对他们的行为进行客观的比较，找到造成二者绩效差异的行为,并追溯这些行为背后的深层因素,提炼区分绩优员工和绩效一般员工的胜任力。

使用归纳法构建的胜任力模型有充足的行为数据作为支撑,这样能够确保胜任力模型的有效性、精准性和客观性。较为成熟的企业使用归纳法,通过访谈企业中的大量员工,可以很明显地看出企业的"基因"(如华为的"以客户为中心、以奋斗者为本",万科的"事业合伙人",阿里巴巴的"六脉神剑"等),并在此基础上形成辨识度较高的胜任力模型。

归纳法的缺点是使用过程中耗费的时间和精力较多,对使用者的行为事件访谈能力有较高的要求,操作难度较高。归纳法适合比较成熟、稳定的企业。

2. 演绎法

演绎法指的是基于企业的愿景、使命、核心价值观,进行企业战略分解、岗位任务反推、企业文化解读,通过小组讨论或建模研讨会的形式,推导出目标岗位的员工需要具备的胜任力。使用演绎法构建胜任力模型的流程如图 3-3 所示。

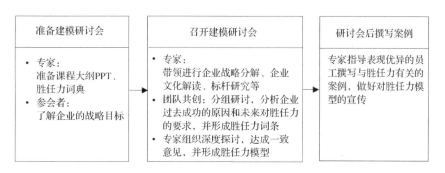

图 3-3　使用演绎法构建胜任力模型的流程

建模研讨会是使用演绎法构建胜任力模型的重点环节。在建模研讨会上,参会者需要对企业战略进行澄清与分析,把企业战略分解、岗位任务反推、企业文化解读结合起来,推导出目标群体需要具备的胜任力,并形成胜任力的定义和各个层级。

使用演绎法构建的胜任力模型能够体现企业战略的导向性和企业文

化的牵引性，集中反映企业战略和企业文化对员工的要求，比较符合企业的现状。

演绎法的缺点是缺乏具体的行为数据作为支撑，对胜任力模型的描述过于抽象，容易脱离现实。

总的来看，归纳法是基于现在看现在，看一看在企业的现有员工中，干得好的那部分员工有哪些特性；演绎法是基于未来看现在，根据企业战略，给企业未来的人才画像，通过培养适合企业未来状态的人才来实现企业战略。

3.2.2　建模工具解析

使用归纳法和演绎法构建的胜任力模型各有千秋。不同的胜任力建模方法需要使用不同的建模工具，常用的建模工具及其具体含义如表 3-3 所示。

表 3-3　常用的建模工具及其具体含义

建 模 工 具	具 体 含 义
胜任力词典	胜任力词典可为专题讨论、胜任力编码提供材料和参考
调查问卷	调查问卷可以在短时间内收集大量的信息和资料，既可以收集胜任力建模的原始资料，又可以在大规模的人群中开展胜任力模型评价
数据统计分析	基于调查问卷收集的信息、访谈内容、业务资料，运用数据统计分析的方法，建立数学模型，找到岗位胜任力
小组讨论	小组讨论既可以加深建模团队对胜任力模型的理解，又具有推广和普及胜任力模型的作用，各层级的人员可以在理念上逐步统一，从而增强胜任力模型的适用性和有效性。 参与小组讨论的人员包括企业的管理者、咨询机构的顾问、负责推广和应用胜任力模型的人力资源员工、目标岗位的部分负责人等
行为事件访谈	通过对员工进行行为事件访谈，收集不同类型员工的行为数据，在统计分析后得出岗位胜任力，形成胜任力模型。归纳法和演绎法均适用于行为事件访谈，前者更常用
工作情境分析	从实际的工作情境出发，综合分析业务流程中的关键行为，以识别岗位胜任力，一般用于归纳法
战略与文化演绎	通过企业战略分解、岗位任务反推、企业文化解读，提取并编码胜任力，是一种经典的演绎法
对标分析	对标行业标杆企业，提炼目标群体的胜任力模型，一般用于演绎法

在上述工具中，行为事件访谈是目前公认的在构建胜任力模型的过程中使用得最普遍的工具，它由麦克利兰开发，是归纳法的关键工具，也常在演绎法中被用于萃取高层管理者的品质。

行为事件访谈中的访谈者需要对大量员工进行访谈，基于受访者陈述的工作内容，收集不同类型的员工的行为数据，进而分析出绩优员工潜在的胜任力，即"冰山以下的部分"。

要想高效地完成行为事件访谈，访谈者应当注意以下 4 个方面。

1. 做好访谈前的准备

在访谈前，访谈者要做好以下准备：（1）根据需要构建胜任力模型的岗位，确定岗位关键任务；（2）在确定受访者名单后，充分了解受访者的信息，包括其主要经历、重要成就等；（3）根据访谈目的，结合具体情况和受访者的经历设计访谈提纲，包括开场白和问题等；（4）准备录音设备，确保设备可以正常使用。

【示例】针对技术序列员工的访谈提纲

在构建技术序列的胜任力模型时，访谈者可以对技术序列的员工进行行为事件访谈。针对技术序列员工的访谈提纲示例如表3-4所示。

表3-4　针对技术序列员工的访谈提纲示例

访谈准备	主要内容
访谈思路	1）明确访谈目的 提炼对企业经营结果产生影响的员工胜任力。 2）提前了解以下内容 （1）技术序列对实现企业战略目标的贡献。 （2）技术序列的主要工作流程。 （3）不同等级的岗位的角色和职责。 3）设计问题提纲 （1）与竞争对手相比，企业在技术层面的短板是什么? （2）在企业目前的技术序列中，绩优员工的差异化行为是什么
确定与胜任力有关的问题	（1）随着企业经营目标和战略的变化，技术序列的胜任力要求发生了哪些显著变化? （2）在走上技术序列中的岗位时，新员工可能遇到的最大挑战是什么? ……

续表

访 谈 准 备	主 要 内 容
设计开场白	您好，受××企业委托，我将针对技术序列员工的工作情况进行一次访谈。这次访谈是为了更好地开展技术序列岗位的培训和发展工作，对您今后提升业绩和能力很有帮助。 这次访谈不只对您一个人进行访谈，不会对您的工作和绩效产生影响，希望您能配合（点明访谈目的，说明访谈对受访者的帮助，强调访谈不影响受访者的工作和绩效）

2. 掌握行为事件访谈的流程

在进行行为事件访谈时，访谈者可以按照以下流程来展开：（1）向受访者介绍自己和访谈目的，在受访者知情且同意的前提下，对访谈进行录音；（2）请受访者描述工作任务或岗位职责；（3）正式开始访谈，以岗位关键任务为起点，关注并挖掘完成工作需要具备的性格特质；（4）在访谈快结束时，向受访者确认关键信息，可以对访谈做一个简单的总结，并对受访者表示感谢。

3. 深入挖掘有价值的信息

如表 3-5 所示的 STARR［S（Situation，背景）、T（Task，任务）、A（Action，行动）、R（Result，结果）、R（Reflection，反思）］法是行为事件访谈中经常使用的挖掘信息的有效方法，访谈者可以在设计提纲、提问和追问的过程中使用该方法，深入挖掘关于受访者的有价值的信息。

表 3-5　STARR 法

维　　度	具 体 含 义	示　　例
背景	描述背景，说明事件发生的情境	（1）当时是怎样的情境？什么因素导致了该情境？谁参与了该情境？ （2）还有哪些影响因素？ （3）企业、部门、团队当时面临的情况是怎样的
任务	描述任务，说明在当时的背景下，最紧要的事件是什么	（1）您当时的主要任务是什么？ （2）您当时的想法或感受是什么？您当时打算怎么做？ （3）设定该任务主要出于什么样的考虑
行动	描述行动，说明针对当时的情况采取了什么样的行动	（1）您对当时的情况有何反应？ （2）您当时做了什么或说了什么？ （3）在当时的情况下，您采取了哪些行动？您认为行动的关键是什么

续表

维　度	具体含义	示　例
结果	描述结果,根据访谈要点,记录受访者采取行动后的任务结果	(1)任务结果是什么?您在这个过程中有什么印象深刻的事情吗? (2)结果产生了什么样的影响(可以通过数据来描述)? (3)您得到了怎样的反馈
反思	引导受访者进行总结与反思	(1)这个事件给您带来了哪些启示、经验、教训呢? (2)在遇到类似事件时,您认为怎样做会更好

在构建胜任力模型时,了解具体岗位或岗位序列的员工性格特质是关键,其主要通过受访者的想法和行动来展现。在访谈过程中,访谈者要认真倾听,可以进一步追问受访者描述的行为,以便在后期归纳岗位胜任力。

4. 行为事件访谈的注意事项

在进行行为事件访谈时,访谈者需要注意以下事项:(1)避免提问过于抽象的问题;(2)避免在提问时引导受访者;(3)保持客观的态度,避免夸大、低估、添加、省略受访者的观点;(4)不宜过于着急,在受访者的回答偏离访谈重点时,访谈者可以通过提问的方式引导受访者聚焦于访谈重点。

3.2.3　选择正确的胜任力建模方法

在构建胜任力模型时,企业应当基于自身的建模目的,综合考虑各方面的实际情况,选择正确的建模方法,使胜任力模型的价值最大化。

不同的情况对胜任力模型的精确度要求不同,具体包括以下两种情况。

1. 对胜任力模型的精确度要求较低

如果企业对胜任力模型的精确度要求较低,而且胜任力模型中不需要有太多企业特色,那么企业可以从岗位分析出发,基于岗位职责,并参考标杆企业的胜任力模型和成熟的胜任力词典进行建模,这样又省时又省力。

这种模型通常适用于中小型企业的人力资源管理情境。当面临"一方面需要将胜任力模型应用于招聘、培训和调配员工等工作,另一方面构建胜任力模型缺少企业支持"的困境时,HR(Human Resources,人力资源)人员可以使用该方法构建和应用胜任力模型。

2. 对胜任力模型的精确度要求较高

如果企业对胜任力模型的精确度要求较高，那么建模调研必须是深入、细致的。企业不仅要考虑岗位要求，还要充分考虑企业战略和企业文化的前瞻性要求，提高胜任力模型的精确度。在这种情况下，企业应该以演绎法建模流程为大框架、以归纳法为补充，为具体岗位或岗位序列构建胜任力模型。

这种模型通常适用于中型及以上规模企业的组织能力建设情境，有助于企业开展人才培养和发展、薪酬管理等工作，需要企业内部大量的人力和物力支持。

3.3 数据处理分析

数据处理分析是胜任力建模的重要组成部分。为了完整、客观地呈现员工完成岗位关键任务需要具备的胜任力，构建精准、高效的胜任力模型，我们必须以实事求是为原则，对访谈结果和企业丰富的统计资料、数据进行处理分析。

3.3.1 萃取关键能力

在胜任力建模的过程中，很多重要的资料是以文本的形式存在的。在进行数据处理分析之前，我们需要对文本资料进行分类和编码，以便萃取关键能力。

萃取关键能力的文本资料通常来源于访谈记录、业务资料、调查问卷和测评数据等。

1. 能力指标的入选原则

在萃取关键能力之前，我们需要明确能力指标的入选原则。

（1）出现频率高：在日常管理工作中，这些指标经过了优秀管理者的实践检验或得到了大多数管理者的肯定和认同。

（2）适合特定环境：这些指标符合企业战略的要求和企业文化的导向。

（3）与工作业绩挂钩：这些指标与员工现在或将来的工作业绩呈高度正相关关系。

（4）可观察、可测量、可引导员工发展：这些指标是可观察的，有一定的区分性；可以通过现有的方法测量这些指标；这些指标可以引导员工发展。

能力指标示例如表 3-6 所示。

表 3-6　能力指标示例

能力指标	入选理由				
	战略与文化演绎	行为事件访谈	焦点小组访谈	调查问卷	备注
团队激励	√	√	√	√	可通过 4 种手段体现，出现频率高
学习创新	√	√	√	√	可通过 4 种手段体现，出现频率高
系统思维		√	√	√	可通过 3 种手段体现，出现频率高
发展他人	√	√	√		可通过 3 种手段体现，出现频率高
客户导向	√	√	√		符合企业战略的要求和企业文化的导向
追求卓越	√			√	符合企业战略的要求和企业文化的导向，包含"关注品质"
……				√	出现频率低，未纳入备选范围

2．基于文本资料萃取关键能力

为了方便后期科学地处理统计数据，我们需要基于文本资料萃取关键能力，可以借助编码软件 NVIVO 提取高频词汇，把个性化的岗位胜任力提取出来，并使其概念化。

下面通过 3 个案例展示如何基于文本资料萃取关键能力。

【案例】基于访谈萃取关键能力

以 Q 公司在构建领导力模型时对创始人进行的访谈为例，其基于访谈记录萃取的关键能力如表 3-7 所示。

表 3-7   Q 公司基于访谈记录萃取的关键能力

访 谈 记 录	关 键 能 力
我在创业的时候就对合伙人说过，我们的目的是把这份事业做大。公司就像我的孩子一样，未来要把有能力的人提拔上来。如果我跟不上公司的发展速度，我就会把位置让出来	大局为重
在公司起步的时候，有一个客户经常使唤我，需要充话费、买菜、清洁地板的时候都会叫我。我不觉得委屈，客户至上，我们应该拿出自己的诚意	客户导向
当时，我在一片大草坪上躺了两个半小时，想了很多，觉得很挫败。因为自己不够细致，连累团队完不成业绩任务，自己也要被淘汰。自那以后，我做任何事情都力求做到极致、不出错	不断自省、正直真诚

根据表 3-7 中的访谈记录，Q 公司萃取出创始人需要具备的关键能力有大局为重、客户导向、不断自省和正直真诚。

【案例】基于业务资料萃取关键能力

以澳优公司办事处的业务资料为例，其基于业务资料萃取的关键能力如表 3-8 所示。

表 3-8   澳优公司办事处基于业务资料萃取的关键能力

业 务 资 料	关 键 能 力
一个优秀的办事处经理应该能在复杂的一线环境中抓取转瞬即逝的生意机会，勤奋是优秀者的特征，机会是在无数次尝试中抓住的	机会抓取
办事处经理应该遵循 6P（产品、价格、渠道、推广、政治力量、公共关系）原则制订工作计划，包括现有区域内的客户进销存管理，各门店的新客户开发、促销活动的设计和开展，以及推广活动的排期、策划、开展、总结，通过这些计划确保达成各项指标	客户开发
做好营销方面的老师，一个合格的办事处经理应该是一个合格的老师。一个不会当老师的人，其团队的战斗力和凝聚力通常比较弱。办事处经理应该发挥自己的特长，给员工做培训，提高他们的综合素养，挖掘他们优秀的地方，言传身教，让团队拧成一股绳	团队带教

根据表 3-8 中的业务资料，澳优公司办事处萃取出办事处经理需要具备的关键能力有机会抓取、客户开发和团队带教。

在对文本资料进行系统的解码后，我们需要对解码结果进行频率统计，频率较高的结果可能是重要结果。不过，里面可能有含义重叠的内容，我们需要再次整合解码结果。

事实上，解码结果的重要性并不是确定能力指标的唯一标准。为了扩大样本规模，使提炼出来的胜任力模型更符合企业的标准，对于重要岗位，我们可以开展 360° 全员问卷调查和测评，并与基于文本资料萃取的关键能力进行交叉检验。

3．统计调查问卷和测评数据

统计调查问卷和测评数据是萃取关键能力的重要方法，常见的做法是分别对绩优员工、绩效普通员工进行问卷调查和测评，根据数据比较绩优员工和绩效普通员工之间的差异，将差异较大的指标作为关键的能力指标。

【案例】基于调查问卷和测评数据萃取关键能力

以 Q 公司构建大区经理的胜任力模型为例，该公司对 24 名绩优员工、16 名绩效普通员工进行了问卷调查和测评，胜任力词条差异性检验结果（部分）如表 3-9 所示。

表 3-9　Q 公司大区经理的胜任力词条差异性检验结果（部分）

胜任力词条	分　　组	均　　值	标准差	t	显著性检验	差异性
反思与总结	绩优组	1.8333	0.7177	2.3440	0.0320	不显著
	绩效普通组	1.1429	0.3778			
团队管理	绩优组	2.1250	0.5276	1.2220	0.2380	不显著
	绩效普通组	1.7143	0.9512			
敬业务实	绩优组	4.0209	0.5954	4.4690	0.0000	显著
	绩效普通组	2.2857	1.1124			
追求卓越	绩优组	4.1253	0.6784	6.4290	0.0000	显著
	绩效普通组	1.8573	0.8997			
主动负责	绩优组	4.0458	0.7674	3.1110	0.0060	显著
	绩效普通组	2.0251	0.7319			

注：显著性水平选取 0.01。

根据表 3-9 中的差异性检验结果，Q 公司得知绩优员工和绩效普通员工在敬业务实、追求卓越、主动负责方面存在显著差异。

通过这些方法萃取的关键能力只能作为一个参考，并不是最终衡量胜任力模型的唯一标准。

3.3.2　能力素质要项的融合与分析

通过分析文本资料的方式，我们从多个渠道提炼了能力素质要项。接下来，我们需要融合能力素质要项，并在统一标准的前提下分析它们。

能力素质要项的融合步骤如图 3-4 所示。

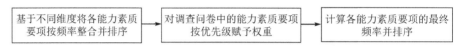

图 3-4　能力素质要项的融合步骤

下面以隆平高科构建的区域经理胜任力模型为例，说明能力素质要项的融合过程。

【案例】隆平高科建模过程中的能力素质要项融合

1. 基于不同维度将各能力素质要项按频率整合并排序

隆平高科对各种业务资料与调查问卷开放题中的能力素质要项按频率、分维度（包括专业能力素质、通用能力素质、核心能力素质这 3 个维度）进行整合和排序，结果如表 3-10 所示。

表 3-10　隆平高科区域经理各维度的能力素质要项整合和排序结果（部分）

专业能力素质	业务资料和调查问卷开放题中的频率	通用能力素质	业务资料和调查问卷开放题中的频率	核心能力素质	业务资料和调查问卷开放题中的频率
团队建设与管理能力	26	沟通能力	24	创新意识	18
市场规划能力	22	目标管理能力	11	系统思维	17
客户管理能力	21	执行力	10	事业心	12
市场拓展能力	17	学习能力	7	自信心	10
客户开发能力	16	计划制订与执行能力	6	目标意识	8

2. 对调查问卷中的能力素质要项按优先级赋予权重

隆平高科对调查问卷中（选择题）的能力素质要项按优先级分别赋予权重，具体规则如下：计算表 3-10 中排序结果的三分位数，对调查问卷选择题中的能力素质要项及其对应的频率赋予权重。其中，第一优先的能力素质要项的权重对应第一个三分位数，第二优先的能力素质要项的权重对应第二个三分位数。

以专业能力素质为例，隆平高科区域经理的专业能力素质优先级如表 3-11 所示。

表 3-11 隆平高科区域经理的专业能力素质优先级

专业能力素质	业务资料和调查问卷开放题中的频率	优先级（调查问卷选择题）
团队建设与管理能力	26	1
市场规划能力	22	2
客户管理能力	21	2
市场拓展能力	17	0
客户开发能力	16	0
市场管控能力	11	1
产品销售能力	10	0
市场洞察能力	9	1
活动策划与执行能力	8	2
营销策划能力	8	1
客户服务能力	8	2
产品运营能力	7	1
市场调研能力	2	1
品牌宣传能力	2	0
大客户公关能力	1	0
渠道规划能力	1	0
市场运作能力	1	0
渠道培养能力	1	0
客户影响能力	1	0
客户拜访能力	0	2
信息搜集能力	0	2
数据分析能力	0	1

赋予权重的步骤如下。

首先，找到专业能力素质在业务资料和调查问卷开放题中的频率的三分位数，分别是 1 和 11。

然后，找到表 3-11 中的"优先级（调查问卷选择题）"一列，确定"2"对应的权重为 1，"1"对应的权重为 11，"0"对应的权重为 0。

以前 10 项专业能力素质为例，它们的权重如表 3-12 所示。

表 3-12   前 10 项专业能力素质的权重

专业能力素质	优先级（调查问卷选择题）	权　　重
团队建设与管理能力	1	11
市场规划能力	2	1
客户管理能力	2	1
市场拓展能力	0	0
客户开发能力	0	0
市场管控能力	1	11
产品销售能力	0	0
市场洞察能力	1	11
活动策划与执行能力	2	1
营销策划能力	1	11

3. 计算各能力素质要项的最终频率并排序

隆平高科将各能力素质要项在业务资料和调查问卷开放题中的频率与权重相加，得出它们的最终频率结果，并进行排序，其中专业能力素质的最终频率和排序结果如表 3-13 所示。

表 3-13   隆平高科区域经理专业能力素质的最终频率和排序结果

专业能力素质	业务资料和调查问卷开放题中的频率	优先级（调查问卷选择题）	权　　重	最 终 频 率	排序
团队建设与管理能力	26	1	11	37	1
市场规划能力	22	2	1	23	2
客户管理能力	21	2	1	22	3
市场拓展能力	17	0	0	17	7
客户开发能力	16	0	0	16	8
市场管控能力	11	1	11	22	3

续表

专业能力素质	业务资料和调查问卷开放题中的频率	优先级（调查问卷选择题）	权　重	最终频率	排序
产品销售能力	10	0	0	10	11
市场洞察能力	9	1	11	20	4
活动策划与执行能力	8	2	1	9	12
营销策划能力	8	1	11	19	5
客户服务能力	8	2	1	9	12
产品运营能力	7	1	11	18	6
市场调研能力	2	1	11	13	9
品牌宣传能力	2	0	0	2	13
大客户公关能力	1	0	0	1	14
渠道规划能力	1	0	0	1	14
市场运作能力	1	0	0	1	14
渠道培养能力	1	0	0	1	14
客户影响能力	1	0	0	1	14
客户拜访能力	0	2	1	1	14
信息搜集能力	0	2	1	1	14
数据分析能力	0	1	11	11	10

根据专业能力素质的最终频率和排序结果，隆平高科从区域经理的 22 项专业能力素质中提炼了前 12 项，并设计了岗位胜任力调查问卷。

3.3.3　岗位胜任力的重要性排序

在完成能力素质要项的融合与分析后，我们需要对岗位胜任力的重要性进行排序。

具体方法如下：根据专业能力素质、通用能力素质、核心能力素质的最终频率和排序结果，设计调查问卷，收集目标岗位的现任者、上级、下级的评价，通过对各方的评价赋予合理的权重，确定岗位胜任力的重要性排序。

下面以隆平高科确定区域经理胜任力模型中的专业能力素质为例进行说明。

【案例】隆平高科确定区域经理胜任力模型中的专业能力素质

1. 设计调查问卷

隆平高科对区域经理的前12项专业能力素质进行了解释，并设计了如表3-14所示的调查问卷。

表3-14　隆平高科区域经理岗位胜任力调查问卷（专业能力素质）

序号	专业能力素质	解释	对区域经理岗位的重要性（原则上应从能力清单中选择4项非常重要的专业能力素质、4项比较重要的专业能力素质、4项重要性一般的专业能力素质）		
			非常重要	比较重要	重要性一般
1	团队建设与管理能力	能够根据不同区域的特点、农业政策和销售模式高效管理团队，并对团队进行适当的激励，增强团队的战斗力			
2	市场规划能力	能够从产品、区域、客户、渠道等维度全方位规划市场布局，设计清晰、可操作的市场战略实现路径			
3	客户管理能力	能够配置、开发和整合企业内外部的各种资源，主动收集、利用、管理客户信息，并建立、发展客户关系			
4	市场管控能力	能够加强市场管控，规范市场秩序，保持企业产品价格的稳定性和经销商的经营积极性，并使经销商获得长期、稳定的利润；能够拥护企业的市场管控理念和政策，坚决带头践行，坚决处理团队内部违反企业市场管控理念和政策的行为			
5	市场洞察能力	能够通过宏观分析、客户分析、竞争分析发现规律，正确把握市场格局，分清战略目标的优先级与主次关系			
6	营销策划能力	能够基于必要的调研和数据分析，组织团队制定具有系统性、先进性、可持续性的营销方案，并推进方案的落地实施			

续表

序号	专业能力素质	解释	对区域经理岗位的重要性（原则上应从能力清单中选择4项非常重要的专业能力素质、4项比较重要的专业能力素质、4项重要性一般的专业能力素质）		
			非常重要	比较重要	重要性一般
7	产品运营能力	能够从产品运营的角度谋划品种生命周期和投放策略，合理制订生产销售计划，具备控制经营风险的能力；能够针对责任区域制定科学的品种组合投放策略，精准地进行品牌定位			
8	市场拓展能力	能够带领团队因地制宜地制定市场拓展策略，对销售渠道进行合理布局，形成高效、协同的销售网络			
9	客户开发能力	能够了解市场和客户的情况，与有实力、有意向的客户进行重点沟通，完成目标区域的客户开发计划			
10	市场调研能力	不局限于现有的资料，能够主动采用各种方法收集各类相关信息，具备挖掘潜在市场机会的意识和能力			
11	数据分析能力	能够运用适当的统计分析方法对收集的大量数据进行分析，提取有用信息，并对数据进行详细研究和概括总结			
12	活动策划与执行能力	能够策划、组织市场推广和促销活动，拉动销量增长，拓展客户来源，提升品牌的口碑和影响力			
13	产品销售能力	能够独立完成从前期的销售策划和布局到中期的控单，再到后期成功签订合约的一套完整的工作流程			
14	客户服务能力	能够主动为客户提供服务，迅速、及时地解决客户的问题，挖掘超出客户期望的服务机会			

2. 问卷调查与汇总分析

隆平高科对 154 名组织成员进行了问卷调查，并剔除了 7 份不合格问卷，最终的有效问卷来源于 24 名总监（区域经理岗位的直接上级）、96 名区域经理和 27 名"少将"（区域经理岗位的直接下级）。调查问卷汇总结果（专业能力素质）如表 3-15 所示。

表 3-15　隆平高科区域经理岗位胜任力调查问卷汇总结果（专业能力素质）

序号	专业能力素质	反馈人数/人			总得分/分（评分依据："非常重要"为 5 分/人，"比较重要"为 3 分/人，"重要性一般"为 1 分/人）
		非常重要	比较重要	重要性一般	
1	市场洞察能力	97	47	3	629
2	市场管控能力	93	53	1	625
3	活动策划与执行能力	86	60	1	611
4	产品销售能力	88	56	3	611
5	市场规划能力	86	57	4	605
6	市场拓展能力	85	59	3	605
7	客户开发能力	85	59	3	605
8	客户服务能力	84	60	3	603
9	团队建设与管理能力	85	56	6	599
10	营销策划能力	77	66	4	587
11	产品运营能力	79	61	7	585
12	市场调研能力	77	62	8	579
13	数据分析能力	74	67	6	577
14	客户管理能力	70	72	5	571

对通用能力素质和核心能力素质的重要性排序也是按照上述步骤进行的。最终，隆平高科构建了区域经理的胜任力模型。

3.4　胜任力模型的能力素质要项分级

对胜任力模型的各能力素质要项进行分级解读是构建胜任力模型的重要环节。这个环节既能体现不同管理层级对能力的不同要求，也能让员工清晰地定位自己的能力水平，还能为企业评估员工的胜任力水平提供标准和依据。

3.4.1 定义胜任力模型的能力素质要项

在根据能力素质要项的重要程度初步确定胜任力模型后，我们需要对胜任力模型的各个能力素质要项进行准确的定义，以确保企业内部对胜任力模型的理解是清晰、统一的。

在确定胜任力模型的能力素质要项时，我们应当遵循以下 4 个原则。

（1）坚持未来导向：胜任力模型不仅要关注企业当前的能力，还要关注企业未来发展需要的能力。

（2）高层管理者参与：构建和确定胜任力模型需要高层管理者的参与，胜任力模型只有得到高层管理者的高度认可，在未来才能易于推进和应用。

（3）聚焦：一个岗位的能力素质要项不宜超过 6 个。

（4）显著区分性：我们应当以客观数据为依据，确保各个能力素质要项能够显著区分工作业绩。

在对能力素质要项进行定义时，我们应当力求易于理解且不易产生分歧，可以参考胜任力词典、企业素质词典和标杆企业的胜任力模型。除此之外，对于部分能力素质要项，我们还可以从行为事件访谈的过程中萃取企业的"基因"，从而进行定义。

【案例】华为解读胜任力的形式

华为拥有完整的胜任力模型体系。对于胜任力的内涵，华为不仅会做出清晰的说明，还会列出企业中的最佳实践案例，供员工理解和学习。

华为"客户导向"胜任力的内涵及解读

内涵：能够关注内外部客户不断变化的需求，竭尽全力帮助和服务客户，为客户创造价值。

关键点：关注客户需求，尽力解决客户的问题，全心全意为客户服务。

最佳实践案例：

华为的一名客户经理在面对客户的问题时，总是第一时间进行处理，并追踪处理结果，直到解决问题和得到客户的肯定为止。

> 针对不同的客户，该客户经理会为他们量身打造不同的方案。除了提供客户满意的方案，她还特别重视与客户相处的细节。例如，有些客户因为信仰而吃素或由于身体原因不能吃某些食物，她会特别留意，在谈工作前做好安排，让客户觉得自己受到了尊重。在和客户交流时，她经常问客户"有什么能为您效劳"，设身处地地为客户着想。凭借优质的服务，该客户经理得到了客户的肯定，连续两年在东南亚客户满意度调查中名列第一。
>
> 对于自己的成功，该客户经理总结了一些经验：在工作中要有勇气面对挫折，不能因为客户有时不满意就放弃为客户提供真诚的服务；为了增强客户对我们的信任感，我们应该在工作中多与客户接触，了解客户需求，虚心接受客户提出的意见，并及时优化服务。

华为通过解读胜任力的内涵和关键点，并用最佳实践案例进行说明，帮助胜任力模型的使用者和员工对胜任力模型的能力素质要项形成清晰的认知，为员工的发展提供指导，不断提醒和激励员工按照企业期望的方向发展。其他企业在定义胜任力模型的能力素质要项时，可以参考华为解读胜任力的形式。

3.4.2　划分胜任力等级

对于同一胜任力，不同企业、不同岗位序列或不同岗位的要求是不同的。例如，生产销售型企业的销售经理与线上教育企业的销售经理都是销售经理，不过二者的胜任力模型的强度和等级是不一样的，前者的胜任力模型对沟通能力的要求更高，后者的胜任力模型对运营能力的要求更高。

为了确保胜任力模型适合相应的岗位或岗位序列，企业需要划分胜任力等级。

胜任力应当被划分为多少等级没有统一的规定，企业需要根据岗位序列和管理层级的复杂程度来判断。

对于核心能力素质和通用能力素质，企业应当根据它们的特点，在行为的强度、幅度等标准中选择最合适的分级标准，并对它们进行分级描述。

对于专业能力素质，企业通常应以知识或技能的掌握程度和处理问题的复杂程度为标准进行分级，可以将其划分为学习级、应用级、拓展级、指导级和领导创新级。专业能力素质的分级标准如表 3-16 所示。

表 3-16 专业能力素质的分级标准

分级	代表阶段	分级标准
1 级	学习阶段	（1）入门者。 （2）对工作所需的能力、知识与技能只有概念性、基础性的了解。 （3）需要在他人的帮助下开展工作和掌握相关领域的能力、知识、技能
2 级	应用阶段	（1）达到一定的能力水平。 （2）基本掌握或具备工作所需的能力、知识与技能，能够把它们应用到工作中。 （3）能够独立开展工作，并解决简单或明确的问题
3 级	拓展阶段	（1）达到较高的能力水平。 （2）能够高效运用自己掌握的能力、知识与技能开展工作。 （3）能够独立开展工作，并解决困难的问题。 （4）能够向他人传授一些知识，为他人提供技能指导
4 级	指导阶段	（1）达到很高的能力水平。 （2）能够指导他人提升能力。 （3）能够非常完整地了解、掌握工作所需的知识与技能。 （4）能够运用知识、技能和过往的经验解决非常复杂的问题。 （5）能够向他人传授知识，就知识、技能问题提供指导和培训
5 级	领导创新	（1）达到极高的能力水平，能够在相关领域成为他人的榜样。 （2）能够对知识与技能进行引申、创新，预测技能的发展趋势，并创新性地运用技能。 （3）能够创新性地解决相关领域最复杂、困难的问题。 （4）专业水准得到同行的认可

3.4.3 能力素质要项分级解读

划分胜任力等级需要以行为特征为支撑。在完成能力素质要项的分级后，我们需要对不同等级的能力素质要项对应的行为特征进行描述，为员工的等级评价提供标准。

要想对能力素质要项进行分级解读，首先，我们要将胜任力分解为高绩效行为，分解逻辑如图 3-5 所示。在这个过程中，我们可以使用逻辑推理中的演绎法和归纳法。

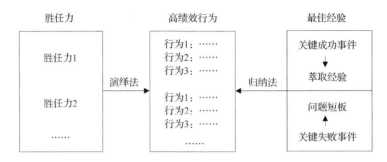

图 3-5　将胜任力分解为高绩效行为的逻辑

我们可以先使用演绎法，将各种胜任力分解为具体的高绩效行为，再根据行为事件访谈萃取的最佳经验，归纳绩优员工的各种胜任力及其对应的高绩效行为，通过结合使用这两种方法，提炼与胜任力相匹配的高绩效行为。

接下来，我们可以参考胜任力词库或标杆企业的胜任力模型，根据访谈结果，对与胜任力相匹配的高绩效行为进行分级解读。华为的能力素质要项分级解读如表 3-17 所示。

表 3-17　华为的能力素质要项分级解读

关注客户	
定义：一种致力于理解客户需求，并主动用各种方法满足客户需求的行为特征。其中的"客户"包括现在的、潜在的、内部的、外部的客户。 维度：理解客户的深度；采取行动的难度	
等级	分级解读
1级	**响应明确的客户需求：** • 准确理解客户简单、直接的需求。 • 基于以前的经验、案例或现有的产品，找到解决途径。 • 在出现紧急情况时，可以迅速、果断地做出回应
2级	**解决客户的担忧，主动发现并满足客户未明确表达的需求：** • 了解客户不太明确或不简单且的显示的需求。 • 在了解客户需求和华为的产品、服务原理的基础上，为客户提供解决方案。 • 在没有现成的产品或服务可以作为参考时，可以对已有的方法、方案进行一定的改进或创新，满足客户需求。 • 在决策时权衡风险

续表

等级	分级解读
3 级	**探索并满足客户潜在的需求：** • 捕捉客户的兴趣点，澄清客户潜在的需求。 • 通过与客户合作、互动，以及协调华为的资源，和客户共同设计解决方案
4 级	**想客户所未想，创造性地服务客户：** • 从客户的利益出发，研究并引导客户潜在的需求；发掘华为的潜力，提供全新的解决方案。 • 为客户的业务模式提供战略性建议，成为客户的长期战略伙伴

在完成针对具体岗位的能力素质要项分级解读后，我们需要确定能力素质要项的等级标准。例如，对于营销岗位的员工，核心能力素质中的"关注客户"等级必须达到 2.5 级，通用能力素质中的"沟通能力"等级必须达到 3 级，专业能力素质中的"开发客户"等级必须达到 3 级，员工才能完全胜任该岗位的工作。

3.5　胜任力模型的验证与确认

"罗马不是一天建成的"，优秀的胜任力模型需要经过实践的验证与确认。即使胜任力模型顺利通过了验证与确认，企业也应当以动态的眼光看待它，不断完善和丰富它的含义，确保胜任力模型的要素始终是驱动员工创造高绩效的关键因素。

3.5.1　选用恰当的方法验证胜任力模型

对胜任力模型的验证主要从以下 3 个方面进行：一是验证胜任力模型是否与企业的愿景、价值观、战略紧密相关；二是验证胜任力模型的要素是不是驱动员工创造高绩效的关键因素，三是通过实践验证胜任力模型的有效性，包括对胜任力要素的界定与划分是否准确、是否遗漏了某些重要的胜任力要素等。

在完成上述 3 个方面的验证后，我们需要进一步对胜任力模型进行有效性验证，具体包括同时效度检验和预测效度检验。

1. 同时效度检验

同时效度检验指的是以现在的情况为验证指标，检验胜任力模型的有效程度。

对胜任力模型进行同时效度检验的操作步骤如下：在初步形成胜任力模型后，先按照相同的绩效标准选取绩优者和绩效一般者作为第二批样本，再通过行为事件访谈法或测评工具对样本进行检测和评估，从而分析胜任力模型的要素能否区分第二批样本。

1）行为事件访谈法

在对第二批样本进行检测和评估时，比较常用的方法是行为事件访谈法。访谈者在不知道谁是绩优者、谁是绩效一般者的前提下，通过访谈收集第二批样本关于胜任力要素的各种数据，分析胜任力要素能否区分第二批样本。

在使用行为事件访谈法时，如果胜任力要素的区分度较低，那么访谈者需要重新对原始的访谈资料进行分析。

2）测评工具

在对第二批样本进行检测和评估时，除了行为事件访谈法，我们还可以使用针对胜任力模型的测评工具。测评者通常会使用评价中心技术，即针对胜任力模型设计测评情境，测评第二批样本的关键胜任力与胜任力模型是否一致。使用测评工具需要在前期准备时花费较长的时间，成本较高，测评结果的客观性较强。

在使用测评工具时，如果胜任力模型对第二批样本的区分效果不明显，那么测评者需要对胜任力模型的所有要素进行区分，并逐一分析。

2. 预测效度检验

预测效度检验指的是以未来的情况为验证指标，检验胜任力模型的有效程度。

对胜任力模型进行预测效度检验的操作步骤如下。

（1）随机选取两组岗位相同、条件相同的员工，根据初步形成的胜任力模型开发相关的培训内容，对其中一组员工进行胜任力培训，对另一组员工不进行胜任力培训。

（2）在培训结束后，让两组员工同时执行相同的任务，并对他们的绩效进行考核。

（3）分析两组员工在培训前后的绩效变化，如果接受胜任力培训的员工在绩效上的提升显著高于没有接受胜任力培训的员工，就证明胜任力模型是有效的，能够帮助员工创造高绩效。

要想让胜任力模型在人才管理中发挥实效，企业必须构建适合自身特征、能够满足自身需求的胜任力模型，同时确保其在管理实践中得到充分应用。只有这样，胜任力模型才能真正发挥作用。在实操过程中，一些 HR 可能直接从网上下载并使用现成的胜任力模型。在这种情况下，HR 最好借鉴同行业的胜任力模型，并根据企业的特征进行调整。例如，同样是销售经理的胜任力模型，对于生产制造企业的长线产品销售经理和在线教育企业的短线产品销售经理，HR 不应该套用同一种胜任力模型。中大型规模的企业最好找第三方咨询机构定制胜任力模型。

经过初步检验，我们暂时确定了胜任力模型，接下来需要结合企业战略和管理层的期望，对胜任力模型进行修正和确认。为此，我们需要邀请与目标岗位有直接关系的上级、同事、下级，和他们共同评议目标岗位的胜任力模型。对于有争议的地方，所有参与者需要在进行充分的讨论后达成一致意见，并对胜任力模型划分明确的等级。

3.5.2 胜任力模型的动态管理与维护

在 VUCA 时代，通过某个项目构建"永不落后"的胜任力模型几乎是不可能的。在企业发展的过程中，随着外部环境、客户需求、目标市场的变化，企业战略需要不断调整，企业所需的组织能力会发生变化，对员工的胜任力也会提出新的要求。企业需要根据自身战略和组织能力的要求，对胜任力模型进行动态管理与维护。

【案例】徐福记：领导力模型专为转型而升级

徐福记成立于 1992 年，专注于生产和经营糖果、糕点、果冻、布丁等甜点休闲食品。自 1998 年以来，徐福记在国内糖果市场中的销售额和市场占有率一直领先，曾连续 17 年稳居销量第一的宝座，是名副其实的"糖果大王"。

在国内市场中独占鳌头后，徐福记将目光转向了海外市场。在进军海外市场的过程中，徐福记在西式风味产品研发方面的短板逐渐暴露。为了扫清这道障碍，徐福记开始寻找合作伙伴。2011 年，徐福记被雀巢收购。此后，借助雀巢的力量，徐福记开始了国际化发展之旅。

企业的转型对徐福记员工的胜任力提出了新的要求。为此，徐福记从领导力管理出发，升级领导力模型。在转型前，徐福记对领导者的要求中强调高效执行，侧重个人领导力和专业能力。在转型后，徐福记更强调领导者要聚焦外部环境，勇于创新、抓住机遇、培养人才。基于此，徐福记提出了包括"积极参与外部竞争并加强与外部的联系""指引成功""管理注重结果""培养人才和团队""内部协作""创造不同"的领导力模型。

一方面，为了适应多变的市场环境，企业战略需要不断调整，胜任力模型也需要不断更新；另一方面，胜任力是企业的文化和价值观倡导的行为的载体，不能频繁变化。要想对胜任力模型进行动态管理与维护，企业可以采用构建企业能力库和动态设定能力标准这两种方法。

1. 构建企业能力库

在构建胜任力模型的过程中，企业可以梳理所有关键岗位或岗位序列的能力素质要项，并将其纳入企业能力库。这样，当关键岗位或岗位序列发生变化，导致相关岗位的能力素质要项发生变化时，负责人可以快速地从企业能力库中选择能力素质要项，以动态组合的形式满足自己的需求。当企业能力库中没有相关岗位所需的能力素质要项时，企业需要重新梳理能力素质要项，从而提高使用胜任力模型的效率。

动态升级、维护能力标准是保持部门的能力和活力的关键。当部门的职责发生变化或岗位的工作重心发生转移时，HRBP（Human Resource Business Partner，人力资源业务合作伙伴）需要提醒部门负责人梳理能力素质要项，并帮助其进行业务纠偏。

除此以外，企业还可以定期召开评审会，帮助管理者充分认识胜任力模型与员工晋升的相关性，鼓励管理者积极主动地更新与维护胜任力模型。

2．动态设定能力标准

处于迅速发展阶段的企业，其岗位胜任力要求往往会随着业务的变化发生重心偏移的现象。这类企业可以采用动态设定能力标准的方法，快速满足业务需求。

具体操作如下：在构建胜任力模型时，以组合的形式呈现部分岗位所需的能力素质要项，不对组合内的能力素质要项做具体的要求，而是将其作为一个整体来看待。在评估胜任力时，员工在能力区间内的能力素质要项分数之和达标即可。这种方法大大增强了胜任力模型的"弹性"，即使岗位对员工能力的要求的侧重点发生偏移，只要相关要求仍在能力区间内，就不会影响胜任力模型。

"实践是检验真理的唯一标准"，通过胜任力模型选拔或培养出来的人才能否创造优异的绩效、能否成为企业持续发展的动力来源，是检验胜任力模型的根本标尺。在构建胜任力模型时，企业需要兼顾胜任力模型的动态性和前瞻性，并在应用过程中不断完善胜任力模型，这是确保胜任力模型的信度和效度的关键。

在完成胜任力建模后，企业可以以年为单位，设定更新胜任力模型的节点，通过参考绩优员工的胜任力测评和业绩评估结果，或者基于战略与文化演绎，对胜任力模型进行调整和优化。实践证明，经过长期观察和不断优化的胜任力模型是最有效的，与在短期内构建的胜任力模型相比，前者与企业战略的匹配度往往更高。

3.6　胜任力模型的宣传与落地

有些企业对胜任力模型的应用不太成功，辛辛苦苦构建的胜任力模型被束之高阁，成了一种摆设，没有给企业的人才管理带来真正的收益。事实上，构建胜任力模型只能解决企业选人、用人、育人的标准问题，这只是企业人才队伍建设迈出的"万里长征第一步"。要想让胜任力模型在企业中真正得到应用，还需要一个宣传与落地的过程。

3.6.1 做好胜任力模型的宣传与推广

人力资源智享会发布的《第二届中国企业胜任力模型运用与实践调研报告》显示，企业在应用胜任力模型时会遇到诸多挑战，如图 3-6 所示。其中，排在前三名的挑战分别是员工对企业的胜任力模型缺乏理解、业务管理者对胜任力模型认可度低或应用不频繁、胜任力模型在企业中的推广投入资源不足。

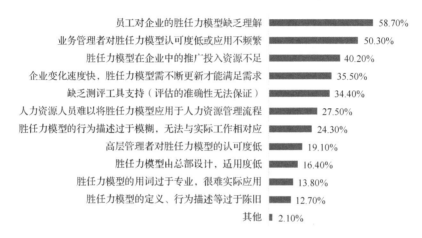

员工对企业的胜任力模型缺乏理解 58.70%
业务管理者对胜任力模型认可度低或应用不频繁 50.30%
胜任力模型在企业中的推广投入资源不足 40.20%
企业变化速度快，胜任力模型需不断更新才能满足需求 35.50%
缺乏测评工具支持（评估的准确性无法保证） 34.40%
人力资源人员难以将胜任力模型应用于人力资源管理流程 27.50%
胜任力模型的行为描述过于模糊，无法与实际工作相对应 24.30%
高层管理者对胜任力模型的认可度低 19.10%
胜任力模型由总部设计，适用度低 16.40%
胜任力模型的用词过于专业，很难实际应用 13.80%
胜任力模型的定义、行为描述等过于陈旧 12.70%
其他 2.10%

图 3-6　企业应用胜任力模型的主要挑战

（资料来源：人力资源智享会官方网站）

对企业而言，最重要的问题不是如何构建胜任力模型，而是胜任力模型能否被使用者理解、能否切实牵引员工的行为。为了解决应用胜任力模型的主要挑战，企业在应用胜任力模型之前，还需要经过一个宣传与推广的过程，目的是让员工明白什么是胜任力模型、为什么要构建胜任力模型和胜任力模型的依据、要求等内容，让员工知道自己需要保持和加强哪些方面，以及如何借助胜任力模型提高自己的胜任力。

1. 自上而下和自下而上两种模式相结合

在推广胜任力模型时，HR 一般会自上而下地进行推广。然而，对企业而言，自上而下地推广胜任力模型，往往难以被各业务单元的人员真正理解和接受。

针对这种情况，在推广胜任力模型时，HR 不能急于把胜任力模型向下推广，而应帮助各业务单元的人员理解业务需求。例如，HR 可以先从各业务单元的痛点出发，引导相关业务人员归纳促进业务发展的关键能力和行为，然后对归纳出来的内容和胜任力模型进行对照，找到共通之处。

通过这种方式，业务人员能够认识到企业对人才的定义和业务对人才的需求存在较强的一致性，从而提高对胜任力模型的认可度。此外，对于胜任力模型中比较抽象的能力素质要项，HR 可以让相关业务单元用内部熟知的说法描述胜任力行为，以便业务人员理解和使用胜任力模型。

2. 以创新、生动的形式呈现胜任力模型

自上而下的推广和自下而上的反馈可以通过小组讨论的形式来展开，从而提高参与者对胜任力模型的认可度。

事实上，并非所有胜任力模型的使用者都能参与小组讨论，如何加深没有参与小组讨论的使用者对胜任力模型的理解呢？企业可以根据胜任力模型开发基于业务场景的真实案例，将胜任力模型融入能够帮助员工解决实际问题的案例，并以创新、生动的形式呈现，如动画、漫画、故事集等形式。

随着时代的发展，如何选择合适的宣传渠道，让员工学习一些案例，是非常重要的。在互联网发达的今天，很多员工习惯通过网络进行学习。企业可以将企业官网、企业邮箱、微信公众号等作为宣传工具，发布融入了胜任力模型的案例或故事，让员工轻松地了解胜任力模型。

【案例】如家酒店：多措并举，推广胜任力模型

在如家酒店的业务模式中，店长对业务有极大的影响。为此，如家酒店专门构建了店长的胜任力模型，并授权人力资源部门推动开展了一系列胜任力模型落地行动，帮助各地区的业务团队更好地理解和应用这种工具。

行动一：推出胜任力模型手册和台历。

最初，胜任力模型是以手册的形式和店长见面的。手册中包括 12 个能力素质要项和相应的擅长、不擅长、过度使用的行为描述，通过行为描述，将能力标准具体化。此后，人力资源部门趁热打铁，制作了图文并茂的台历，

并将台历赠送给每一位店长。台历的每一页都有一个能力素质要项和简单的行为描述，台历上的图片也结合了胜任力元素，帮助店长强化记忆。

行动二：组织圆桌学习会。

通过手册和台历的宣传，店长对胜任力模型有了初步的印象，但与深刻理解胜任力模型的标准、准确剖析个人的胜任力水平还有一定的差距。为此，人力资源部门组织了针对店长的圆桌学习会。

圆桌学习会由各大区的区总经理、HR 负责人和店长共同参与。除了介绍构建胜任力模型的原因和导出能力素质要项的过程，圆桌学习会还把大量的时间留给店长，让他们把胜任力模型和实际工作情景结合起来，进行反思和探讨，深刻理解胜任力模型对其工作的帮助。

为了强化学习效果，在圆桌学习会结束后，各地区组建了多个项目小组，各小组之间、小组内部会定期进行交流和讨论，共同聚焦于酒店管理中的问题和解决思路。在此期间，各地区的 HR 也会交流推动胜任力模型落地的经验，互相学习。

行动三："茹小佳"诞生记。

随着集团的高速发展，店长的人数持续增多，如家酒店不断探索新的胜任力模型落地方案。2015 年，《身边的小事，如家的大事》一书出版。该书通过卡通人物"茹小佳"呈现优秀店长的形象，并辅以 6 个生动的案例，全面呈现如家酒店优秀店长的酒店管理经验和相应的胜任力要求，让大家对"如家店长"形成更感性的认识。每个案例基于不同的业务场景，描述了"茹小佳"面对各种问题时采取的行动，并融入了不同的胜任力要求。

如家酒店基于企业文化的土壤，创新形式、循序渐进，将胜任力模型切实融入能够帮助员工解决实际问题的案例情境，帮助店长加深对胜任力模型的认知与理解。

胜任力模型是企业形成核心能力和高绩效文化的推进器，有助于企业明确当前的人才储备与未来的人才要求之间的差距，从而帮助企业更好地选拔、培养、激励为企业形成核心竞争优势做出贡献的员工。对员工而言，胜任力模型为他们指明了努力的方向，鼓励对个人的技能进步进行激励，可以帮助员工更有针对性地提高个人绩效。HR 应当采用多种形式和方法，向各个层级的员工宣传胜任力模型，以获得员工的理解和认同，保证胜任力模型的效果。

3.6.2　胜任力模型的落地需要各方协同配合

"酒香也怕巷子深。"如果没有充分的沟通和讨论，缺少协同配合，那么，即使胜任力模型再"完美"，在落地时也会遇到一系列阻碍。

人力资源智享会对数据分析、案例采访、HR 的实践经验分享进行了梳理与归纳，从模型、相关人员、管理应用这 3 个层面展开了对胜任力模型难以在企业中真正落地的原因的分析，分析结果如表 3-18 所示。

表 3-18　分析结果

层　　面	内 容 说 明	关 键 因 素
模型	为了便于理解和落实，胜任力模型本身应该满足的条件	• 明确定位； • 保证完整度； • 与需求相匹配
相关人员	促进胜任力模型落地需要多方协同配合	• 企业高管的重视度； • HR 的影响力； • 业务人员的参与度
管理应用	胜任力模型的落地需要企业制度的支持	• 融入人才管理体系； • 保证评估的公正性

从表 3-18 中我们可以看出，要想让胜任力模型在企业中真正落地，除了对模型本身和企业制度的要求，企业中各层级的相关人员也是关键因素，具体包括企业高管的重视度、HR 的影响力和业务人员的参与度。

1. 企业高管的重视度

企业高管的重视度不仅会决定资源的投入程度和项目的执行力度，还会影响使用者使用胜任力模型的深度。

在构建胜任力模型之前，如果高管能担任项目发起人，就会减少项目推行过程中的阻力。在构建胜任力模型的过程中，高管作为参与者，能够使胜任力模型更贴合企业的战略和文化。在推广胜任力模型的过程中，高管作为项目的推广者和宣传者，能够使胜任力模型的影响范围更广。

有时候，企业高管的重视度是决定胜任力模型能否落地的最关键的因素。在构建胜任力模型之前，HR 需要对高管的态度和行为进行预测，站在高管的角度思考问题，如"胜任力模型的构建与应用对企业或部门有什么影响""胜任力模型能够帮助企业解决哪些痛点"等，并基于这些问题与高管进行高效对话，帮助高管深刻理解胜任力模型的价值。此外，HR 还可以设计一套完整、可行的解决方案，以便获得高管的支持。

2. HR 的影响力

大多数业务经理和员工对胜任力模型的概念和作用缺乏认识，因此，企业对胜任力模型的推广往往依赖于人力资源部门。

在企业中，HR 作为胜任力模型的推广者、学习氛围的营造者、模型落地效果的跟踪者，必须充分发挥自身的影响力。在实际应用和推广胜任力模型时，企业总部的 HR 和各业务部门的 HR 要站在同一战线上，共同制定并配合执行高效的推广方案，大力宣传胜任力模型，使其得以落地和实施。

3. 业务人员的参与度

《第二届中国企业胜任力模型运用与实践调研报告》显示：在企业进行胜任力建模的情境中，超过七成的胜任力模型是由 HR 主导构建的，由企业高管、业务部门主导构建的胜任力模型的占比分别为 5.7%、20.0%。

事实上，从计划构建胜任力模型到实际应用胜任力模型的整个过程中，业务人员的重要性是无可替代的，尤其是基于岗位序列的专业胜任力模型（因为业务人员往往最了解具体岗位的胜任力要求，所以构建基于岗位序列的专业胜任力模型应当以业务部门为主导、以 HR 为业务伙伴）。

然而，在实际的胜任力建模情景中，业务人员的参与度并不理想，而且随着项目的进行，业务人员的参与度明显降低。要想解决这个问题，HR 可以通过反推业务需求的方式提高业务人员的参与度。例如，当业务部门有人才招聘需求时，HR 可以要求业务负责人参与胜任力建模项目，或者对当前的胜任力模型的适用度进行评价。此外，部分企业还会将业务负责人参与胜任力建模项目的积极性与管理津贴挂钩。

除此之外，在构建胜任力模型的过程中，利益相关者进行充分的讨论也能大大减少胜任力模型落地的阻碍。企业需要对利益相关者进行管理，先识别谁会使用胜任力模型、谁在乎胜任力模型、谁会被胜任力模型影响，然后在项目的各个阶段，让利益相关者共同讨论，听取、记录和采纳合理化建议。对于亲身参与过的项目，大部分利益相关者往往更倾向于支持项目，也更愿意推动项目的实施和落地。

3.6.3　以应用促进胜任力模型的落地

胜任力模型作为企业人力资源管理的新基点，为企业的招聘任用、培训发展、薪酬管理、考核评估等提供了强有力的依据。对胜任力模型最好的宣传就是应用它，胜任力模型在企业中的应用如图 3-7 所示。

图 3-7　胜任力模型在企业中的应用

企业应用胜任力模型进行招聘任用，能够基于合适的评价体系客观评价员工，保证人岗匹配；应用胜任力模型进行培训发展，能够根据员工与目标岗位胜任力、现任岗位胜任力之间的差距，为员工制订专门的个人发展计划（Individual Development Plan，IDP），培养员工；应用胜任力模型进行薪酬管理，能够强调胜任力的差异，根据胜任力确定薪酬水平，体现"能者多得"的分配原则；应用胜任力模型进行考核评估，能够强调对员工的评价，而不是对岗位的评价，更具科学性。

将胜任力模型应用于企业人力资源管理，能够增强分配的公平性和人才培养的科学性，从而激发企业的活力。反之，如果无法在应用过程中看到胜任力模型对企业的人才队伍建设和发展的实际效果，员工就会对胜任力模型的有效性产生怀疑。在形成这种情绪或氛围后，继续推广胜任力模型很容易遇到来自企业内部的巨大阻力，胜任力模型被束之高阁的结局也就在所难免了。

【案例】腾讯：转型中的"帝企鹅"

2018年9月30日，腾讯进行了第三次大型组织变革。这次变革有两个最大的变化：一是整合了原来散落在多个事业群的"to C"业务，成立了平台与内容事业群，聚焦于消费互联网；二是成立了云与智慧产业事业群，聚焦于产业互联网。这表明腾讯全面进入了"互联网下半场"。这次变革在总体上是很成功的，也获得了资本市场的认可。

事实上，腾讯的这次变革是一次"软硬结合"的系统变革，组织架构调整只是其中一部分，整个变革同时进行着8个变革项目。其中，最难的地方不是技术升级和组织架构调整，而是"人"的接纳和同步进化，包括人的意识、行为和人才结构的调整。除了硬性的技术升级和组织架构调整，配套的"软性"变革也拉开了序幕，这既包括文化升级、干部牵引、纪律重塑等，也包括腾讯"帝企鹅"领导力模型的转型。

在所有变革项目中，人力资源升级的核心之一是牵引干部重返"战场"，最重要的牵引方式是借助"帝企鹅"领导力模型，对干部进行评估与考察。"火车跑得快，全靠车头带"，干部是企业转型的"火车头"，干部队伍的状态决定了整个企业的状态。面对新的竞争环境和发展战略，腾讯对干部提出了新的要求，腾讯"帝企鹅"领导力模型的转型势在必行，其转型前后的对比如图3-8所示。

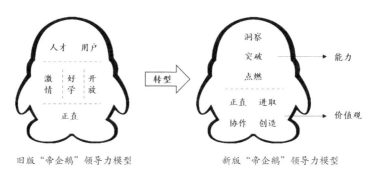

图3-8　腾讯"帝企鹅"领导力模型转型前后的对比

转型后的"帝企鹅"领导力模型涵盖能力和价值观两大部分。3 个能力项分别是洞察、突破、点燃，导向非常明确，无不是在牵引干部重返"战场"，赢得胜利，反映了腾讯在面临巨大挑战时的求变决心。4 个价值观项分别是正直、进取、协作、创造。在转型后，腾讯对能力和价值观进行了区分，二者更加清晰明了。

在腾讯，"帝企鹅"领导力模型是一种在应用上具备专业性、领先性、创新性的工具。在新版"帝企鹅"领导力模型形成后，腾讯抓住一切机会对其进行宣传。例如，在干部篮球赛中，腾讯提供的水果和饮料瓶上贴着印有新版"帝企鹅"领导力模型中的能力或价值观的纸条；腾讯内部还制作了相关的"表情包"。

除了牵引干部重返"战场"，对于干部的考察评估、培养发展和任免等，"帝企鹅"领导力模型也是重要的评价指标。腾讯将"帝企鹅"领导力模型中对能力和价值观的要求纳入了干部的评价指标，切实将其融入干部管理工作，对激活干部队伍和提高干部的领导力起到了极大的作用。

胜任力模型既是企业管理升级、发展人才的重要工具，也是打造企业的核心竞争力、促进企业持续发展的重要环节。要想构建完整、体系化的胜任力模型，不仅需要付出大量的人力、物力和财力，还需要企业各个层级的全力配合。企业应充分结合实际情况，选择恰当的时机构建、升级胜任力模型，并切实将胜任力模型应用于企业管理的各个方面，以应用促进胜任力模型的落地，形成闭环，使胜任力模型发挥应有的价值。

第

4

章 胜任力体系

根据不同的适用群体，企业的胜任力
模型可以分为3个类型，分别是全员通用的
核心胜任力模型、适用于管理者的领导力模型和
基于岗位序列的专业胜任力模型。

不同的岗位需要使用不同的胜任力模型。例如，低层
级岗位更关注专业能力，对核心能力和领导能力的关注度
较低，部分基础操作岗位甚至不考察领导能力，只考察核
心能力和专业能力。随着职级的提升，岗位对专业能力
的关注度逐渐降低，中高层岗位能力评估主要围绕
核心能力和领导能力展开。因此，企业应根据
不同的岗位选择合适的胜任力模型，
以便进行人才管理。

4.1　全员通用的核心胜任力模型

为确保招聘、培养、选拔的员工与企业的文化导向是一致的，保障企业能够长期稳定发展、优秀文化能够传承，企业需要构建全员通用的核心胜任力模型。

4.1.1　构建全员通用的核心胜任力模型

文化既是企业的无形资产，也是企业在长期发展过程中重要的精神力量。核心胜任力模型是企业文化的反映，它超越了岗位、专业和职责的界限，是根据企业的核心价值观和发展战略推导、演绎而成的，包含了企业的全体员工需要具备的关键胜任力，是企业基业长青的"基因"。

核心胜任力模型可以清晰地表明企业对员工行为的期望，在多个方面为企业创造价值。

对企业而言，核心胜任力模型将员工的胜任力和企业的战略目标结合在一起，使员工选拔不拘泥于资历、知识、经验等特定要求，而是基于"企业如何长期保持竞争力"的思考，对员工的胜任力和潜能提出要求，从而提升员工与企业的适配度，增强招聘的有效性，为企业设定对员工的要求提供统一的架构和标准。

对业务部门而言，核心胜任力模型有助于业务部门识别符合企业价值观的人才，扩大人才队伍，从而最大限度地提高业务部门的整体绩效。

对员工而言，他们可以通过核心胜任力模型了解自己胜任工作的关键成功因素，从而不断提高工作能力。此外，核心胜任力模型还为员工与上级进行绩效评估、个人发展沟通等提供了依据。

对人力资源部门而言，核心胜任力模型为制定完整、稳定的人才管理解决方案提供了依据，促使人力资源部门把管理重点转移到其他需要关注的地方，从而提高企业的人力资源管理水平。

构建核心胜任力模型通常使用演绎法，通过小组研讨、专家组研讨等方式，对企业的战略、愿景、文化、管理理念、核心价值观和基本的管理主张等进行分析和研讨，推演企业为了达成目标和使命需要对员工提出的共性要求，提取企业通用胜任力，从中选出 4～7 个通用胜任力，构建核心胜任力模型。

在提取通用胜任力的过程中，关键方法是企业文化要素提炼法，具体操作如下：（1）就企业文化、企业战略对人才的要求，与企业的中高层管理者进行交谈；（2）专家召开研讨会，根据交谈结果确定企业的核心胜任力模型。

在研讨会上，专家需要把根据交谈结果提取出来的通用胜任力对标行业标杆企业的胜任力模型，共同梳理企业过去为什么成功、未来如何持续获得成功，并对企业的优秀文化基因、文化现状、未来发展匹配要素等进行解析，提炼可能涉及的所有文化要素。在这个过程中，专家可以通过独立思考、集中研讨、头脑风暴等方式进行充分、务实、高效的交流。

4.1.2　不同岗位的核心胜任力模型

核心胜任力模型中的通用胜任力是员工胜任工作必须具备的胜任力。对于不同的岗位，由于岗位职责不同，因此对通用胜任力的要求等级不同。我们可以从不同岗位序列的胜任力模型矩阵（见表 4-1）中看出这一点。

表 4-1　不同岗位序列的胜任力模型矩阵

能力素质要项	工程类		市场推广类		销售类		……	
	胜任级	权重	胜任级	权重	胜任级	权重	胜任级	权重
计划执行	3	☆☆☆☆						
影响能力					4	☆☆☆☆☆		
组织协调	4	☆☆☆☆☆						
成本意识	3	☆☆☆						
客户导向					3	☆☆☆☆		
创新能力			3	☆☆☆☆				
分析式思维					3	☆☆		
归纳能力			3	☆☆☆☆				
信息收集			4	☆☆☆☆☆				
成就动机					3	☆☆☆☆☆		

续表

能力素质要项	工程类		市场推广类		销售类		……	
	胜任级	权重	胜任级	权重	胜任级	权重	胜任级	权重
沟通能力	4	☆☆☆☆☆	3	☆☆☆	3	☆☆☆		
积极主动			3	☆☆☆	3	☆☆☆		
坚持不懈					3	☆☆☆☆		
人际交往			3	☆☆	3	☆☆☆		

常见的通用胜任力主要包括专业素质、思维能力、个人特质、态度和品质这 4 个方面，如图 4-1 所示。

图 4-1　常见的通用胜任力

核心胜任力模型源于企业的战略和文化，体现了企业在战略层面上对员工的胜任力要求。同时，核心胜任力模型贯穿于人力资源管理的日常业务。在应用核心胜任力模型时，除了确保将企业战略的要求落在对员工的具体要求上，对于具体岗位的胜任力要求，企业还可以调节胜任级和权重，使核心胜任力模型更加符合企业的实际情况，切实引导员工沿着企业的发展方向不断前行。

4.1.3　标杆实践：阿里巴巴的"新六脉神剑"

2004 年，成立 5 周年的阿里巴巴将企业的核心价值观转化为相应的胜任力和行为标准，形成了阿里巴巴的"六脉神剑"，这相当于阿里巴巴的核心胜任力模型。多年来，"六脉神剑"作为阿里巴巴的"基因"，一直影响着"阿里人"的行动。

2019 年，在成立 20 周年之际，阿里巴巴对"六脉神剑"进行了丰富和完善，形成了如图 4-2 所示的"新六脉神剑"。

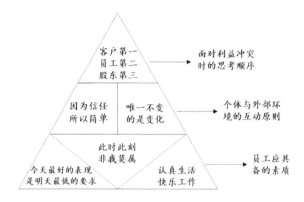

图 4-2　阿里巴巴的"新六脉神剑"

"新六脉神剑"是基于阿里巴巴的核心价值观进一步推演而成的，体现了阿里巴巴对所有员工的胜任力要求。阿里巴巴非常重视对员工价值观的考核，在业绩考核中，基于胜任力模型的价值观考核占 50%，员工的奖金、工资、待遇全部与价值观考核结果挂钩。在这样的政策支持下，企业的核心价值观融入了"阿里人"的本能。

为了确保核心胜任力模型的可用性，在构建核心胜任力模型的过程中，阿里巴巴对每一个胜任力词条都进行了解释和行为分级（1～5 级），并用符合实际业务场景的语言对每一级的关键行为进行了描述，设计了可用性非常强的核心胜任力模型，如表 4-2 所示。

表4-2　阿里巴巴的核心胜任力模型（部分）

胜任力词条	解　　释	行为分级/级	关键行为描述
客户第一	关注客户的关注点，为客户提供建议和资讯，帮助客户成长	1	尊重他人，随时随地维护阿里巴巴的形象
		2	微笑面对投诉和受到的委屈，积极主动地在工作中为客户解决问题
		3	在与客户交流的过程中出现问题时，即使不是自己的责任，也不推诿
		4	站在客户的立场思考问题，在坚持原则的基础上，力求让客户和公司都满意
		5	具有超前服务意识，防患于未然

续表

胜任力词条	解　释	行为分级/级	关键行为描述
拥抱变化	突破自我，迎接变化	1	适应公司的日常变化，不抱怨
		2	面对变化，理性对待，充分沟通，诚意配合
		3	面对变化带来的困难和挫折，能自我调整，并正面影响和带动同事
		4	在工作中有前瞻意识，发现新方法、新思路
		5	创造变化，并实现绩效的突破性提高

　　阿里巴巴的核心胜任力模型属于等级模型，在实际应用的过程中，相关人员可以直接对照模型评定员工的胜任力水平，员工的行为表现属于哪个等级，就给出哪个等级的评分。阿里巴巴的行为等级评分标准如表 4-3 所示。

表 4-3　阿里巴巴的行为等级评分标准

1. 评分标准	
（1）若员工只做到胜任力词条所描述内容的一部分，则可以评 0.5 分。	
（2）若要扣分，则需要向员工当面说明有关事项。	
（3）胜任力词条的评分在 0.5 分（含）以下或 3 分（含）以上，上级主管需要书面说明有关事项	
2. 得分评级	
得分范围	评级
总分≥24 分	一贯持续超出期望
20 分≤总分<24 分	超出期望
18 分≤总分<20 分	部分超出期望
15 分≤总分<18 分	满足期望
12 分≤总分<15 分	需要提高
8.5 分≤总分<12 分	需要改进
总分<8.5 分	不可接受，书面警告并限期改进
若员工某个胜任力词条的评分为 0 分，则需要对员工进行书面警告并限期改进	

　　阿里巴巴构建了完整的核心胜任力模型，并形成了将核心胜任力模型应用于员工的招聘、培训发展、激励晋升、考核的完整闭环，提升了企业内部的管理水平，促进了企业以文化、价值观、战略为导向，实现了全面、健康的发展。

构建核心胜任力模型需要付出一定的时间、人力和物力。如果企业可以结合自身的价值体系、核心价值观、战略、文化等，构建一套完整的核心胜任力模型，就能在今后的发展中快速找到符合企业价值观的人才，从而在瞄准方向的前提下，持续而迅速地发展起来。

在构建核心胜任力模型的时候，其他企业可以借鉴阿里巴巴的做法，对核心胜任力区分等级，不同等级对应不同的关键行为描述，这样得出的结果易于量化，便于观察与分析。此外，企业还可以将核心胜任力模型深度开发为适用于具体业务场景的工具，如对于"客户导向"这一胜任力词条，企业可以设计衡量员工的客户服务意识的指标和相应的关键行为描述，甚至开发企业案例，把核心胜任力模型和具体业务场景结合起来，应用于招聘、选拔、评价员工和人才盘点等活动，大大缩短应用核心胜任力模型的时间。

4.2　适用于管理者的领导力模型

提升人才效能的基点是领导力建设。在企业中，领导者往往扮演着至关重要的角色，常常被认为是员工的导师甚至"家长"。从人才发展的角度来看，完善、合理的领导力模型是培养和发展领导者的起点。

4.2.1　构建适用于管理者的领导力模型

什么是领导力？任正非曾说："在战争打到一塌糊涂的时候，高级将领的作用是什么？是在看不清的茫茫黑暗中，用自己发出的微光，带着队伍前进。"这番话揭示了领导者应当具备的一些特质，如找准目标、激励团队、具备影响力等。事实上，领导力是一种激励追随者共同超越自我，从而实现更高目标的能力。

在企业中，个人领导力是普遍存在的，而组织领导力是企业最需要具备的。在任正非的带领下，华为从代理销售交换机的小作坊起步，用不到 30 年的时间成为通信行业的佼佼者；马云用十几年的时间，把一家互联网小企业做成了业务遍布全球的新零售领军企业；作为通用电气史上最年轻的CEO（Chief Executive Officer，首席执行官），杰克·韦尔奇用 20 年的时间，把通用电气从臃肿的官僚企业改造为充满活力的工业巨头，市值增加 30 倍。这些企业家强大的个人领导力毋庸置疑，但他们不能替企业中的所有管理者做决策。因此，除了明星领袖，成功的企业还需要强大的组织领导力和完善的领导力模型，为选拔、培育、管理领导者提供依据，助力企业形成强大而充满活力的组织领导力。

　　许多在人才开发方面表现卓越的企业构建了符合企业发展特点的领导力模型，如通用电气的"4E+P"模型，即活力（Energy）、鼓动力（Energize）、决断力（Edge）、执行力（Execute）和激情（Passion）；IBM 公司构建了"三环模型"，"对事业的热情"处于环心，"致力于成功""动员执行""持续动力"三大要素围绕环心运转；海尔的领导力模型包括洞察市场、愿景部署、突破思维、理性决策、战略承接、横向整合、构建运营能力、部属培育、对海尔美誉全球的追求 9 个方面，展示了企业对领导者的要求。在大多数杰出企业的实践中，领导力模型被广泛应用于领导者的招聘甄别、职业管理、培训发展和激励晋升等方面。

　　企业应该怎么构建领导力模型呢？企业一般可以按照如图 4-3 所示的流程来构建。

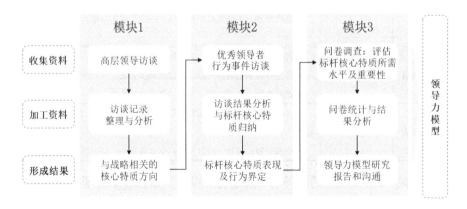

图 4-3　构建领导力模型的流程

构建领导力模型的关键方法是行为事件访谈。通过行为事件访谈，企业可以归纳优秀领导者在工作中的典型行为，并重点挖掘具有较强借鉴性的领导行为，从中提炼标杆核心特质。同时，在行为事件访谈结果的基础上，企业可以结合自身的价值观和文化，对优秀领导者的标杆核心特质进行解构和分析，构建适合自身的领导力模型。

在构建领导力模型的实践中，为了确保领导力模型对领导者未来的发展具有牵引作用，除了通过行为事件访谈挖掘过去的成功因素，企业还可以采用战略与文化演绎、内外部资料分析和标杆企业管理研究等方法，对领导力模型进行评估和完善。

4.2.2　不同层级的领导力模型

领导力模型适用于企业的所有管理者。不过，由于管理者所处的层级存在差异，因此不同领导力的重要性和对管理者具体行为的要求有所不同，企业需要对不同层级的管理者设定不同的要求，如表4-4所示。

表4-4　对不同层级的管理者设定不同的要求

管理者层级	常见岗位	对管理者的要求
高层管理者	总监、总经理	方向指引者：目标制定、肩负使命、激发愿景、市场洞察、持续成长 文化引领者：文化坚守与践行、发扬并传承企业的核心价值观 最高决策者：识别关键经营节点、构筑管理体系基石、把握企业发展方向
中层管理者	经理	经营管理者：监督项目、防范风险 业务主导者：把握客户需求、提供解决方案 资源整合者：协调内外部资源、提升业务价值
基层管理者	班组长、主管	业务执行者：把握内外部客户需求、提供解决方案、提升问题解决能力、满足客户需求 业务指导者：指导一线员工、提供业务指导、提升团队战斗力

在对领导力模型中的各种领导力进行分级后，结合各个管理岗位的工作职责、工作流程、贡献等因素，确定各个管理岗位的领导力及其等级，企业就可以得到整个管理序列的领导力模型了。

【案例】华为的"领导力9条模型"

　　早在 2005 年，华为就构建了"领导力 9 条模型"，以此牵引干部领导力的发展，如图 4-4 所示。

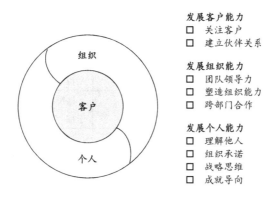

　　发展客户能力
　　□　关注客户
　　□　建立伙伴关系

　　发展组织能力
　　□　团队领导力
　　□　塑造组织能力
　　□　跨部门合作

　　发展个人能力
　　□　理解他人
　　□　组织承诺
　　□　战略思维
　　□　成就导向

图 4-4　华为的"领导力 9 条模型"

　　"领导力 9 条模型"是华为通过深度访谈内部几十名成功的高级领导，提炼他们具备的核心领导力，并结合企业的长远发展对领导力的要求得出的。华为将 9 条领导力各分为 4 个等级，高层管理者、中层管理者、基层管理者的岗位职责不同，需要达到的领导力等级和行为标准也不同。华为的领导力 9 条的定义、等级及行为描述如表 4-5 所示。

表 4-5　华为的领导力 9 条的定义、等级及行为描述

领导力	定　义	等级/级	行　为　描　述
关注客户	一种致力于理解客户需求，并主动用各种方法满足客户需求的行为特征。其中的"客户"包括现在的、潜在的、内部的、外部的客户	1	响应明确的客户需求
		2	解决客户的担忧，主动发现并满足客户未明确表达的需求
		3	探索并满足客户潜在的需求
		4	想客户所未想，创造性地服务客户
建立伙伴关系	一种愿意并能找出企业与其他精心选择的合作伙伴之间的共同点，与它们建立具有共同利益的伙伴关系，以更好地为企业的客户服务的行为特征	1	对外开放、建立联系
		2	开展对话
		3	共同发展伙伴关系
		4	寻求共识，实现双赢

续表

领导力	定 义	等级/级	行 为 描 述
团队领导力	一种运用影响、激励、授权等方式，推动团队成员关注要点、鼓舞团队成员解决问题和运用团队智慧领导团队的行为特征	1	任务式领导
		2	设定高绩效团队的行为期望
		3	授权团队
		4	鼓舞士气，影响团队
塑造组织能力	一种辨别并发现机会，以不断提升组织能力、优化流程和结构的行为特征	1	理解执行组织、流程，并识别需要改进的领域
		2	指导团队
		3	匹配人力资源，发现、培养后备干部
		4	进行组织或流程的重新设计，搭建干部梯队，以持续提升绩效
跨部门合作	一种为了公司整体利益而主动与其他部门合作、提供支持性帮助，并获得其他部门承诺的意愿和行为特征	1	尊重他人，并贡献自己的观点
		2	处理冲突，愿意妥协
		3	主动理解其他部门的需要，采取行动提供帮助，实现双赢
		4	追求整体利益最大化
理解他人	一种准确地捕捉、理解他人没有直接表达或只是部分表达出来的想法、情绪和对其他人的看法的行为特征	1	识别情绪和状态
		2	理解情绪和表达
		3	理解真实意图
		4	理解深层问题
组织承诺	一种为了支持公司的发展目标、满足公司的发展需要，愿意并能够承担任何职责、接受任何挑战的行为特征	1	努力融入组织
		2	展现公司形象
		3	认同并传播公司的核心价值观，以实际行动支持公司
		4	愿意为公司利益做出牺牲
战略思维	一种在复杂、模糊的情境中，用创造性或前瞻性的思维方式识别潜在问题、制定战略性解决方案的行为特征	1	根据发展趋势实施战略
		2	运用复杂的理念实施战略
		3	洞察战略
		4	对业务进行重新构思或创造新的业务概念
成就导向	一种关注团队的最终目标和可以为公司带来最大利益的行动的行为特征	1	把事情做得更好
		2	设定并完成挑战
		3	进行成本分析/效益分析
		4	敢于冒经过评估的风险

在构建了"领导力9条模型"后,华为将其融入各级干部管理体系,广泛应用于干部招聘与选拔、后备干部培养计划、干部职业发展规划、干部培训与发展、干部绩效管理、薪酬体系管理。为了帮助干部提升领导力,确保他们能够满足组织发展的需要,华为在"领导力9条模型"的基础上推出了集成领导力开发系统,包括继任者计划、经理人反馈计划、管理者发展计划、高层个人发展计划,全面助力干部提升领导力。

　　通过构建和应用"领导力9条模型",华为高效完成了企业内部的任务分工、规划与执行、干部的提拔与聘用、利益的分配与激励等任务,最大限度地提升了组织领导力。

　　当企业发展到一定规模后,对不同层级管理者的要求差距逐渐拉大,企业内部需要形成体系化的领导力模型,以满足企业发展的需要。企业既可以像华为一样采用分级的方法区分对不同层级管理者的要求,也可以分别构建高层管理者、中层管理者、基层管理者的领导力模型,帮助团队高效实现目标。

4.2.3　标杆实践:宝洁的"5E"领导力模型

　　宝洁认为管理者需要具备领导才能,因此在招聘新员工时会重点考察应聘者是否具备领导潜质;在工作中强调管理者的作用,认为管理者是对项目结果负责的人,项目成功与否的关键因素是管理者。

　　为了找到匹配企业的管理者,宝洁构建了完整的领导力模型。宝洁对几百名分属不同部门、不同层级的优秀经理的领导行为进行了分析,经过

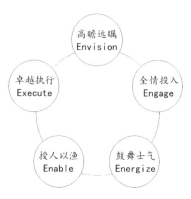

图 4-5　宝洁的"5E"领导力模型

总结和提炼,形成了"5E"领导力模型,如图 4-5 所示。

　　高瞻远瞩(Envision):管理者必须有构筑愿景的能力,即能为整个组织

指明方向，激发团队的激情。管理者要规划组织前进的目标和实现目标的策略；聚焦重点目标和策略；致力于寻找可能性，而不是限制。

全情投入（Engage）：管理者要对自己的工作充满热情，并能激发利益相关者（如下级、同事、客户，甚至老板）的热情，搭建支持梯队。

鼓舞士气（Energize）：管理者要激发团队的能量，不仅要鼓励员工开创未来，还要有担当，与员工建立信任关系，营造良好的团队氛围，使团队保持高昂、和谐的工作状态。

授人以渔（Enable）：对管理者而言，构建团队整体的能力是非常重要的，"授人以鱼，不如授人以渔"。在培训与教授员工时，最重要的是把方法教给员工，并为员工的成功创造条件，从而提升员工的能力，帮助员工创造最佳业绩。

卓越执行（Execute）：管理者需要制订明确的、可执行的计划并把控节奏，必要时亲自完成某些核心工作，为员工做好示范，从而推动团队高效执行。

"5E"领导力模型看似简单，实则包含了管理者的角色和管理者应该具备的能力、特质。宝洁通过"5E"领导力模型衡量应聘者是否具备领导潜质、管理者能否胜任岗位，并根据该模型培育管理者，帮助他们修炼领导力。

在该模型中，"领导"不仅是一种角色，还是一种明确的行为。该模型明确指出，管理者要做好设定目标、鼓舞士气、提供帮助、督促执行等工作，从而使团队形成良好的、向上的、积极的氛围，让员工有目标、有干劲、有能力。

"5E"领导力模型为宝洁的人力资源体系提供了明确的、贴近战略方向的管理策略。宝洁从管理者的特质出发，以提升企业整体的管理效率和管理效果为目标，通过提升管理者的领导力，实现对全体员工的赋能，营造良好的组织氛围，带领企业从优秀走向卓越。

4.3 基于岗位序列的专业胜任力模型

员工能否胜任某个具体岗位，是否具备工作所需的知识、技能和素质，直接影响员工能否完成岗位的工作。为了区分对不同岗位或岗位序列的胜任力要求，初具规模的企业需要构建基于岗位序列的专业胜任力模型，以便快速匹配和培养关键岗位所需的员工。

4.3.1 构建基于岗位序列的专业胜任力模型

基于岗位序列的专业胜任力模型适用于特定岗位序列，是针对特定岗位序列建立的一套胜任力标准，反映不同岗位序列中的员工需要具备的专业胜任力，与工作任务、工作业绩密切相关，强调基于岗位职责匹配相应的专业胜任力。例如，财务人员必须了解财务会计原理和准则，营销人员必须了解产品的定位、价格和推广渠道，研发人员必须了解与产品相关的专业知识、技能。此外，不同企业内同一岗位序列中的员工需要具备的专业胜任力也可能是不同的。例如，对于传统生产企业的销售人员来说，人际交往能力是非常重要的；对于在线教育企业的销售人员来说，人际交往能力不是创造优秀绩效的关键因素，相比之下，在线运营能力更为重要。

基于岗位序列的专业胜任力模型反映了员工履行某个岗位的职责必须具备的与产品、服务、流程、技术应用等相关的专业知识、技能、素质，它通常是按照企业的岗位序列来划分的。

构建基于岗位序列的专业胜任力模型的第一步是梳理企业的岗位，明确企业的岗位序列划分。这一步主要以岗位工作性质和岗位职责为依据，对同类岗位进行归并，将岗位工作性质相同或相似，以及履行岗位职责所需的知识、技能、素质相同或相似的岗位划分到同一个序列中。

在划分完岗位序列后，企业应该以岗位序列为单位，访谈各岗位序列中的绩优员工，梳理各岗位序列的共性问题和工作难点，识别企业战略对各岗位序列的专业胜任力的要求，提炼专业胜任力和相应的行为标准，构建基于岗位序列的专业胜任力模型。

在构建基于岗位序列的专业胜任力模型时，首先，企业可以把各岗位序列的专业胜任力梳理清楚，形成各岗位序列的专业胜任力地图。以营销序列为例，其专业胜任力地图如表 4-6 所示。

表 4-6　营销序列的专业胜任力地图

岗位序列	营销序列	
子岗位序列	销售序列	市场序列
个性专业胜任力	谈判能力	市场洞察能力
共性专业胜任力	沟通说服能力、客户导向、结果导向	

然后，企业可以借助胜任力词典、企业素质词典、标杆企业的胜任力模型，以及行为事件访谈过程中提炼出来的、企业特有的胜任力内涵，对基于岗位序列的专业胜任力模型中的各能力素质要项进行定义、分级解读和行为描述，最终形成各岗位序列的专业胜任力模型。

构建基于岗位序列的专业胜任力模型是一项庞大的系统性工程。企业通常有多个岗位序列，如果构建所有岗位序列的专业胜任力模型，那么往往需要耗费大量的人力、物力和时间。在实操过程中，考虑到实际的管理需要，企业可以先构建关键岗位的专业胜任力模型，如果有必要，那么再逐步构建非关键岗位的专业胜任力模型。

4.3.2　不同岗位序列的专业胜任力模型

企业的岗位序列通常包括管理序列、职能序列、技术序列、操作序列等。不同岗位序列的工作内容不同，企业对它们的专业胜任力要求也不同，我们可以从如表 4-7 所示的不同岗位序列的胜任力汇总表中清晰地看出这一点。

表 4-7　不同岗位序列的胜任力汇总表

岗位序列	人事序列	财务序列	行政序列	服务/操作序列	营销序列
胜任力	• 洞察能力； • 熟悉政策法规； • 判断行业发展态势； ……	• 财务管理； • 统计分析； • 预算管理； ……	• 熟悉法律法规； • 档案管理； • 语言文字应用能力； ……	• 服务意识； • 应变能力； • 生产管理； ……	• 沟通能力； • 市场营销能力； • 洞察市场动态； ……

【案例】阿里巴巴的岗位序列

阿里巴巴的岗位序列分为 P（专业技术）序列和 M（管理）序列，其中 P 序列包括产品、运营、市场、销售等泛技术类岗位序列。

产品经理是阿里巴巴的产品序列中非常关键的一个岗位，其岗位职责主要包括以下内容。

（1）独立负责用户调研、竞品分析、需求规划、交互设计；

（2）深入开展用户研究、用户需求挖掘与拆解，独立负责一条产品线"从 0 到 1"的规划上线；

（3）具备较强的逻辑分析能力，用数据驱动产品优化迭代；

（4）具备较强的沟通表达能力和团队协作能力，协同 UI（User Interface，用户界面）、开发、测试等部门，推动项目上线；

（5）具备较强的学习能力和分享能力，将创新模式融入业务；

（6）配合运营、市场等部门业务策略的产品化落地；

（7）具备行业前瞻力和洞察力，为公司的业务战略决策提供帮助；

（8）具备团队管理能力和组织建设能力，带领和激励团队实现目标。

从上述岗位职责中可以看出，阿里巴巴的产品经理不仅要深刻理解用户需求，还要驱动产品优化迭代、保证产品的用户体验。当阿里巴巴需要深度运营某个产品或需要弥合岗位之间的缝隙时，产品经理作为连接者，需要控制全局，并带领团队实现目标。为了更好地管理产品经理这个岗位，阿里巴巴为该岗位构建了专业胜任力模型，如表 4-8 所示。

表 4-8 阿里巴巴的产品经理专业胜任力模型

专业胜任力	行为描述	层级			
		P4	P5	P6	P7
需求管理	开展用户调研、竞品分析，通过各种渠道和方法收集并整理需求	2	3	4	4
	对需求进行分析、理解和判断	2	3	4	4
	将需求转化为产品功能	1	2	3	4
	根据业务规划对需求进行拆分和优先级排序	1	2	3	4
	深入挖掘需求，提炼产品价值点	1	2	3	4
产品规划	定义产品范围，明确产品结构、产品原型和文档输出	2	3	4	4
	梳理产品架构，规划业务模块	1	2	3	4

续表

专业胜任力	行为描述	层级			
		P4	P5	P6	P7
产品规划	通过系统化思考明确产品定位，输出产品线策略和规划	1	1	2	3
	分析行业竞争态势，提炼产品核心价值点	1	1	2	3
	通过数据分析发现问题，推动产品优化迭代	1	2	3	4
项目管理	组织项目立项和需求评审，协同 UI、开发、测试等部门，推动项目上线	2	3	4	4
	掌控项目节奏，规划里程碑节点，实现项目目标	1	2	3	4
	组织项目复盘，及时总结得失，形成工作方法论	1	2	3	4
团队管理	组织团队学习和团队分享	2	3	4	4
	帮助人才成长，参与梯队搭建，促进组织进步	1	1	2	3
	激励团队，带领团队实现目标	1	1	2	3
商业思维	配合运营、市场等部门业务策略的产品化落地	1	2	3	4
	通过业务统筹分析，确定产品的长期规划	1	1	2	3
	具备行业前瞻力和洞察力，对未来的发展方向进行探索和研究，为公司的业务战略决策提供帮助	1	1	1	2
	研究其他行业的优秀模式，并将其融入所在行业的创新	1	1	2	3

注："1"为了解，指知晓意识与概念；"2"为掌握，指能够在了解的前提下进行基本的执行与运用；"3"为熟练掌握，指能够完全掌握并运用；"4"为精通，指达到高手的层级，能够起到榜样的作用。

　　阿里巴巴的产品经理专业胜任力模型是分层级的，其对专业胜任力的要求是随着层级的变高而逐级提高的。也就是说，如果员工在专业胜任力方面达不到更高层级的要求，就无法胜任更高层级的岗位。阿里巴巴认为，基于岗位序列的专业胜任力模型的作用是确认员工具备哪些胜任工作的能力。对于员工缺少的能力，管理者和人力资源部门应当采取一定的行动，帮助员工补齐相关能力；对于员工已经具备的能力，管理者和人力资源部门应当鼓励员工继续保持，为个人职业生涯的持续发展和岗位晋升做好准备。

　　总的来看，要想构建基于岗位序列的专业胜任力模型，企业需要在明确岗位序列的前提下，基于各岗位的职责，确定各岗位对员工的专业胜任力的要求。在实际操作时，专业胜任力的数量不是越多越好，最好不要超过 10 个，企业可以根据各岗位的关键成功因素来确定。

4.3.3　标杆实践：华为不同职位族的胜任力模型

华为在 2004 年左右击败思科，在 2013 年左右战胜爱立信，成为全球领先的通信设备供应商。华为的交换机、企业网络、电信基站等服务全球 170 多个国家和地区，许多电信运营商使用的是华为的通信设备。华为之所以能取得这一系列成就，离不开"华为人"的努力和付出；之所以能打造不断奋斗、始终向前的团队，离不开以胜任力模型为基础的人才团队建设。

从《华为基本法》中我们可以看出，华为对胜任力模型非常重视。华为围绕"客户价值创造"构建了三大支持体系，分别是以企业目标与使命为导向的绩效管理体系，以流程、组织、职位为基础的运营体系，以及以任职资格和胜任力模型为核心的能力体系。

华为的胜任力模型分为通用胜任力模型和基于岗位序列的专业胜任力模型，其中后者包括为管理者、研发族、营销族、专业族、操作族等职位族构建的胜任力模型。华为将各个职位族细分为更小的族，如将专业族细分为流程管理、人力资源、财经、秘书等细分族，对于每个细分族，华为会构建专门的胜任力模型。以研发族为例，其胜任力与工作业绩的关系如图 4-6 所示。

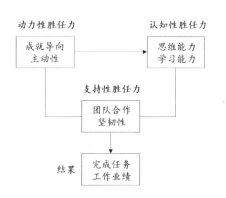

图 4-6　华为研发族的胜任力与工作业绩的关系

华为研发族的胜任力分为动力性胜任力、认知性胜任力和支持性胜任力。研发族员工要想在研发岗位上长期创造优异的工作业绩，动力性胜任力是其他胜任力的基础，支持性胜任力是取得成果的关键。也就是说，成就导向、主动性是研发族员工胜任工作的基本因素，能否与团队合作、是否具备坚韧性是研发族员工能否创造优异的工作业绩的关键因素。华为研发族的胜任力模型如表 4-9 所示，该模型为华为确定了研发族员工出色胜任工作或创造优异工作业绩的胜任力体系。

表4-9 华为研发族的胜任力模型

成就导向	
定义	• 迎接困难的挑战； • 希望自己的表现超越他人，有表现自身能力的强烈愿望； • 力争达到优异的标准； • 不断追求进步； • 关注后果和效率，注重代价和奖赏分析
分级	0级：安于现状，不追求技术、专业修养方面的进步，或者在产品开发中不尽力达到优异的标准； 1级：努力将工作做得更好或达到某个优异的标准； 2级：想方设法提高产品性能或工作效率；为自己设定富有挑战性的目标，并为实现这些目标采取行动； 3级：在仔细权衡代价与利益、利与弊的基础上做出决策，为了获得较大利益敢于冒险
主动性	
定义	• 在工作中愿意投入较多的精力，善于发现和创造新的机遇； • 预计事件发生的可能性，并有计划地采取行动，以提高工作绩效、避免发生问题或创造新的机遇； • 主动性也被称为决断力、策略性的未来导向、前瞻性等
分级	0级：不能自觉完成任务，需要他人督促才能完成任务，不能提前计划或思考问题，直到问题发生后才能意识到问题的严重性； 1级：在工作中自觉投入较多的精力； 2级：及时发现机遇或问题，并快速采取行动； 3级：提前行动，以提高工作绩效、避免发生问题或创造新的机遇
思维能力	
定义	• 对问题进行分析、归纳、推理和判断等一系列认知活动，包括分析推理和综合思维两个方面； • 分析推理也被称为演绎推理、分析思维、纵向思维、实践智力等，指的是在理解问题时将其拆分成更小的部分，通过符合逻辑的演绎，排除不相关的信息，找出发生问题的前因后果； • 综合思维也被称为概念思维、模式认知、悟性、批判性思维等，指的是运用已有的概念和理论进行归纳性推理，将分散的信息综合在一起，识别它们之间的联系，找出隐藏在事物背后的线索
分级	0级：不能准确而周密地考虑发生问题的原因，或者不能根据已有的经验和知识对当前面临的问题做出正确的判断； 1级：将复杂的问题分解成不同的组成部分，使之更容易被把握，并根据经验和知识迅速发现问题的本质； 2级：发现事件的多种可能原因和行为的不同后果，或者找出复杂事物之间的联系； 3级：恰当地运用已有的概念、理论、方法或技术等，找出最有效的解决问题的方法

续表

学习能力	
定义	• 积极获取相关信息和知识，并对其进行加工和理解，从而不断地更新知识结构、掌握工作技能； • 具有较强的好奇心，希望比较深入地了解事物，善于利用一切有可能的机会获取对工作有帮助的信息； • 了解专业方面的最新发展和动向，并意识到最新的方法或技术对自己从事的产品开发工作，甚至整个产业可能产生的影响； • 学习能力也被称为好奇心、求知欲、钻研精神等
分级	0 级：在专业上停滞不前，不更新自己的知识结构，不注意向其他同事学习； 1 级：愿意并善于向其他同事学习； 2 级：钻研资料，掌握必备的知识或技能，从而尽快达到新的工作要求； 3 级：深入了解最新的知识和技术，并认识到它们在产业中的应用
团队合作	
定义	• 愿意与群体中的其他人协作完成任务，而不是采取单独的或竞争的方式开展工作； • 团队是指为了实现某个或某些目标而共同工作的群体，它既可以是一个部门内部的产品开发小组或行销小组，也可以是为满足用户需要而组成的跨部门工作群体； • 团队合作也被称为群体管理、冲突解决、激励他人等
分级	0 级：在工作中单独作业，不与其他人沟通，甚至与其他人发生矛盾； 1 级：与群体中的其他人合作、交流、分享信息与知识； 2 级：帮助其他团队成员解决问题，毫无保留地把自己的技能传授给其他人； 3 级：积极寻求并尊重其他人对问题的看法和意见；鼓励其他团队成员，促进团队成员之间的合作或营造和谐的团队氛围
坚韧性	
定义	• 在非常艰苦或不利的条件下，克服外部和自身的困难，坚持完成任务； • 在遇到挫折时能控制自己的消极情绪，克制自己的消极行为；在面对他人的敌意时能保持冷静和稳定的情绪；能够忍受艰苦的工作条件和较大的压力，使工作业绩不受外部压力、挫折和个人消极情绪的干扰； • 在不利的条件下没有怨言，能看到事物积极的一面，即使遭到他人的反对，也会按照自己的想法和计划坚持把事情做下去； • 坚韧性也被称为耐受力、压力忍受力、自我控制、情绪成熟度、意志力等
分级	0 级：经受不了批评、挫折和压力； 1 级：在遇到挫折时能克制自己的消极情绪（如愤怒、焦急、失望等）或保持稳定的情绪； 2 级：在比较艰苦的条件下或巨大的压力下坚持工作； 3 级：有效控制自己的压力，通过建设性的工作缓解压力

华为在战略目标明确、组织架构稳定、职能部门清晰而科学的基础上，通过构建完善的胜任力体系，为企业的人才培养、招聘培训、薪酬发放等活

动提供了指导与参照。要想形成核心竞争力，企业需要人才的支持。在有了"土壤"之后，企业还需要劳动力、资源等"肥料"，这样才能加速胜任力体系的构建。对企业而言，高层管理者的重视、组织的支持、充足的岗位人才、健全的岗位信息系统等都是构建胜任力体系不可或缺的因素。

作为一种管理手段，胜任力体系必须在企业内部"合法化"，否则容易出现无人组织和无人支持胜任力体系构建、推进、落地的局面。胜任力体系的管理职能必须清晰，而且要分解到具体部门和员工。

4.4 基于不同类型的胜任力构建胜任力模型

企业的目标不是让员工达到合格的绩效水平，而是让员工达到卓越的绩效水平。为此，企业需要区分绩效卓越员工和绩效合格员工的胜任力。根据胜任力的显化程度，我们可以将胜任力分为门槛类胜任力、鉴别类胜任力、变革类胜任力。

4.4.1 门槛类胜任力

门槛类胜任力是为了保证员工的工作取得成果而界定的最低胜任力标准，它只能区分绩效合格员工和绩效不合格员工，不能区分绩效卓越员工和绩效合格员工。

门槛类胜任力一般包括最基本的知识和能力等，是员工履行岗位职责、完成工作任务的基本条件，可以通过学习、培训等方法在短期内提高。例如，销售人员的营销基础知识、财务人员的财务基础知识、人力资源人员的人力资源管理基础知识等都属于门槛类胜任力。

【示例】软件项目经理的门槛类胜任力[①]

软件项目经理是指既具有丰富的计算机专业知识，又具有项目管理技

---

① 李辉. 软件项目经理胜任力特征及案例研究[D]. 北京：北京邮电大学，2007.

能，能够对软件项目的成本、人员、进度、质量、风险等进行准确的分析和卓有成效的管理，从而使软件项目按照预定计划顺利完成的人。

在选择项目经理时，企业必须考虑两个要素，分别是知识和能力，它们是软件项目经理的门槛类胜任力。其中，知识的占比为 25%，能力的占比为 75%。

具体地说，软件项目经理需要具备的知识包括需求工程和估算、软件实现技术、项目管理知识体系、相关的法律知识和心理学知识，需要具备的能力包括决策能力、管理能力、系统思维能力、风险控制能力、沟通能力、应变能力、培训能力、创新能力。这些知识和能力是项目经理对项目团队进行管理、控制，以及与外部人员接洽的基础。

对具体的岗位而言，提高门槛类胜任力与创造更高的绩效之间没有太大的关系。此外，门槛类胜任力未必与岗位相关，它可能与企业文化相关。例如，某企业非常重视诚信，因而在门槛类胜任力中加入"诚信"。若应聘者出现考试作弊等行为，则代表其诚信度较低，企业可视为不合格。可见，门槛类胜任力可以作为一种考核和筛选应聘者的手段。

4.4.2　鉴别类胜任力

鉴别类胜任力是区分同一岗位上的绩效卓越员工和绩效合格员工的胜任力指标的集合。

鉴别类胜任力强调绩效卓越员工具备的素质或特定胜任力。例如，"成就动机"可用于区分表现优异的销售人员和表现平平的销售人员的差异性素质，成就动机较强的销售人员会制定比企业要求的目标更高的目标，并表现出相关行为，以提高其销售业绩。

【示例】软件项目经理的鉴别类胜任力①

表现优异的软件项目经理与表现一般的软件项目经理的主要区别在于素质、能力、过往经历，它们是软件项目经理的鉴别类胜任力。其中，素质

---

① 李辉. 软件项目经理胜任力特征及案例研究[D]. 北京：北京邮电大学，2007.

的占比为 53%，能力的占比为 26%，过往经历的占比为 12%。

素质包括大局观、条理性、永不放弃、细致、敢于承担责任、原则与灵活、耐心。前 3 项的权重较高，它们是表现优异的软件项目经理在工作和生活中养成的可贵素质，对项目成果的影响较大。

能力主要指的是执行力，软件项目经理的执行力能够决定项目的成败和项目质量的优劣。

过往经历指的是软件项目经理经历过的小型、中型、大型软件项目，它们对软件项目经理而言是必不可少的。只有亲身经历过类似的项目，并具备一些不可或缺的能力和素质，软件项目经理才能有切身的感受，才能在新项目出现新问题时，及时、果断地做出正确的决断。

鉴别类胜任力不是一成不变的，它们可以通过特定的方法加以提高。这要求企业的人力资源部门在开发员工时，注意对其鉴别类胜任力的开发和提高，因为高鉴别类胜任力有助于员工创造高绩效。

4.4.3　变革类胜任力

变革类胜任力是某个岗位上的员工从绩效合格水平达到绩效卓越水平需要掌握的胜任力指标的集合，是一种帮助员工在岗位上持续成长的胜任力，强调员工的内在因素或某些难以测量的胜任力。

变革类胜任力是一种管理者和员工普遍缺乏的胜任力。如果他们能够提高自己的变革类胜任力，就能大大提高自己的工作绩效。例如，开发他人、系统思考、复原力等变革类胜任力可用于人才培训、领导力开发、后备人才培养等，它们体现了企业、未来、行业发展对员工的期待和要求。

为了更好地理解变革类胜任力，我们可以把工作完成状态（见图 4-7）想象成一个从"刚知道怎么做"到"能胜任这项工作"的连续性过程，"知道如何做得更好"是这个连续性过程中的一种阶段性状态。变革类胜任力是员工达到"知道如何做得更好"的状态需要具备的胜任力，它能帮助员工不断完成从"刚知道怎么做"到"能胜任这项工作"的转化，有助于员工不断克服在岗位上遇到的困难，是一种帮助员工持续成长的胜任力。

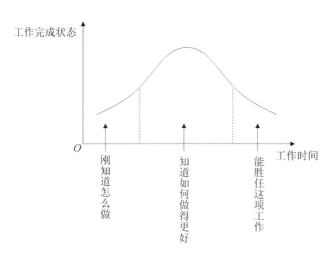

图 4-7　工作完成状态

【示例】软件项目经理的变革类胜任力①

　　软件项目经理的变革类胜任力包括心理素质和与不断超越自我有关的能力，具体包括正确的是非观、实事求是、心理承受力、洞察力、悟性。

　　虽然这些心理素质和能力比较平实，但是软件项目经理处在管理岗位上，其言行会对团队成员产生深远的影响。例如，在项目团队遇到技术难题或人事难题时，软件项目经理的心理承受力是非常重要的。除了要做好自我调节，软件项目经理还要激励并带领团队成员走完剩下的征程。这些心理素质和能力是软件项目经理带领团队做出优质项目的必备胜任力。

　　对企业而言，如果员工的变革类胜任力能够持续提高，企业的整体绩效就会随之大幅度提高。例如，某企业原来不太重视对新人的培养，也不知道应该如何帮助新人成长。在年度工作复盘时，该企业的高层管理者发现，这已经严重影响了该企业的整体绩效和未来发展。于是，该企业的高层管理者采取了适当的方法和手段，提高了各级管理者培养与开发新人的能力。这种能力的提高不仅有助于各级管理者提升管理能力和管理效率，还大大提高了该企业的整体绩效和员工留存率。

――――――――――――

① 李辉. 软件项目经理胜任力特征及案例研究[D]. 北京：北京邮电大学，2007.

4.4.4 不同类型胜任力的关系

门槛类胜任力、鉴别类胜任力、变革类胜任力分别体现了企业对员工承担某项工作的基本素质、胜任素质、能力成长的要求，它们的关系如下。

1. 门槛类胜任力是鉴别类胜任力的前提

对于具体岗位，门槛类胜任力是员工履行岗位职责、完成工作任务的基本条件。如果某员工的门槛类胜任力不达标，那么评估该员工的鉴别类胜任力是没有意义的。

2. 鉴别类胜任力对门槛类胜任力有促进作用

鉴别类胜任力有助于门槛类胜任力的提高。例如，有较强学习动机的员工往往有较强的学习积极性，会创造各种条件来学习。同时，这往往意味着该员工有较强的思维能力，能够快速掌握完成某项具体工作需要的业务知识。

3. 门槛类胜任力、鉴别类胜任力与工作绩效之间并非线性关系

在门槛类胜任力达标后，这种胜任力的持续提高只能让员工的工作绩效维持在合格水平，即随着门槛类胜任力的提高，员工的工作绩效可以从不合格逐渐变为合格。当门槛类胜任力达到一定水平后，工作绩效与门槛类胜任力不再同步提高。我们把这种现象称为门槛类胜任力的"高原效应"或"平台效应"。

鉴别类胜任力不易出现"平台效应"，随着鉴别类胜任力的提高，员工的工作绩效会保持不断提高的状态。

4. 门槛类胜任力和鉴别类胜任力具有相对性、可转化性

随着绩效标准的提高或绩效指标的变化，卓越绩效的驱动因子会发生变化。在企业的不同发展阶段，门槛类胜任力和鉴别类胜任力的内容会发生变化。此外，随着企业的发展和员工整体素质的提高，原来的鉴别类胜任力也有可能转化为门槛类胜任力。

5. 开发变革类胜任力比开发门槛类胜任力、鉴别类胜任力更困难

变革类胜任力是着眼于未来的胜任力，是企业在培养出类拔萃的员工时必须注重的关键因素。与门槛类胜任力、鉴别类胜任力相比，变革类胜任力更难识别、开发、提高，它对人才的长远发展具有重大意义。

第

5

章　人才测评方案

要想促进人才成长，企业不仅需要将胜任力模型作为人才"质的标准"，还需要通过人才测评方案解决胜任力"量的测量与鉴定"问题，它们共同为企业精准识别、系统评估人才和开展针对性培养活动提供依据。

5.1　人才测评的内涵

在人才管理的过程中，人才测评向上承接人才标准的落地，向下衔接企业对人才的培养和任免。为了打破人才培养和任免的壁垒，确保企业的人才培养目标与员工的职业发展路径协调统一，企业需要进行人才测评。

5.1.1　人才测评的认知误区

管理大师彼得·德鲁克说过："没有什么决策比聘用决策更难做出，经理们做出的聘用决策并不理想，平均成功率不到 1/3。在大多数情况下，1/3 的决策是正确的，1/3 的决策有一定的效果，1/3 的决策是失败的。"可见，人才的选拔和评估是一项"技术活"。

进入信息化时代，通过测评来识别人才被越来越多的企业青睐。行业调查报告显示，近七成的企业通过人才测评工具识别人才，超过八成的 HR 认为人才测评能大幅度提高人岗匹配度。将人才测评应用于员工素质评估、员工职业发展规划和指导已经成为一种常态。

虽然人才测评可以为企业识别与评估人才提供有效依据，但是我们在接受咨询的过程中发现，企业在进行人才测评时容易陷入以下 3 个认知误区。

1．认知误区一："工具万能论"

虽然人才测评可以为识别人才提供客观依据，但是部分管理者过度依赖测评工具的数据，认为只有数据是客观的，甚至把数据绝对化，缺少基于现实的考量。例如，有的管理者直接用国外的测评工具招聘人才，招聘结果并不理想，这才发现用国外的测评工具招聘的人才与岗位的匹配度不高。

之所以出现这种现象，除了企业的人才标准不清晰，还可能是文化差异导致的。虽然国外对测评工具的研究起步较早，但是国内和国外存在文化差异，这对测评工具的效度有一定的影响，如某测评工具中的语言是用机器直接翻译过来的，非常生硬，这会对该测评工具的使用效果产生负面影响。

对于人才的选拔和任用，人才测评的作用是在确定的内容范围内发现员工的不足，而不是确定最优秀的员工。管理者既要分析测评结果，也要洞察测评结果背后的原因，对人才的最终评价要综合各种辅助信息和管理者的经验，确保人才决策的正确性。

2．认知误区二："测评无用论"

"测评无用论"是和"工具万能论"完全相反的一种观点，即部分管理者认为人才测评工具"无用"。这些管理者之所以会产生这样的观点，是因为他们原本以为人才测评工具能够解决所有问题，当发现测评结果不能解决所有问题或与自己的判断不一致时，他们就全盘否定人才测评工具。

合适的人才测评工具能够帮助管理者捕捉员工的深层特质。人才测评是否准确取决于两个方面：一个是选择人才测评工具的水平，另一个是应用人才测评工具的水平。当发现测评结果无法解决实际问题时，管理者需要重新审视选择的人才测评工具是否合适，企业内部的机制和流程能否支持人才测评形成闭环、相互验证，通过实操来促进对人才测评工具的理解、运用和优化。

3．认知误区三："唯测评论"

人才测评工具数量繁多，就人格测评工具而言，常见工具有 PDP（Professional Dyna-Metric Program，行为特质动态衡量系统）、DISC［D（Dominance，支配）、I（Influence，影响）、S（Steadiness，稳健）、C（Compliance，谨慎）］个性测评、16PF（Sixteen Personality Factor，16 型人格）测试、MBTI（Myers-Briggs Type Indicator，迈尔斯-布里格斯人格类型测验）等。"唯测评论"指的是狂热地推崇某种测评工具，"切片式"地看人。例如，部分管理者上了一堂培训课，觉得某种测评工具非常好，便深陷其中，将其用于各种人才评价活动，甚至贬低其他测评工具。

之所以会出现这种情况，往往是因为这些管理者先入为主地接受了某种测评工具，但不同的测评工具之间存在不兼容性，造成管理者无法适应其他测评工具。事实上，不同的测评工具有不同的分类依据和测评逻辑，管理者应当对不同测评工具的测评重点有所了解，根据实际情况选择合适的测评工具，多角度看人。

5.1.2　正确理解人才测评的内涵

人才测评不是一个新兴的概念。在我国古代，为了招贤纳士、选贤举能，人们尝试了多种人才测评方式，如尧对舜长达数十年的测试和考察、始于西周时期的世卿世禄制、汉代以"孝廉"为主的察举制、起于隋而兴于唐的科举制等。

在西方国家，古希腊医学家希波克拉底于公元前 5 世纪提出气质类型学说；英国科学家弗朗西斯·高尔顿从 1884 年开始对人的体能、感觉、知觉进行系统测量；1905 年，法国心理学家阿尔弗雷德·比奈在前人研究的基础上开发了第一个智力量表。

发展至今，人才测评内容非常丰富，不仅包括传统的感觉、知觉、思维、个性、动机等，还包括职业匹配度、个人价值观、工作潜力等多个方面。人才测评方式从笔试发展成情景模拟，从结构化面试发展成评价中心技术。无论人才测评的内容和方式是什么，最终目的都是评估人才的能力，为组织选择和提拔人才或为人才了解并提高自己提供依据。

内在的思维方式和外在的行为特质都是能力的组成部分。能力是一个抽象的概念，即使是极具洞察力的管理者，也很难完全了解员工的能力。人才测评能够通过多种方式，对人才的素质和能力进行测量、评估，把抽象的能力结构化、量化，形成可分析的数据，从而为组织的决策提供有价值的参考。

人才测评有两个关键点：一是对人才的评估要全面、立体，不仅要评估人才的学历、经验、知识、技能和对岗位的胜任程度，还要评估"冰山下的"人格特质（如动机、价值观、心智成熟度等），不能像盲人摸象一样片面地看人；二是要用动态的眼光看待测评结果，人是在成长中不断变化的，片面、静止地看待测评结果容易导致判断失真。

从广义的角度来看，测评贯穿于我们的日常人际交往。例如，基于和其他人的互动，我们会对他们做出一些评价，反过来，这些评价会影响我们与对方的交往模式。无论是自古以来就有的"凭经验识人"，还是信息化时代中多种多样的人才测评工具，都属于人才测评的范畴。

随着社会学、心理学、行为学等学科的发展，人才测评越来越科学化、系统化。从狭义的角度来看，人才测评是利用社会学、心理学、行为学等学科的专业技能及方法，对人才的基本素质和工作能力进行测量、评估的手段，其目的是判断人才能否胜任现岗位，或者能否在未来的工作中取得预期的成果，从而为企业的人力资源管理决策提供参考和依据。

事实上，人才测评不是针对具体的员工，而是针对员工在职场中创造绩效的必要素质的组合。企业对某个员工做某种测评，不是为了对该员工做出评价，而是为了对该员工的职业素质做出评价。

在应用和推广人才测评工具的时候，我们一定要树立正确的观念，尤其要树立"性格没有好坏"的观念。人才测评只是对个体素质和偏好的呈现方式，而不是评价标准。只有在人才与岗位匹配的前提下，我们才需要对拥有不同特质的人才做出取舍。这种取舍不是简单的"好"与"坏"的区别，而是"适合"与"不适合"的区别。

对企业而言，人才测评是人才管理的重要支柱。在对人才进行测评后，企业往往会形成包含人才客观信息的组织报告和个人报告。这些报告可以为管理者和 HR 开展工作提供参考依据，它们体现了人才测评的重要应用价值。

5.1.3　胜任力模型和人才测评

构建胜任力模型和进行人才测评是科学的人才管理过程中密不可分的两个重要环节。

胜任力模型是人才评价的统一标准，企业只有将其与人才测评对接，才能发挥胜任力模型的作用。脱离人才测评的胜任力模型难以被应用于人才管理实践。胜任力模型的落地过程如图 5-1 所示。

胜任力模型是员工胜任岗位的结构化标准，人才测评为胜任力模型的落地架起了桥梁。如果缺少人才测评对个体实际能力的客观评价和精准定位，仅凭感觉对个体进行评价，那么很容易因为考察的主观性导致评价出现偏差，使胜任力模型的效度大打折扣。

图 5-1　胜任力模型的落地过程

借助人才测评，胜任力模型可以为企业的战略连接、人才辨识、实战练兵、资源整合提供支持，真正将企业的人力资源与战略连接起来；全方位评价人才，让高潜人才"浮出水面"；统一人才标准，提升管理者的识人、用人水平。

人才测评的前提是确定清晰的人才标准。如果人才标准不清晰，测评结果就会出现方向性错误，导致人才测评徒劳无功。

睿正咨询和人力资源智享会联合发布的《第二届中国企业人才评鉴中心管理实践调研报告》表明，难以准确设定评鉴维度是企业在人才评鉴的过程中遇到的重要挑战之一。评鉴维度是评价人才的标准，其准确与否直接影响人才测评的价值。行业调查显示，在进行人才测评时，31.5%的企业遇到过难以准确且有针对性地设定评鉴维度的挑战。

在传统的招聘过程中，HR 在招人时往往会考虑老板和职能部门负责人喜欢什么样的人、欣赏什么样的人。这样会形成多套人才标准，很可能导致找不到合适的人，或者在把看似合适的人招进企业后，发现符合多套人才标准的人无法胜任岗位工作。这种现象是由人才标准不统一、缺少客观依据造成的。由此可见，在进行人才测评之前，确定统一、客观的人才标准是必不可少的。

胜任力模型和人才测评相互依赖、彼此促进，前者解决人才标准的问题，后者按照人才标准提供识人的具体方法。企业只有把两者结合起来，才能做到知人善任。

5.2　测评指标体系的设计

人才测评体系的搭建是实施人才测评的前提。为了得到信度高、效度高、实用性强的测评结果，企业需要从测评指标体系的设计、人才测评工具的选用、人才测评的实施规划这 3 个方面入手，解决"测什么""怎么测""怎么评"的问题，搭建科学的人才测评体系。

测评指标体系的设计是搭建科学的人才测评体系的第一步，主要解决"测什么"的问题。

5.2.1　测评指标体系的内涵和设计原则

在实施人才测评时，如果对个体的所有能力要素都进行测评，那么企业需要耗费大量的人力和物力，容易导致资源浪费。为了提高测评效率，企业需要合理选择与工作绩效、员工发展密切相关的能力要素进行测评，提炼测评指标。

测评指标是衡量、评价与工作有关的能力要素的维度，其准确与否直接影响人才测评的价值。测评指标体系是测评指标的集合，它是由一组特定组合、相互联系的测评指标组成的；与此同时，每个测评指标都保持着各自的独立性。

行业调查显示，在进行人才测评时，31.5% 的企业遇到过难以准确且有针对性地设定测评指标的问题。究其原因，主要有以下两个：一是各业务部门对测评指标的理解不一致，二是缺少对测评指标的验证。

针对这个问题，通过归纳和总结优秀企业的实践，我们整理了设定测评指标的 4 个关键点，如表 5-1 所示。

表 5-1　设定测评指标的 4 个关键点

关　键　点	目的与意义
梳理企业的价值观和文化	企业的价值观和文化是评价人才的基础，它们决定了人才测评的基调。基于企业的价值观和文化设定测评指标，便于各业务部门理解测评指标，并在企业内部达成共识

续表

关 键 点	目的与意义
参考行业特点和标杆企业的模型要素	参考同行对人才的要求
从高层管理者那里获取前瞻性的思考维度	综合考虑企业当前的发展情况和未来发展对人才的要求，确保测评指标与企业的业务发展方向相匹配
确定各业务部门对测评指标的理解是一致的	专家集智与团队共识是设定测评指标的关键

除此之外，在设计测评指标体系时，企业还要遵循全面性、具体化、少而精的原则。

（1）测评指标要有全面性，兼顾岗位的一般性和特殊性。在提炼测评指标时，企业一方面要遵循人才测评工作的技术要求，另一方面要充分体现岗位的特点和要求，保证人才测评的效度。在一般情况下，测评指标应包含以下5个层面，分别是专业能力和关键阅历、品德和职业操守、岗位胜任力、"冰山下的"软性心理素质、企业文化匹配度。

（2）测评指标要具体化。每个测评指标只能对应一项具体的测评内容，不能含糊不清。只有这样，测评者才能用统一的评价标准评价员工。如果一个测评指标包含多个测评维度，那么测评者需要拆分该测评指标。例如，"沟通能力"这一测评指标包括书面沟通能力和语言沟通能力，其中语言沟通能力包括语言表达能力和倾听能力。在设定测评指标时，企业应将语言表达能力和倾听能力作为统一的评价标准，这样得出的测评结果信度更高。此外，为了精准地匹配人才测评工具，企业还需要对提炼出来的测评指标进行行为化描述。

（3）测评指标要少而精。受测评时间、测评难度等多种因素的限制，企业不可能测评员工的所有能力要素，应当选择对工作影响最大、最有代表性、企业最关注的能力要素进行测评。实际上，测评指标越少、越精，测评结果的信度往往越高。

5.2.2　如何设计测评指标体系

在明确了测评指标体系的设计原则后，企业需要提炼测评指标，并基于此设计测评指标体系。

测评指标一般从人才的 4 类素质中提炼：一是意愿类素质，包括人才选择岗位的动机、对岗位的兴趣和态度等；二是智能类素质，包括人才胜任岗位的智力因素和必要的能力，如管理能力、语言表达能力等；三是知识类素质，包括人才胜任岗位的专业知识和相关知识等；四是人格类素质，包括个体与生俱来的性格、气质和情绪的稳定性等。

设计测评指标体系的流程如图 5-2 所示。

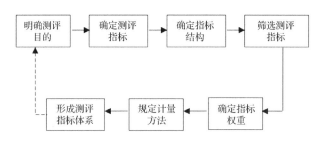

图 5-2　设计测评指标体系的流程

1．明确测评目的

测评项目组必须明确测评目的，并以此为基础设计测评指标体系。在明确测评目的时，测评项目组除了要明确将测评指标体系应用于人才管理的哪个环节，还要明确企业战略和行业未来发展趋势对岗位的具体要求。

2．确定测评指标

在明确了测评目的后，测评项目组需要将测评目的具体化，形成具体的测评内容，并将测评内容分解为可测量的指标。

确定测评指标的常用方法有胜任力分析法、工作分析法、标杆分析法、专家法、价值分析法等。若测评岗位有相应的胜任力模型，则使用胜任力分析法会更便捷、高效，针对性也更强。

3．确定指标结构

测评指标要有一定的层次结构，确定指标结构的具体操作是把提炼出来的测评指标分解成更精确的测评指标。如表 5-2 所示，测评项目组一般可以将测评指标分为三级，一级指标代表测评对象的总体特质，二级指标反映一级指标的具体特征，三级指标说明二级指标的具体内容。如果有匹配人才测评工具的需要，那么企业可以对三级指标进行行为化描述。

表 5-2　测评指标分级

一 级 指 标	二 级 指 标	三 级 指 标
能力素质	语言沟通能力	语言表达能力
		倾听能力
	思维判断	逻辑推理
		预先判断
		开拓创新
	管理能力	决策能力
		知人善任
		授权协调
个性特质	自我认同感	自信心
		果断迅速
		乐观豁达
	意志信念	自制力
		顽强
	进取奋发	竞争超前意识
		勇敢
		冒险精神

4．筛选测评指标

经过分析和研究，测评项目组需要界定每个测评指标的内涵，并用清晰、准确的语言进行描述，确保测评者、测评对象和第三方能够明确测评指标的具体含义。此外，对于各个测评指标的内涵，测评项目组还需要进行进一步的比较，删除内容重复的指标。为了确保测评指标体系是精简、完整的，测评项目组需要综合考虑测评指标的实际价值和可行性，筛选出优良的测评指标。

5．确定指标权重

对处于不同地位、具有不同作用的测评指标，测评项目组需要恰当地分配不同的权重。

权重的数值形式主要有两种：一是绝对权数，即分配给测评指标的绝对数量，一般用频数表示；二是相对权数，即某个测评指标在所有测评指标中的比重，一般为相对数量，用百分比、小数等表示。

权重的分配形式主要有 3 种：一是纵向加权，即对不同的测评指标分配不同的权重，目的是对不同测评指标的得分进行纵向比较；二是横向加权，即对不同的测评指标分配不同的等级分数，目的是对不同测评对象在同一测评指标上的得分进行横向比较；三是综合加权，即同时进行纵向加权和横向加权，目的是对不同测评对象在不同测评指标上的得分进行综合比较。

6．规定计量方法

测评指标的计量主要由两个因素决定：一是计量等级及其对应的分数，二是计量的规则或标准。为了实现测评结果规范化、统一化和计分简单化，方便计算机处理测评结果，测评项目组最好采用统一的分等计分法。

7．形成测评指标体系

在大规模实施人才测评之前，测评项目组需要在小范围内测试，按照测评标准，对整个测评指标体系进行分析、论证、检验、修改，进一步完善与充实测评指标体系，确保其可靠性和有效性。

5.2.3　提炼测评指标的常用方法

提炼测评指标是搭建测评指标体系不可或缺的环节。在根据测评对象的特征和测评目的确定大致的测评内容之后，测评项目组需要将测评内容分解为可测量的指标。

以工作分析法为例，测评项目组可以采用该方法对工作目标（工作内容或行为）进行分解，把一个工作目标分解为几个相互联系的系统，每个系统分解为若干个子系统，直到每一项具体的测评内容都能满足可测性的要求为止。

提炼测评指标的常用方法有胜任力分析法、工作分析法、标杆分析法、专家法。

1. 胜任力分析法

胜任力分析法指的是从胜任力模型的结构入手，确定测评内容和测评指标。

通过胜任力分析法提炼的测评指标对评估员工的胜任力有很强的针对性，将其与员工的职业发展路径相结合，有助于企业充分了解员工的胜任力状态，扫清妨碍员工创造高绩效的障碍，其结果能够帮助员工完善自我，了解自己在企业中的发展机会。根据这些信息，在后期的测评结果反馈中，管理者能够协助员工确定与绩效、能力发展目标相关的行动步骤，做好员工的职业发展规划。

2. 工作分析法

工作分析法指的是通过科学的方法收集并综合分析相关工作信息，找到影响工作产出的主要因素，为工作评价、员工录用等提供依据。通过工作分析法提炼测评指标的步骤和具体操作如表5-3所示。

表5-3 通过工作分析法提炼测评指标的步骤和具体操作

步 骤	具 体 操 作
设计调查提纲	根据测评目的和工作要求，确定测评岗位的职责范围，基于此设计调查提纲和具体计划
收集岗位信息	采用各种方法广泛收集测评岗位的主要工作要求和工作内容
制作素质调查表	通过多种定性方法筛选岗位信息，制作内容全面的素质调查表，包括品德、能力、专业知识、经验等方面的调查内容
完善调查信息	扩大信息收集范围，请测评对象对素质调查表中的调查内容进行评价和补充
分析调查结果	对调查结果进行多元统计分析，筛选主要调查内容，形成测评指标体系的具体条目
评估测评指标	对筛选出来的测评条目进行测试，或者咨询专家，评估测评指标，确保测评指标的质量

与通过胜任力分析法提炼的测评指标相比，通过工作分析法提炼的测评指标更强调岗位职责，基于此形成的测评指标体系更适合关注过去和现在的测评，如绩效考核。以未来为关注点的测评更适合通过胜任力分析法提炼测评指标，如招聘、选拔高潜人才等。

3．标杆分析法

标杆分析法指的是对测评对象和岗位标杆进行比较，找到改进方法，弥补测评对象的不足。

通过标杆分析法提炼测评指标的具体操作步骤如下：首先，根据测评目的和测评对象的特征选择岗位标杆；然后，通过行为事件访谈、业务报告分析等方法，对岗位标杆进行透彻、全面的分析，从其众多的胜任力特征中找出最主要的特征和客观标志。

该方法以岗位标杆的行为为测评指标，对改进测评对象的行为有一定的指导作用。不过，岗位标杆的优异绩效往往是在企业过去的运营背景下创造的，对于受环境影响较大的岗位，该方法可能降低测评结果的效度。

4．专家法

专家法指的是邀请与测评研究有关的专家、学者或管理者，让他们通过头脑风暴提出各种各样的见解，并对他们的意见进行综合分析，从中选出最优的测评指标。

专家往往能较好地把握行业的未来方向。对于受环境影响较大、与企业战略密切关联的岗位，企业可以将专家法作为辅助方法。如果专家是从企业外部邀请过来的，那么企业内部的业务管理者和高层管理者需要参与头脑风暴的过程。

该方法对各方参与人员的要求较高，如果专家对企业战略的理解有偏差，或者业务管理者和高层管理者无法完全理解专家设定的测评指标，就会降低测评结果的效度。

5.3　人才测评工具的选用

经过长期的人力资源实践，许多实用的人才测评方案已经被开发出来，市面上的人才测评工具五花八门。选用合适的人才测评工具对人才进行科学的测评，是企业做好人才管理的重要保障。

5.3.1　人才测评的分类

一提到"人才测评"，大多数人可能联想到具体的人才测评工具，如MBTI、九型人格、大五人格等。这些人才测评工具都属于人才测评的范畴，不过它们不是人才测评的全貌。

接下来，我们会根据测评内容和测评方式的不同，对人才测评进行简单的分类，帮助读者从整体上了解人才测评。

1. 根据测评内容进行分类

根据测评内容的不同，人才测评可以分为心理测评、智商测评、情商测评、能力测评。

1）心理测评

心理测评是指在标准化条件下获得行为样本，按照既定规则计分或获得量化信息，完成对测评对象的评估。心理测评基于心理学方面的研究，其使用的测评工具数量最多，也是使用频率最高的测评类型。

心理测评工具可以分为性格类测评工具、行为反应类测评工具、职业兴趣类测评工具。

性格类测评工具有助于组织了解测评对象的性格，如测评对象为人处世、与人合作的性格。常用的性格类测评工具有艾森克人格问卷、16PF 测试、九型人格、大五人格、乐嘉的性格色彩等。

行为反应类测评工具对测评对象面对事情时的沟通态度、反应模式、决心强弱进行测评，有助于测评对象改善其行为方式、人际关系、工作绩效、团队合作、领导风格等。常用的行为反应类测评工具有 DISC 个性测评、PDP、基本人际关系行为倾向测试等。

职业兴趣类测评工具主要考察测评对象的职业兴趣和价值观等方面，将测评结果与测评对象的职业选择相结合，可以帮助测评对象进行职业规划。常用的职业兴趣类测评工具有 MBTI、霍兰德职业兴趣量表、埃德加·施恩职业锚测试、WVI（Work Value Inventory，工作价值观量表）等。

2）智商测评

智商测评起源于 19 世纪，侧重测评对象数理方面的能力，主要通过常识、算术、理解、类同、记忆、字词、图像、积木、排列、拼图、符号等观察测评对象的智力。常用的智商测评工具有斯坦福-比奈智商量表、韦克斯勒智商量表、雷文智商测试等。

最早的体系化智商测评由法国心理学家比奈创建。由于认知心理学、行为学等学科的局限性，早期的智商测评主要评估测评对象的数理能力。经过大量的科学研究，研究者发现仅凭数理能力评估测评对象的智力是存在局限性的，事实上，智力由短期记忆力、推理能力和语言能力这 3 种截然不同的能力组成。

3）情商测评

情商即情绪商数，它是心理学家提出的与智商相对应的概念，是指人在情绪、意志、挫折耐受力等方面的品质。戈尔曼认为，情商由自我意识、控制情绪、自我激励、认知他人情绪和处理相互关系这 5 种特征组成。常用的情商测评工具有巴昂情商测试量表。

4）能力测评

前 3 类测评都与人格有关，在日常生活中接触它们的机会比较多。能力测评是指根据岗位的具体要求，对测评对象的具体能力展开评估。通用的能力测评相对较少，主要有以下 3 个原因：一是能力不同于人格，能力不容易观察；二是人格和智商状态比较稳定，能力会随着时间的推移、培训与训练程度的加深、知识与经验的积累而不断提高；三是能力具有多样性（如领导能力、协调能力、人际交往能力等），难以统筹归纳。

一般能力倾向测验是所有工业取向的能力倾向成套测验中历史最悠久的一套测验工具，该测验起源于 20 世纪 30 年代，由明尼苏达就业稳定研究机构的心理学家创建。这套测验工具中既包括一般智力测验，也包括彼此独立的数字能力测验、能力测验、机械能力测验和心理运动能力测验。在对文秘、机械工人、销售人员和其他职业团体进行测评的过程中，这些测验逐渐发展成一套职业能力样本。

在实际的测评过程中，对具体岗位的能力测评可以通过多种形式展开，企业可以将效度最高的测评结果作为决策依据。

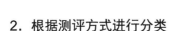

2. 根据测评方式进行分类

根据测评方式的不同，人才测评可以分为问卷类测评、情景类测评、访谈类测评。

1）问卷类测评

问卷类测评是指通过大量的行为题、图形题、投射题等对测评对象进行考察，根据测评对象的回答，对其相应的特征做出判断。很多心理测评、智商测评、情商测评是以问卷形式呈现的。

问卷类测评的优点是题量大、施测方便、可大规模开展，尤其是在互联网技术的支持下，问卷类测评可以在计算机端、移动端快速施测，优势更加明显。相应地，问卷类测评的灵活性和个性化程度不足，无法考察测评对象的特定特征，而且难以挖掘测评对象能力现状背后的深层原因。

2）情景类测评

情景类测评是指通过构建仿真度较高的职场情景，观察测评对象在情景中的行为，从而考察测评对象的能力素质，如角色扮演、案例分析、模拟工作会议、无领导小组讨论等。

一方面，对于沟通能力、团队协作能力、创新能力、人际关系敏感度等能力素质，情景类测评具有问卷类测评无法比拟的优势，通过测评者与测评对象或测评对象之间的互动，测评对象的相关能力素质能够充分呈现出来；另一方面，情景类测评具有开发成本高、结构化程度低，以及受测评者的专业水平影响较大等缺点。

3）访谈类测评

访谈类测评是指通过一对一访谈或多对一访谈，了解测评对象的各项能力素质。在招聘过程中，比较常见的面试就属于访谈类测评。常用的访谈类测评方法是行为事件访谈，访谈者通过具体的行为事件，了解测评对象的各项能力素质。

访谈类测评的优点是信度和效度相对较高；其缺点是施测成本高，而且有一定的技术难度，对测评者有较高的要求。

5.3.2　常用的人才测评工具

人才是多维度、立体化的个体。要想对人才的能力素质进行全面、深入的了解，企业可以借助不同的人才测评工具，从基本条件、能力、绩效、潜力、经验和其他因素等测评维度出发，甄选合适的人才。不同测评维度的具体内容和对应的人才测评工具如表 5-4 所示。

表 5-4　不同测评维度的具体内容和对应的人才测评工具

测评维度	具体内容	对应的人才测评工具
基本条件	基本门槛，如年龄、学历等客观因素	档案
能力	专业知识、技能、素质	笔试、行为面谈、360°评估、评价中心、述能会
绩效	任务绩效或管理绩效	团队氛围测评、KPI 考核、任务绩效考核
潜力	潜力因子	潜能评估
经验	经验地图	上级评估、职业履历分析、行为面谈
其他因素	其他风险性因素，如离职风险	上级评估、沟通会

1．行为面谈

行为面谈是一种基于胜任力的人才测评工具。测评者需要设定测试对象未来可能面临的典型工作情境，请他们讲述自己之前在类似情境中的典型行为，对面谈内容进行汇总、分析、编码，由表及里地对测评对象的知识、能力、经验和综合素质进行评估。行为面谈是在企业人才管理领域内应用得非常广泛的人才测评工具。

面试是一种非常典型的行为面谈方式，绝大多数企业通过面试对应聘者进行测试，面试对企业是否做出录用决策和应聘者是否加入企业至关重要。

2．360°评估

360°评估也被称为多评价者反馈法，测评者根据测评对象及其周围群体（如上级、下级、同事和第三方）的综合评价，了解测评对象过往的行为和表现，为评估测评对象提供参考依据。360°评估结果的应用如图 5-3 所示。

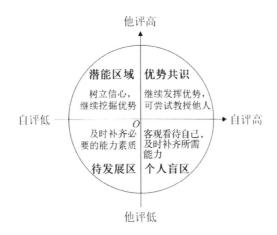

图 5-3　360° 评估结果的应用

　　360° 评估一般以量表的形式来进行。360° 评估量表是根据岗位设计的，测评者需要在 360° 评估量表中对岗位关键职责进行描述，根据在日常工作中与测评对象共事的经历，对各项评价打分。测评对象可匿名提交 360° 评估量表；在收到 360° 评估量表后，测评者可以根据周边岗位与测评岗位的关联情况，对评估结果赋予权重，将各项评价得分乘以权重的结果累加起来，得出测评对象的总分。

3．评价中心

　　评价中心是一种包含多种测评方法和技术的综合测评工具。广义的评价中心包括传统的心理测评（评价测评对象的人格、能力、职业兴趣等特质）、面谈（主要是结构化面谈）、投射测评（评价测评对象的深层人格特质、职业动机、职业价值观）等。

　　狭义的评价中心主要是指以情景模拟为核心的一系列测评技术。测评者需要在了解测评岗位的工作内容与能力素质要求的基础上，提前设定一系列与工作高度相关的模拟情景，并将测评对象置于相关的模拟情景中，要求测评对象完成相关模拟情景中的多项典型工作。测评岗位的层级越高，使用的情景模拟测评工具越复杂。

　　评价中心最明显的优势是效度高：一方面，大多数测评对象认为以情景模拟为核心的测评更接近他们的实际工作状态，更能展示他们的真才实学；

另一方面,研究表明,使用评价中心得出的测评结果与测评对象未来的表现存在显著的相关性。

【观点】评价中心在人才招募和选拔中的效度最高

在《重新定义团队》一书中,谷歌前首席人力资源官拉斯洛·博克对谷歌在人才招募和选拔中使用的各种人才测评工具的效度进行了研究。

无独有偶,弗兰克·施密特和约翰·亨特也得出了类似的结论。他们汇总分析了数十年的测评数据,对多种人才测评工具进行了研究,发现评价中心是人才招募和选拔中效度最高的人才测评工具。多种人才测评工具的效度比较结果如图 5-4 所示。

开发评价中心是一项技术含量非常高的工作,因为测评者不仅要考虑评价内容、评价标准和测评对象的体验感,还要通过长期的使用验证其有效性,所以开发评价中心比较困难,而且需要投入大量的时间、人力和物力。除此之外,

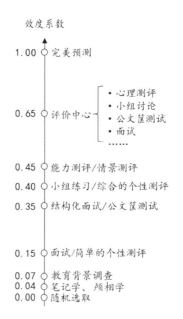

图 5-4　多种人才测评工具的效度比较结果

与评价中心相关的专业设计者和测评者也比较少,在选择他们时,企业需要考虑投入产出比。评价中心常被应用于评估企业的高潜人才,它可以为高潜人才的选拔、发展、需求分析和反馈辅导提供依据。

4. 述能会

述能会是指先由测评对象叙述具体事件,展示自己在最近一段时间内的成长和取得的成就,并分析自己今后的发展趋势和提升能力的思路;再由多位评委根据测评对象讲述的内容进行提问,并按照评价标准,对测评对象做出评价。

如表 5-5 所示,述能会的流程包括 6 个环节,分别是准备、述能、评委

提问、发展反馈、评价讨论、会议总结。对于发展反馈环节，企业可以根据自身的实际情况进行取舍。

表 5-5　述能会的流程

环　节	具 体 内 容
准备	（1）组织方提前下发述能会通知、内容模板、评价标准，并准备测评对象的个人简历、评委的结构化提问模板和评分表。 （2）测评对象准备述能材料
述能	（1）测评对象基本情况介绍。 （2）工作实践案例分享。 （3）测评对象所负责的业务的复盘与规划。 （4）测评对象所在团队的复盘与规划。 （5）测评对象的职业发展规划与行动计划
评委提问	评委关注测评对象所负责的业务和所在团队的复盘与规划,结合组织方提供的结构化提问模板,对测评对象进行提问
发展反馈	评委现场反馈测评对象的优势和不足,并给出发展建议
评价讨论	（1）评委集中讨论测评对象的能力、优势、不足和过往的绩效水平,制订测评对象的发展计划。 （2）测评对象的直接上级发言,对测评对象的能力和业绩进行补充说明。 （3）当观点出现分歧时,评委需举例说明,尽量让各方达成共识。 （4）评委根据讨论情况进行评分
会议总结	组织方确认评分排序,输出关键测评对象后续的工作建议或计划

5．团队氛围测评

团队氛围是指员工在团队中工作的感受，它能够直接影响员工的工作表现。团队氛围可以从 6 个关键维度来衡量，分别是薪酬与福利、晋升与发展空间、企业文化、培训与学习、工作环境、创新。团队氛围测评的流程如图 5-5 所示。

实施前	实施中	实施后
确定测评时间和负责人 确定测评对象的信息 设计问卷 下发填写问卷的通知	测评对象填写问卷 制作团队氛围测评报告	组织报告沟通会

图 5-5　团队氛围测评的流程

6. 潜能评估

潜能评估是指利用理论或量化模型，按照既定规则，对测评对象评分，获得量化信息，从而对测评对象未来能否胜任工作进行评估。

7. 职业履历分析

职业履历分析也被称为资历评价技术，是一种比较高效的分析测评对象的工具，基于对测评对象过往真实经历的整体、全面评价（包括个人基本信息、工作经历、生活经历等），对测评对象未来在工作岗位上的绩效表现、职业倾向或成就进行多维度预测。

职业履历包含的内容比简历包含的内容范围更广。通过职业履历分析，企业可以聚焦岗位的具体要求，从经验、能力、品质等多个方面更精准地匹配合适的人才。

对企业而言，在招聘时，了解应聘者的职业履历往往需要耗费比较多的时间，因为除了要了解应聘者的个人基本信息，还要了解应聘者过往的项目经历、在项目中的表现和具体成果，必要时还要通过背景调查来求证。如果企业内部有职业履历系统，面试官就可以基于职业履历分析结果，快速了解应聘者过往的项目经历、在项目中的表现和具体成果，并据此高效预测应聘者未来的表现。

5.3.3　选用合适的人才测评工具

任何一种人才测评工具的信度和效度都是有限的，"绝对准确"的人才测评工具是不存在的。为了提高人才测评的准确率，企业需要以实际应用场景为导向，综合考虑测评岗位、测评对象、测目的和人才测评工具的特点，选用合适的人才测评工具，并对人才测评工具进行合理的组合，以达到最佳的应用效果。

1. 根据测评岗位和测评对象选择人才测评工具

不同的岗位有不同的特点和不同的胜任力要求，人才测评的关注要点存在差异，这导致人才测评工具也有所区别。根据岗位类别的不同，我们可以将岗位分为管理岗位和非管理岗位。

对于管理岗位，不同管理层级对员工的胜任力要求不同，使用的人才测评工具也存在差异。不同管理层级的人才测评关注要点和常用的人才测评工具如表5-6所示。

表5-6　不同管理层级的人才测评关注要点和常用的人才测评工具

管理层级	人才测评关注要点	常用的人才测评工具
基层	沟通协调、执行推进、学习能力、专业能力、对员工的辅导	专业知识测试、结构化面试、无领导小组讨论、个性测评
中层	识人用人、团队激励、人际关系建立、组织协调	案例分析、行为化面试、无领导小组讨论、公文筐测试
高层	经营意识、战略思维、决策能力、行为风格	领导风格测评、情境化面试、角色扮演、公文筐测试

【案例】百事对不同层级的高潜人才使用不同的人才测评工具

在高潜人才项目中，百事对不同层级的高潜人才使用不同的人才测评工具。

筛选基层高潜人才的重点是人才的基础能力（包括人格和认知）。百事主要使用职业履历分析、性格测评、认知能力测评、情景判断测评等人才测评工具。

筛选中层高潜人才的重点是人才的成长能力（包括学习的敏捷性和学习动机）。百事主要使用360°评估、性格测评、认知能力测评、在线场景模拟等人才测评工具。

筛选高层高潜人才的重点是人才的职业能力（包括领导力和职能专长）。百事主要使用360°评估、性格测评等人才测评工具。

通过使用不同的人才测评工具对不同层级的高潜人才进行测评，百事找出了管理岗位的潜在接班人。结合管理层级的需求和测评结果，百事有针对性地开展了对管理岗位潜在接班人的培养，为搭建人才梯队打下了基础。

对于非管理岗位，由于岗位类别不同，不同岗位的工作内容和性质有所区别，因此人才测评的关注要点也存在差异。不同岗位类别的人才测评关注要点和常用的人才测评工具如表 5-7 所示。

表 5-7　不同岗位类别的人才测评关注要点和常用的人才测评工具

岗位类别	人才测评关注要点	常用的人才测评工具
职能类	沟通协调、执行推进、系统思维、团队协作能力	案例分析、无领导小组讨论、个性测评
营销类	沟通协调、开拓市场、抗压能力、服务意识	压力面试、角色扮演、无领导小组讨论、个性测评
技术研发类	逻辑思维、学习与创新能力、合作意识	智商测评（创新思维方面）、专业笔试、结构化面试、案例分析
技能类	专业知识、操作知识、责任心、情绪稳定性	心理测评、专业笔试、具体实操

在考虑岗位特点的同时，企业还要关注测评对象的规模和特点，如测评对象的数量、年龄、学历等。当测评对象的数量较多或测评需要的时间较长、成本较高时，企业应先选择规模化的人才测评工具（如在线测评、在线笔试、无领导小组讨论等），经过初步筛选后，再开展针对性测评。测评对象的年龄也是企业需要关注的因素之一，如果测评对象的年龄较大，那么企业应尽量选择操作便捷的人才测评工具，而且测评时间不宜过长；如果测评对象的年龄较小，那么企业可以选择一些趣味性较强的人才测评工具。

2．根据测评目的选择人才测评工具

根据测评目的选择人才测评工具指的是基于对"人才测评要解决什么问题、达到什么效果"的思考，选择合适的人才测评工具。根据不同的测评目的，人才测评可以分为任职测评、选拔性测评、考核性测评、发展性测评和诊断性测评。

1）任职测评

任职测评的目的是实现人岗匹配，社会招聘、内部竞聘、岗位晋升测评属于任职测评的范畴。除了关注测评对象的知识、技能、能力，任职测评还关注测评对象的个性、动机是否与岗位特点、企业文化相匹配。任职测评适合使用在线专业笔试、个性测评、面试等人才测评工具。

2）选拔性测评

与任职测评有所不同，选拔性测评没有明确的测评岗位，其目的是实现人与组织的匹配，批量的校园招聘、后备人才选拔属于选拔性测评的范畴。选拔性测评关注的是测评对象的潜力，而不是测评对象实际的工作能力。由于测评对象的数量较多，因此选拔性测评对精度的要求不高，适合使用在线专业笔试、个性测评、无领导小组讨论、面试等人才测评工具。

3）考核性测评

考核性测评是以考察测评对象是否具备某项能力素质或具备某项能力素质的程度为目的的测评，年终考评、任期内考评属于考核性测评的范畴。考核性测评是一种总结性测评，涉及测评对象方方面面的能力素质，其结论应充分、全面、有据可查。考核性测评适合使用360°评估、述职答辩等人才测评工具。

4）发展性测评

发展性测评是通过全面了解测评对象的能力，为测评对象后续的培训与发展提供依据的测评，人才素质盘点、培训需求诊断、职业发展测评属于发展性测评的范畴。发展性测评的特点是全面考察测评对象的能力，识别测评对象的长板和短板，重点关注能够通过培训、辅导、带教等方式提高的能力，如专业能力、管理能力等。发展性测评适合使用360°评估、能力测评、评价中心等人才测评工具。

5）诊断性测评

诊断性测评的目的是查找问题的原因，并提出改进方案，测评结果一般不公开，只供管理者参考。诊断性测评具有较强的系统性，其测评内容既可以是精细的，也可以是全面、广泛的。诊断性测评适合使用360°评估、评价中心、敬业度/满意度调研、团队氛围测评等人才测评工具。

针对企业中常见的应用场景，综合考虑测评岗位、测评对象、测评目的和人才测评工具的特点，我们对不同应用场景和人才测评工具进行了匹配，匹配结果如表5-8所示。

表 5-8　不同应用场景和人才测评工具的匹配结果

应用场景	特点	关注要点	要求	人才测评工具
校园招聘	规模大、范围广、时间短、任务重，关乎企业的形象塑造	学生的身份具有一定的掩饰性，面试官需要识别"面霸"	操作简便、效率高、试题保密	在线专业笔试、个性测评、行为面谈、无领导小组讨论
社会招聘	专业多、个体差异大、上岗要求急，对企业的业务有一定的影响	考察应聘者的应聘动机和稳定性，发现高潜人才	高度关注应聘者与岗位的匹配度	职业履历分析、个性测评、行为面谈、案例分析
高层管理者招聘	重要程度、复杂程度、难度高，试错代价大	判断应聘者的经营管理理念、价值观和对企业文化的认可度	高质量评估，宁缺毋滥	职业履历分析、领导风格测试、情境化面试、角色扮演、公文筐测试
内部竞聘	影响范围广，需要安抚员工的情绪	关注员工的个性是否与团队匹配，公平性是根本	组织流程严密、保密性强	职业履历分析、专业笔试、结构化面试、360°评估、竞聘报告
后备人才选拔	关乎关键岗位的人才队伍建设，涉及岗位多	发现和挖掘有潜能的后备人才	针对性测评具体岗位要求具备的能力	行为面谈、个性测评、无领导小组讨论、盘点会议、360°评估
组织诊断	目的性强，目的不同，测评方案不同	发现组织中的问题，找到问题的原因和解决方案	对组织或团队进行测评	根据测评目的设计测评理论模型、组织头脑风暴会议、开展问卷调查

注："面霸"是对经常参加面试的人的一种调侃。

在选择人才测评工具时，企业需要综合考虑实施测评的顺序：一般将简单的、成本低的测评放在前面，以便进行单项淘汰，剔除不合格的测评对象，降低选拔成本；将压力大或测评对象容易产生疲劳的测评放在后面，以免影响测评效果。

5.4　人才测评的实施规划

在正式测评之前，企业需要对人才测评的实施流程进行具体的规划与设计，这对确保测评结果的有效性和企业做出正确的决策至关重要。人才测评的实施规划一般以"成本最低、时间最短、用人最少"为原则，主要包括确定测评轮次和测评队伍、设计人才测评的实施流程。

5.4.1　确定测评轮次和测评队伍

在正式测评之前，测评项目组需要根据测评岗位、测评对象、测评目的、测评预算确定测评轮次和相应的测评方法。

测评预算对人才测评的精准度有一定的影响，测评预算的多少往往体现了管理者对人才测评的认识程度与重视程度。如果管理者认为不宜对人才测评投入太多资金，测评项目组能申请下来的资金就比较少，此时不宜使用成本较高的测评方法。

在规划过程中，测评项目组要充分考虑测评预算，在企业能够承受的预算范围内选择测评方法，并确定使用测评方法的顺序。事实上，测评预算少既不代表测评方法的效度低，也不代表测评结果不准确。在测评预算有限的情况下，测评项目组应将简单的、成本低的测评放在前面（如专业笔试、心理测评等），以便通过单项淘汰剔除不合格的测评对象；对于压力大或测评对象容易产生疲劳的测评，测评项目组应将它们放在后面（如压力面试、情景模拟等），减少压力、疲惫感对测评对象的情绪的影响。

除了测评预算，应用场景也与测评轮次、测评方法有较大的关联，具体说明如下。

1．将测评应用于招聘场景

在一般岗位的招聘场景中，除了初步筛选简历，测评轮次通常为 1～3 轮。第一轮测评为专业笔试、电话面试或综合面试（综合面试一般采用无领导小组讨论的方式，主要考察测评对象的团队协作能力、语言表达能力、领导力等）。第二轮测评由业务主管主导，主要考察测评对象的业务能力、态度等；第三轮测评为面试，主要考察测评对象的信息真实性、品质、期望薪酬等。有的企业只进行后两轮测评，或者将后两轮测评的内容融入面试。

考虑到人力成本，企业的规模越大或招聘的岗位越重要，招聘的流程越复杂、测评轮次越多，对应聘者能力的测评范围越广、颗粒度越细，从社会渠道招聘高端人才尤其如此。

2. 将测评应用于内部竞聘场景

内部竞聘场景的测评轮次通常为 2~3 轮，测评对象一般由业务主管推荐或个人自荐。第一轮测评由测评项目组主导，主要是对测评对象的职业履历和业绩进行审查，剔除未达到竞聘标准的测评对象。第二轮测评以业务专家和竞聘岗位的直接管理者为测评者，测评对象通过个人述职、答辩等形式展示自己的能力和经验，测评者用打分的形式确定竞聘成功者。第三轮测评是对竞聘成功者的试用，或者通过情景模拟、心理测评等人才测评工具，进一步考察竞聘成功者的人格、潜力、能力等方面的具体情况。

3. 将测评应用于绩效考核场景

绩效考核可以分为业绩考核和能力素质考核，其中能力素质考核可以应用基于胜任力模型的人才测评技术。将员工的业绩考核结果与能力素质考核结果按照一定的比例结合起来，可以形成员工的绩效考核成绩。

在传统的上下级评价中，外部评价虽然充分反映了外部意见，但是也放大了主观意识的作用。应用于绩效考核场景的测评以测试、谈论、自陈等方式为主，不同于以上下级评价为主的测评，前者主要通过测评量表有针对性地对员工进行考核与评价。以中层管理者为例，其胜任力测评量表如表 5-9 所示。

表 5-9　中层管理者的胜任力测评量表

指标	指标定义	得分				
		1 分	2 分	3 分	4 分	5 分
基本素质	对企业忠诚、践行企业文化、维护企业形象					
	服从上级领导、顾全大局					
	乐观进取、思维缜密、公正廉明、求真务实					
	团结同事、与同事相处融洽					

续表

指标	指标定义	得分				
		1分	2分	3分	4分	5分
专业能力	具备较强的统筹规划能力					
	具备较强的沟通协调能力					
	具备较强的分析问题和解决问题的能力					
	具备较强的识人、用人、育人能力					
绩效达成	工作方法有创新，能提出各种改进建议					
	执行力强、办事效率高、无重大失误					
	能高效实现工作目标					
	通过工作创造的经济效益明显					
……	……					

注："1分"为完全不符合，"2分"为基本不符合，"3分"为不确定，"4分"为基本符合，"5分"为完全符合。

测评量表能够有效减少测评者的主观意识对员工的基本素质、专业能力、绩效达成等指标的影响，使测评结果更客观，从而为年度评优、薪酬奖励、晋升等提供依据。此外，通过对测评结果与业绩考核结果进行综合分析，企业还可以找出影响员工业绩的能力素质或态度方面的因素，把对能力素质或态度的改进纳入员工的绩效改进计划，使绩效改进计划更有针对性。

在不同的测评轮次中，测评队伍的任务和成员是不同的。

在第一轮测评中，测评队伍一般由 HR、测评岗位的直接管理者和业务专家组成，在有多个测评者时，至少由一人担任主测评者，其他人负责记录。第一轮测评的测评对象通常比较多，测评者不仅是"考试的判卷人"，还肩负着树立企业形象、传播企业文化等任务，需要兼顾以下两个方面：一是营造良好的测评氛围，让测评对象正常发挥自己的实力，即使在允许追问的压力面试中，也不能步步紧逼；二是充分考察测评对象各方面的能力，尽可能给出真实、公正的评分。

对高端人才的测评更注重考察人才的能力，其测评轮次通常比较多，测评方式和每个轮次考察的能力需要进行精心设计，测评队伍也要根据每个轮次的测评内容来组建。在最后一轮测评中，高层管理者可能需要亲自出马，考察高端人才的价值观，并向他们介绍企业的文化、价值观、战略和岗位职责、试用期的安排等,展示企业对高端人才的重视。由于高端人才的稀缺性和重要性较强,因此试用期的安排可以有一定的灵活性和针对性,给高端人才深入了解企业的机会。

5.4.2 设计人才测评的实施流程

确定了测评轮次和测评队伍,接下来,测评项目组需要设计人才测评的实施流程,确保整个流程能够有条不紊地进行。

除了笔试和心理测评,企业比较常用的测评方法有面试、无领导小组讨论、公文筐测试、沙盘演练、案例分析和公开演讲等,不同测评方法的实施流程和要点有所不同。

1. 面试

面试是企业在内外部招聘时最常用的测评方法。虽然 HR 可以通过分析简历或职业履历来完成对候选人的初步筛选,但是这种方法难以全面反映候选人的能力。因此,超过 90% 的企业会通过面试来进一步了解候选人。

面试的实施流程如图 5-6 所示。

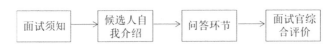

图 5-6 面试的实施流程

(1)面试须知。在面试开始前,面试官需要向候选人介绍面试岗位和面试的注意事项。

(2)候选人自我介绍。候选人有 1~2 分钟的时间向面试官介绍和推荐自己,面试官要注意把握时间。

(3)问答环节。面试官按照提前拟定的提纲提问(结构化面试或半结构化面试),或者根据候选人的情况和表现即兴提问(非结构化面试)。在这个阶段,面试者除了要考察候选人与岗位相关的能力,还要考察候选人的语言表达能力、验证简历的真实性,并根据候选人的表现进行打分。

(4)面试官综合评价。面试官对候选人进行点评或提出建议,并填写面试评价表。

在面试过程中，为了提高测评的信度和效度，对于候选人的过往经历或其设计的方案，面试官可以使用 STARR 法或 AOR〔A（Action，行动计划）、O（Other，备选方案）、R（Realistic，可行性）〕法，对其回答进行追问，从而深入了解候选人的能力。挖掘关键信息的 AOR 法如表 5-10 所示。

表 5-10　挖掘关键信息的 AOR 法

关 键 信 息	具 体 说 明	示　　　例
行动计划	具体的解决方案或行动计划	（1）你能具体说明一下如何实施这个方案吗？ （2）请你详细说明具体的方案
备选方案	在实际情况与预期不符时准备的其他解决方案或行动计划	（1）如果发生了……，你有没有其他方案？ （2）只有这一个方案吗？有没有可能存在其他方案
可行性	解决方案或行动计划在企业中的可行性	这个方案有一定的可行性，但这个岗位在实际工作中存在……的情况。针对这种情况，你会如何调整行动

2. 无领导小组讨论

无领导小组讨论是一种把候选人组成 5～12 人的临时工作小组进行群体自由讨论的测评方法。在限定时间内，候选人需要通过讨论来解决一些棘手的问题。

这个工作小组是临时拼凑的，没有指定的负责人，在讨论过程中没有人提醒候选人注意时间，一般有 2～3 位面试官全程跟进，并对候选人的行为进行打分和评价。这种测评方法主要考察候选人的综合能力，根据每个候选人的表现考察其是否符合岗位要求，通常适用于大规模招聘。

无领导小组讨论的实施流程如图 5-7 所示。

面试须知　→　分组与发放题目　→　自由讨论　→　小组总结发言　→　面试官点评与总结

图 5-7　无领导小组讨论的实施流程

在无领导小组讨论的过程中，面试官作为观察者，需要从第三方视角观察每个候选人的表现，重点观察候选人以下 3 个方面的状态和能力：一是候选人在团队中的表现，如候选人是否具备团队合作能力和领导能力；二是候选人处理紧急问题的表现，如候选人是否具备处理实际问题的思维分析能力和应变能力；三是候选人的个性和行为风格，如候选人是外向型还是内敛型。面试官可以根据招聘岗位的不同，确定候选人的各种能力在整个能力指标体系中的权重，并进行评分。无领导小组讨论评分表如表 5-11 所示。

表 5-11　无领导小组讨论评分表

候选人	测评要素						备注
	分析能力 （20分）	领导能力 （20分）	应变能力 （15分）	语言表达能力（15分）	合作能力 （20分）	创新能力 （10分）	
1							
2							
3							
4							
5							
6							
7							
8							
9							
10							
	面试官签名： _____			日期： ____年 ___月 ___日			

3. 公文筐测试

公文筐测试是通过管理者熟悉的、具有代表性的工作情境测评候选人的方法。

在公文筐测试中，面试官会将管理者可能在工作中遇到的问题制作成十几份书面材料，并把它们放在候选人的办公桌上，要求候选人在限定时间内完成分析、推理、比较、判断等工作，并形成文字处理意见或报告。

公文筐测试的实施流程如图 5-8 所示。

图 5-8　公文筐测试的实施流程

（1）准备阶段。在测试前，面试官需要撰写详细、清晰的导语，提前准备材料、人员和场地。

（2）实施阶段。在测试开始前，面试官需要对测试背景、注意事项等内容进行介绍；在测试过程中，面试官需要把控测试时长和纪律；在测试结束后，面试官需要监督候选人及时停笔并上交答卷。

（3）结果处理阶段。在测试结束后，面试官应按照评分标准，对候选人的答卷做出初步评价。对于答卷中表述得不太清楚的地方，候选人可以用口述的方式向面试官表达自己的想法。

公文筐测试主要测评候选人对人、财、物、时间等进行分析和调配的能力，综合考察候选人的分析计划能力、资源整合能力、协调授权能力、决策能力、抗压能力等。

4．沙盘演练

沙盘演练是一种多人参与的、沉浸式、体验式测评方法，候选人分组模拟经营企业，面试官根据候选人在模拟经营企业的过程中和与其他小组竞争时的表现，对候选人的管理能力进行评价。在一般情况下，一场沙盘演练可以测评 12～50 人，面试官的数量可以根据候选人的数量来调整。

沙盘演练的实施流程如图 5-9 所示。

图 5-9　沙盘演练的实施流程

（1）介绍演练规则。演练规则包括候选人数量、小组数量、小组人数、模拟经营企业的基本规则和基本的操作方法。模拟经营类的沙盘演练通常涉及企业的启动资金、当前的财务状况、市场背景、技术背景等。

（2）分组。候选人模拟企业决策层组成小组，每个小组的人数为 3～8 人。在完成分组后，小组成员需要分工，一般包括总经理、财务总监、运营总监、销售总监、采购总监、生产总监等角色。如果小组人数较少，那么候选人可以同时扮演多个角色。

（3）按照规则模拟经营企业。小组按照规则开始演练，在规定时间内讨论、做出决策并操作。在演练过程中，小组成员应各司其职，完成收集内外部信息、制定发展战略、做出经营决策等工作。

（4）面试官点评与总结。面试官作为观察者，需要观察并记录每个候选人在演练过程中的表现，以此判断候选人的能力水平，并对演练过程和候选人的表现做出评价。

5. 案例分析和公开演讲

案例分析和公开演讲指的是候选人阅读面试官提供的案例，对案例中提出的问题进行分析，并通过报告或公开演讲等方式解决相关问题。这种测评方法一般将比较复杂的事件或待解决的问题作为案例，如财务问题、管理过程分析问题、公关问题等。有的企业会直接让候选人选择自己擅长的领域，并进行 30～45 分钟的公开演讲。

【案例】华为通过公开演讲测评高端人才

华为十分重视高端人才。在专业领域和新业务领域，通过引进高端人才，华为补齐了技术和专业方面的能力短板。

这些高端人才大多是著名跨国企业或技术领先企业的被动求职者，收入较多，常规的面试方法和流程往往不适合他们。华为基于业界的实践经验，在面试高端人才时"以用促招"，使用公开演讲的测评方法，具体流程如下。

（1）基于业务战略诉求和候选人应聘的岗位，综合候选人过往的经历和成就，精心选择由用人主管、本业务领域及周边领域的专家、HR 组成的 4～5 人的面试官小组，对候选人进行全面考察。

（2）候选人围绕自己最擅长的领域做公开演讲，并阐明自己的优点和优势。

（3）面试官小组围绕候选人的演讲内容进行 30～45 分钟的互动，对候选人的专业能力和文化适应性等进行深入考察。

（4）面试官小组集体讨论，充分发表各自的意见，并达成共识。

华为通过公开演讲的测评方法，打破了传统面试流程中层层通关的限制，候选人可以最大限度地与企业管理团队交流。华为从真正发挥高端人才的价值出发，精准识别符合企业价值观和能力要求的高端人才。

案例分析能够考察候选人的综合分析能力、归纳提炼能力、判断决策能力和总结问题的能力。公开演讲除了能考察候选人快速反应的思维能力和应变能力，还能对候选人的语言表达能力、言谈举止、感染力、抗压能力等方面进行考察。

5.5　人才测评结果分析与报告撰写

输出人才测评结果既是人才测评工作的"临门一脚"，也是最能体现测评者水平的环节。如果人才测评结果不准确或不符合实际情况，那么整个测评过程的所有努力都会付诸东流。

5.5.1　人才测评结果分析

人才测评结果分析是人才测评的重要环节。为了输出可靠、可用的人才测评结果，企业可以使用个人导向分析、群体导向分析、测评导向分析，对人才测评结果进行深入剖析。

1. 个人导向分析

个人导向分析是基于具体测评对象的、针对个人测评结果的分析，主要包括个人特征分析、个人特征观测值的变化情况分析、个人特征与岗位特征的匹配分析。

1）个人特征分析

个人特征是指测评对象某个方面或多个方面的特点，既可以是测评对象的个性、心理特征，也可以是测评对象的行为方式，还可以是测评对象的工作态度。通过对测评对象个人特征指标的绝对值进行分析，并对测评对象的某个指标与常模进行比较（如智力），测评者可以分析测评对象的优势与不足，从而为人事决策提供依据。

2）个人特征观测值的变化情况分析。

根据测评对象历次测评结果的稳定性与变化，测评者可以分析测评对象的个人特征及其变化规律。

一方面，测评对象历次测评结果中稳定不变的特征能够比较真实地反映其个人特征，可以作为人事决策的重要依据。另一方面，由于工作适应性逐渐增强、培训进修等原因，测评对象在技术熟练程度、敬业精神等方面的表现可能越来越好；由于职业倦怠、管理冲突等原因，测评对象在工作态度、团队精神等方面的表现可能越来越差。通过对测评对象历次测评结果的变化情况进行分析，测评者可以发现测评对象出现变化的原因，并找到解决问题的办法。

3）个人特征与岗位特征的匹配分析

通过对测评对象的个人特征与测评岗位的特征进行对照，测评者可以分析测评对象的个人特征与岗位特征的匹配度。

个人特征与岗位特征的匹配分析主要有以下两个作用：一是有助于挖掘测评对象的内在潜力，找到激发测评对象工作积极性的途径，分析测评对象在职业发展过程中期望获得的帮助，从而找到企业应该为测评对象提供的条件；二是针对测评对象与岗位不匹配的个人特征，提出改进建议，提高测评对象的绩效。

2．群体导向分析

群体导向分析是以所有测评对象的总体测评结果为对象的分析。事实上，对个人测评指标的分析只有参考测评对象群体的总体情况，才能真正发挥作用。对测评对象群体的测评结果进行分析是人才测评结果分析的重要内容。

群体导向分析主要包括群体的一般统计指标分析和群体结构的合理性分析。

1）群体的一般统计指标分析

一般统计指标包括所有测评对象各个测评项目的平均成绩、最高成绩、最低成绩，所有测评对象总成绩的排序，以及所有测评对象某一测评指标成绩的排序。这些指标充分反映了测评对象的总成绩或某一测评指标成绩在所有测评对象中的相对位置，以及测评对象与群体平均水平的差距。基于这些指标，测评者可以将测评对象分为优秀、良好、合格、不合格等级别，为后续采取有针对性的激励、沟通策略提供依据。

2）群体结构的合理性分析

群体结构是指群体成员某一测评指标的人数分布情况。群体结构的合理性是指在群体内部，某一测评指标的得分分布具有科学性和互补性。例如，在群体内部，既要有性格外向、喜好交际、办事快而不精的"多血质"员工，也要有性格内向、喜欢独立思考、办事细致的"黏液质"员工，这样才能使群体成员的气质结构较为合理。

群体结构的合理性分析结果是优化群体结构的前提条件，它可以为人力资源部门采取有针对性的措施提供参考依据，有助于人力资源部门引进人才、调整岗位、优化群体结构。

3. 测评导向分析

测评导向分析是对人才测评工具的分析，可以反映人才测评工具的可信性与有效性，是人才测评结果分析的重要组成部分，主要包括测评指标的离散度分析、测评指标的相关度分析、人才测评的信度分析。

1）测评指标的离散度分析

测评指标的离散度是指所有测评对象某一测评指标成绩的离散情况。在一般情况下，测评指标的离散度越高，表明测评指标的鉴别力越强。如果测评指标的离散度较低，就表明不同测评对象的测评结果比较接近，测评指标缺乏鉴别力，难以有效鉴别测评对象的真实水平。例如，测评者对某岗位上的员工进行测评，发现在 10 分制测评量表中，对于某一测评指标，所有员工的成绩都在 9.50～9.62 分之间，因此测评者认为该测评指标的鉴别力不强，属于可有可无的测评指标。

2）测评指标的相关度分析

测评指标的相关度是指测评指标之间的相关度，以及测评指标与测评结果之间的相关度。通过对测评指标之间的相关度进行分析，测评者可以发现测评对象的某些个人特征之间的关系，从而为人才选拔提供依据。例如，测评结果显示，某岗位上的员工的自信心与工作绩效之间存在高度正相关的关系，企业应重视并加强培养该岗位上的员工的自信心，在招聘时提高"自信心"这一指标的权重，以提高该岗位的工作绩效。

若测评者发现某两个或多个测评指标的测评结果比较类似或接近，则可以在以后的人才测评中简化或合并部分测评指标，以提高人才测评的效率。例如，测评者在领导特征测评中发现，"用人能力"和"识人能力"这两个测评指标的测评结果基本相同，可以在以后的人才测评中对这两个测评指标进行合并，以精简测评量表。

通过对测评指标与测评结果之间的相关度进行分析，测评者可以评定测评指标的合理性。与测评结果之间的相关度较低的测评指标意义不大，建议删除；对于与测评结果之间的相关度较高的测评指标，测评者可以提高其在人事决策中的权重。例如，测评者在人才测评中发现，某岗位上的员工的责任心与工作绩效之间的相关度较高，可以提高"责任心"这一指标在人事决策中的权重，引导员工增强责任心，鼓励员工实现正向的自我提升。

3）人才测评的信度分析

人才测评的信度是指测评结果的可靠性，即测评结果反映测评对象的可靠程度。

信度的计算方法包括重测计算法和多人评定计算法。在对人才测评结果进行分析时，测评者可以参考上一次测评结果，计算本次测评结果与上一次测评结果的相关系数，相关系数越大，信度越高；反之则信度越低。此外，测评者还可以使用多人评定计算法，具体操作为综合计算多个测评对象的测评结果的相关系数，相关系数越大，信度越高；反之则信度越低。

5.5.2　人才测评报告的构成模块

根据测评目的、应用场景的不同，人才测评报告有不同的侧重点。

以个人为导向的人才测评报告一般包括推荐建议、综合评价、分项评价、能力评价、任用建议、组织培养建议等构成模块。测评者可以根据不同的应用场景，对人才测评报告的构成模块（见表 5-12）进行灵活的搭配。

表 5-12　人才测评报告的构成模块

构成模块	目　　的	具 体 说 明	应 用 场 景
推荐建议	用一句话或评星级的形式呈现评价结果	是否推荐上岗、能否进入企业人才池、是否重点考虑等	招聘、发展类评估、高潜人才储备
综合评价	看清测评对象的整体概貌，对其进行定性评价	在对测评对象进行综合评价时，评价内容不局限于能力素质，还包括性格特点、风格、动机等，它是对测评对象核心特点的概述性介绍	招聘、发展类评估、人才盘点、高潜人才储备
分项评价	迅速了解测评对象的优势和劣势	不局限于能力评估，还包括任职资格、履历经验、性格特征等	招聘、高潜人才储备
能力评价	按照测评标准，逐一分析测评对象的各项能力素质	围绕能力素质的定义、行为描述和测评对象各项能力素质的分数，对测评对象的各项能力素质进行评估和分析	发展类评估、人才盘点
任用建议	了解任用、激励测评对象的关键点和任用风险	任用关键点包括沟通要点、任务布置要点；激励关键点包括如何激发测评对象的工作激情；任用风险包括需要重点关注测评对象在哪些方面的表现，需要从哪些角度提升测评对象的胜任力	招聘、人才盘点
组织培养建议	测评对象的上级提出培养、发展测评对象的建议	立足测评对象的现状与未来发展的需要，提出培养、发展测评对象的建议	发展类评估、人才盘点、高潜人才储备

1．推荐建议

对于评价结果和推荐建议，测评者可以根据不同的应用场景选择不同的呈现形式。例如，在人才晋升、后备人才选拔场景中，测评者可以用推荐指数的形式展示核心结论，根据测评对象的得分，将测评对象划分为不推荐、谨慎推荐、推荐、重点推荐4个等级；在人才盘点场景中，测评者可以用胜任等级的形式展示核心结论，根据测评对象的得分，将测评对象划分为不胜任、暂不胜任、基本胜任、胜任、完全胜任5个等级。

2．综合评价

测评者应基于测评目的，综合评价测评对象，从能力、经验、价值观、特质、风格、动机（如求职动机、发展动机、管理动机）等角度概括测评对象的特点，勾勒测评对象的轮廓，对测评对象进行分析和预测，并给出评价等级和相应的结论。

好的综合评价应当突出重点、简明扼要，能够体现测评目的，并能结合工作场景提供明确的分析和预测结论。不好的综合评价看似面面俱到，实则是堆砌各个分项评价，内容零散无序，无法基于测评目的提供清晰的分析和预测结论。

3. 分项评价

在一般情况下，分项评价（能力评价）需要描述测评对象的能力素质水平和行为表现，并分析测评对象的能力素质现状对工作绩效的影响。

好的分项评价能够对测评对象的特点和行为进行详细的描述，每一个结论都至少有两条证据作为支撑，而且落脚点始终是测评对象的能力素质现状对工作绩效的影响。

不好的分项评价对测评对象的特点和行为的描述是抽象、模糊的，列出的证据不够充分，而且往往把偶然行为放大化或一般化，加入测评者的主观意愿，甚至前后矛盾，测评结果变成对测评者主观意愿的证明，脱离测评目的。

4. 任用建议

任用建议需要具体说明测评对象能够胜任什么样的岗位、如何任用测评对象、为什么要任用测评对象和任用测评对象的风险。

好的任用建议能够准确、具体地描述和测评对象匹配度较高的工作岗位，综合企业内部的实际环境、团队搭配、领导风格等因素，并给出配套的用人风险点提示。不好的任用建议模棱两可，只有结果，没有理由，而且主要是对测评对象当前的岗位进行分析，缺少通过岗位调整实现人尽其才的相关内容。

5. 组织培养建议

组织培养建议应当包括针对测评对象的工作瓶颈、发展困惑给出的原因分析和思路点拨，基于发展目标，明确测评对象在能力、经验等方面的不足，提供发展路径和行动建议，并根据测评对象的能力素质现状和综合情况，提供发挥其优势的相关建议。

好的组织培养建议应该切实、中肯，对测评对象解开困惑或明确发展方向具有启发和促进作用，而且提供的行动建议应有针对性、可操作性。不好的组织培养建议空泛、笼统，没有针对性、可操作性，不符合企业的实际情况。

5.5.3   人才测评报告的撰写

人才测评报告是通过电子文档或书面形式呈现的人才测评结果，是人才测评不可或缺的重要组成部分。通过人才测评报告，测评对象和其他报告阅读者能够对人才测评结果一目了然。

人才测评报告应当言之有物、言之有据、言之有用，这样才能帮助企业深入了解人才，做好人才的任用、激励、培养、发展工作；帮助测评对象加深对自我的认知，扬长避短、快速发展、突破瓶颈、优化职业状态，从而真正发挥自身的价值。人才测评报告的撰写要求如表 5-13 所示。

表 5-13   人才测评报告的撰写要求

等级	具 体 要 求
初级	（1）合乎语言规范和格式规范，没有错别字。 （2）语言准确、通顺，没有过于术语化或过于口语化等问题。 （3）没有前后矛盾、颠三倒四、含混模糊等问题；没有一"逗"到底、层次不清等问题。 （4）字体、段落、格式规范统一；图表的大小、格式、位置规范统一
中级	在初级的基础上，做到观点清晰、评价客观、简洁明了、层次分明、文件命名规范统一
高级	在中级的基础上，做到语言形象生动、证据充分，能够提出中肯、有效的建议

在撰写人才测评报告时，测评者应当避免以下错误倾向。

（1）过于宽容倾向或过于严格倾向：给出过于宽容或过于严格的评价，造成评价标准过于主观、随意。

（2）极端化倾向或中心化倾向：给出极端分数或中间分数。

（3）以偏概全倾向：一叶蔽目，看不到事情的全貌。例如，测评者看到测评对象在某方面表现得好，就对测评对象的其他方面给予过高的评价；反之，测评者看到测评对象某方面能力不足，就对测评对象产生偏见，对测评对象的其他方面给予低于其实际表现的评价。

（4）逻辑推断倾向：不根据测评结果进行评价，而是按照逻辑进行猜测或推断。

（5）心理定式倾向：根据个人经验，先入为主地评价测评对象，存在心理定式，偏离中立立场。

以某销售人员为例，其人才测评报告如表 5-14 所示。

表 5-14　某销售人员的人才测评报告

人才测评报告				
姓名	××	性别	男	测评时间	2022 年 12 月 31 日
推荐建议	☆☆☆☆ 胜任		测评结果有效性	有效
人才测评简介				

• 从哪些方面辨别优秀的销售人员？

基于对各行业销售人员胜任力的研究，我们总结出优秀的销售人员主要在销售技能、性格匹配、工作动力这 3 个方面优于普通的销售人员。工作动力是基础，性格匹配是保障，销售技能是必备条件。销售人员的人才测评模型如下图所示：

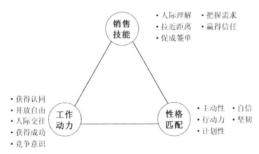

• 本测评报告的阅读说明如下：

（1）本测评报告的准确性会受测评对象作答时的认真程度、心理状态等因素的影响，请合理参考。

（2）请根据有关员工岗位胜任力的说明正确理解胜任力的含义，避免根据工作、生活经验进行简单推断，以免造成对本测评报告的误解和误用。

（3）本测评报告不是人事决策的唯一依据，相关人员需要结合其他方面的信息（如其他测评结果、面试结果等）做出决策。

（4）"整体评价"部分呈现的是测评对象的百分等级，分数越大，表示测评对象在测评群体中的位置越靠前；"详细评价"部分按照一定的规则将百分等级分成 9 个等级，分别对应不同测评对象的百分等级范围。

（5）为了便于了解测评对象在不同方面的百分等级的具体表现，"详细评价"部分将 9 个等级进一步划分为不足、欠佳、中等、较高、很高，以便详细描述测评对象的特点

续表

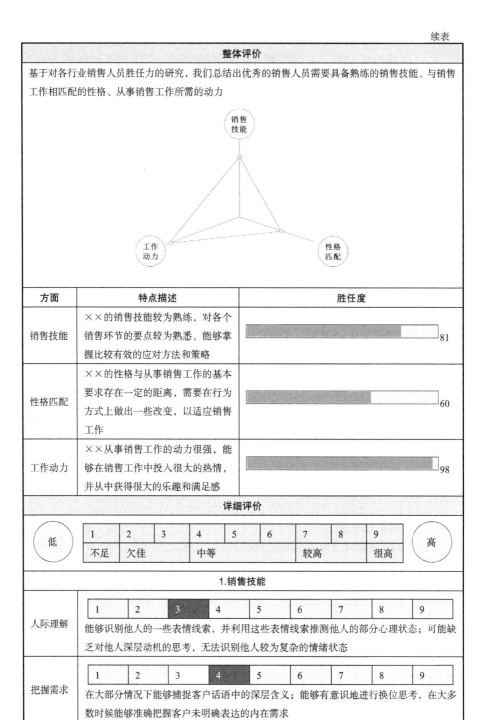

方面	特点描述	胜任度
销售技能	××的销售技能较为熟练，对各个销售环节的要点较为熟悉，能够掌握比较有效的应对方法和策略	81
性格匹配	××的性格与从事销售工作的基本要求存在一定的距离，需要在行为方式上做出一些改变，以适应销售工作	60
工作动力	××从事销售工作的动力很强，能够在销售工作中投入很大的热情，并从中获得很大的乐趣和满足感	98

详细评价

低	1	2	3	4	5	6	7	8	9	高
	不足	欠佳		中等			较高		很高	

1.销售技能

人际理解	1	2	**3**	4	5	6	7	8	9
	能够识别他人的一些表情线索，并利用这些表情线索推测他人的部分心理状态；可能缺乏对他人深层动机的思考，无法识别他人较为复杂的情绪状态								

把握需求	1	2	3	**4**	5	6	7	8	9
	在大部分情况下能够捕捉客户话语中的深层含义；能够有意识地进行换位思考，在大多数时候能够准确把握客户未明确表达的内在需求								

续表

详细评价									

拉近距离	1	2	3	4	5	6	**7**	8	9
	交谈话题能够引起客户的兴趣、关注和共鸣，在大部分情况下能够为拉近和客户的距离创造机会								
赢得信任	1	2	3	4	5	6	**7**	8	9
	在大多数时候能够用有逻辑的证据说服客户，向客户做出必要的解释或提供有效的解决方案，从而帮助客户解决问题，赢得客户的信任和尊重								
促成签单	1	2	3	4	5	6	**7**	8	9
	在信息明确和时间充足的情况下，能够准确判断签单的关键时机、关键人物和可用资源								

2.性格匹配									
自信	1	2	3	4	5	**6**	7	8	9
	愿意参加社交活动，在大多数社交场合中能够表现得较为自然、得体；在规模较大的社交场合中会感到紧张或局促								
坚韧	1	2	3	4	**5**	6	7	8	9
	在面对压力或挫折时，能够主动寻求帮助，尽快摆脱消极情绪的干扰，争取完成任务								
主动性	1	**2**	3	4	5	6	7	8	9
	很少主动推进任务；可能对分内的工作缺乏清晰的职责意识，经常拖延或疏忽，影响完成任务的时间或质量								
计划性	1	2	3	4	**5**	6	7	8	9
	在工作时比较有条理；能够从多个方面设想可能出现的问题和需要采取的措施，能够发现工作中的一些细节问题								
行动力	1	2	3	**4**	5	6	7	8	9
	有时间观念，喜欢快速行动；通常能够快速开展工作并尽快完成任务，偶尔会因为拖沓影响任务进度								

3.工作动力									
人际交往	1	2	3	4	5	6	7	**8**	9
	喜欢与他人建立合作关系，愿意与他人亲近；乐于结交新朋友，愿意扩大自己的人际圈；在人际交往中，力求避免冲突和矛盾								
获得认同	1	2	**3**	4	5	6	7	8	9
	喜欢向他人表达自己的各种想法，并力求让他人明白和接受；在工作中，他人若能接受其想法，则会极大地调动其工作热情								

续表

详细评价									
获得成功	1	2	3	4	5	6	**7**	8	9
	愿意接受有挑战性的任务；在设定目标后，通常能够利用现有资源克服困难，努力实现目标；通常能够在实现目标后设定新的目标								
开放自由	1	2	3	4	5	6	7	8	**9**
	喜欢能够自由支配个人时间和时间弹性较大的工作；不太能接受他人或各种规则的约束；更愿意从事灵活多变的工作								
竞争意识	1	2	3	4	**5**	6	7	8	9
	喜欢与他人竞争，喜欢将胜出他人作为成功的标准；能够在与他人的竞争中调动自己的积极性和热情；喜欢鼓励竞争和看重竞争结果的工作								

优劣势分析
针对××在销售技能、性格匹配、工作动力这3个方面的优劣势，建议在面试××时对以下胜任力进行进一步考察

优势胜任力	面试问题	考察点
开放自由	• 请讲述你完成一项信息比较模糊、流程或方法很不明确的任务的经历。 • 请讲述你通过独立思考完成一项任务的经历	• 任务的模糊性。 • 完成任务过程中的感受。 • 最终的任务完成情况
人际交往	• 请讲述你刚到一个陌生环境中与他人的关系，以及融入新团体的经历。 • 请讲述你与他人通力合作完成一项任务的经历	• 与他人合作或融入新团体的主动性。 • 与他人沟通时采用的方法或策略。 • 对相关经历中自身行为的反思

劣势胜任力	面试问题	考察点
主动性	• 请讲述你在执行一项任务的过程中，发现自己对该任务不感兴趣，或者觉得该任务比较枯燥、不符合自己的期望，仍坚持完成该任务的经历。 • 请讲述你在没有他人要求的情况下自发地完成一项任务的经历	• 在什么情况下调动了自控力？ • 在不情愿的情况下，为了完成任务采取了什么行动？ • 完成任务的结果

等级说明			
胜任等级	星级	得分范围与测评群体百分位	3个方面的分数范围
胜任	☆☆☆☆☆	得分＞88分，高于测评群体中96%的人	9分
	☆☆☆☆	78分≤得分≤88分，高于测评群体中78%的人	7~8分
基本胜任	☆☆☆	63分≤得分≤77分，高于测评群体中24%的人	4~6分
暂不胜任	☆☆	53分≤得分≤62分，高于测评群体中4%的人	2~3分
	☆	得分＜53分，低于测评群体中4%的人	1分

5.6　人才测评结果反馈

"念念不忘，必有回响"，收到人才测评结果反馈是测评对象最大的期待。更重要的是，基于客观的人才测评结果，测评对象能够更好地省视和定位自己，调整自己的职业发展路径，从而使人才测评结果发挥最大的价值。

5.6.1　反馈的价值和原则

反馈是人才测评的最后一个环节。在测评结束后，为了提升测评对象的工作能力，改进测评对象的工作态度，反馈者必须向测评对象反馈人才测评结果。反馈者可以采用反馈面谈的形式，进一步促进组织、测评对象的反省和自我检查。

对组织而言，反馈是管理者对组织氛围、制度、管理方式等进行评估和反省的过程。在反馈过程中，员工对人才测评结果的态度可以从不同角度反映组织管理或测评过程中可能存在的问题，如表 5-15 所示。

表 5-15　员工对人才测评结果的态度反映的问题

员工的态度	反映的问题
认为人才测评结果和自己的预期差距较大	• 测评标准、测评模型不准确，导致人才测评结果偏离测评目的。 • 问题过多、耗时过长，导致员工产生疲劳。 • 问卷中的行为化描述不足或不清晰。 • 管理者对员工的行为或态度有错误导向
质疑人才测评结果	• 员工认为组织中存在不公平的现象。 • 员工的性格比较多疑
没有任何反应	• 组织内部的文化不够开放，或者员工因惧怕权威而不敢表达最真实的想法。 • 对测评的宣传不足，无法引起员工的重视。 • 员工是"老好人"或敷衍作答

人才测评结果反馈可以充分反映测评对象的优劣势，对测评对象而言，这有助于他们省视自己在测评时的态度、表现和自己的优缺点，以便采取有针对性的措施，改正自己的缺点。此外，人才测评结果还可以为测评对象的职业发展规划、个人发展计划提供有价值的参考，有助于为学习动机和意愿较强的测评对象指明提升自我的最佳方向。

反馈面谈既可以帮助管理者进一步了解员工的能力和心理素质，从而优化组织结构、改善管理思维方式、更新知识和观念等；也可以帮助员工或应聘者全面了解自我、认识自我，确定自己的成功指数、需要付出努力的程度，以及自己与达到某种社会地位的差距。

人才测评结果一般由测评对象的直接管理者或 HR（反馈者）通过反馈面谈的形式告知测评对象。在反馈人才测评结果时，反馈者应当遵循以下 5 项原则。

1．及时性原则

无论是把人才测评结果反馈给个人还是组织，反馈者都应当遵循及时性原则，因为人是不断成长和发展的，人才测评具有一定的时效性。此外，及时反馈还能让相关人员尽快将人才测评结果应用于组织或个人实践，而不是将其束之高阁。

2．准确性原则

反馈者应该用清晰的语言或文字传达最准确的信息，明确告知测评对象其人才测评结果是什么，尽量不使用含义不明确的语言或文字，以免产生歧义，误导测评对象。

3．建设性原则

虽然人才测评结果是明确的，但是反馈者不能武断地对测评对象的优劣做出决定性判断，应提出建设性意见，帮助测评对象扬长避短，发挥自身的优势。

4．保密性原则

人才测评结果只能被反馈给相关的个人和组织，反馈者不能公开人才测评结果。

5．尊重性原则

在反馈人才测评结果时，反馈者要尊重测评对象的人格。如果反馈者做不到这一点，伤害了测评对象的自尊心，就违背了人才测评的初衷，自然无法提高测评对象的工作绩效。

5.6.2　测评反馈的准备与流程规划

为了确保测评反馈达到预期目的，反馈者要做好测评反馈的准备工作，如表 5-16 所示。

表 5-16　测评反馈的准备工作

准 备 工 作	具 体 说 明
明确面谈关键点	在反馈前，反馈者要基于测评目的，根据人才测评结果，确定面谈关键点，如测评对象的发展目标、行动计划和对测评对象的期望
确认面谈时间、地点	反馈者要根据面谈关键点确认面谈时间，并安排独立的会议室，确保在面谈时不受打扰
通知测评对象	在确认了面谈时间、地点后，反馈者要提前对测评对象说明面谈内容、目的，并与测评对象约定好时间，让其做好心理准备
了解测评对象的资料	在面谈前，反馈者要阅读测评对象的测评数据和测评报告，根据测评对象的人才测评结果，提前准备可能出现的问题的预案
设计面谈步骤	要想完成一次高效的测评反馈，反馈者需要精心设计面谈步骤，并根据测评对象的实际情况准备合适的话术

为了确保测评反馈的准确性和全面性，反馈者需要对各种测评信息进行整合。如果测评反馈是采用多种形式进行的，那么反馈者可以对测评信息进行交叉检验，以便深入分析、挖掘有助于测评对象成长和组织进步的特质。

反馈面谈的主要步骤如下。

（1）告知测评对象其人才测评结果。在面谈时，反馈者应该用陈述的口吻直白地告知测评对象其人才测评结果，不能遮遮掩掩。尤其是对于测评结果不太理想的测评对象，反馈者更应该把人才测评结果简明扼要、明确清晰地告知他们。

（2）征询测评对象对人才测评结果的想法和意见。为了更好地帮助测评对象发展，反馈者需要倾听测评对象真实的想法和意见。在倾听的过程中，反馈者要尊重测评对象，不宜在其陈述自己的想法和意见时打断对方。

（3）对测评对象的优点给予认可，对测评对象可以提升和改进的地方提出建议。在这个步骤，反馈者要引导测评对象全面省视自己，既要让测评对象看到自己的长处，也要让测评对象看到自己的短处。反馈者可以让测评对象对自己最明显的 3 个长处和短处进行分析，反馈者通过倾听了解真实情况，并与测评对象共同探讨解决方案。此外，反馈者还要着眼于未来，从测评对象的个人发展目标和企业的发展目标出发，站在更高的视角，对测评对象提出成长建议和改善建议，帮助测评对象制订下一步的行动计划。

（4）以鼓励性、积极性的口吻结束面谈。在面谈结束前，反馈者需要对面谈达成的一致意见进行简明扼要的总结，向测评对象表达对其未来工作和生活的鼓励。

5.6.3　测评反馈的技巧

测评反馈既不是简单地告知测评对象其测评等级，也不是刻意地指出测评对象的缺点，而是本着"有则改之，无则加勉"的原则，提高测评对象的工作积极性，引导其扬长避短。为了达到这个目的，反馈者可以掌握一定的技巧，向测评对象反馈其人才测评结果。

1．带动测评对象参与测评反馈

在测评反馈时，反馈者可以鼓励测评对象积极参与反馈过程，这样可以让测评对象更愿意接受人才测评结果，并基于人才测评结果反思个人行为，具体包括以下两种方法。

第一种方法是讲述倾听法，即反馈者告知测评对象其人才测评结果，让他们谈一谈自己对人才测评结果有什么样的看法，反馈者可以通过测评对象的观点进一步了解他们。此外，测评对象对这个问题的反馈还能为组织诊断提供参考信息。

第二种方法是解决问题法，即反馈者和测评对象在相互尊重、相互鼓励的氛围中，就"如何解决测评对象在人才测评中反映出来的问题"进行探讨。这个探讨的过程能够提升测评反馈的效果，测评对象可以进行深刻的自我反思、自我探索。通过这种方法，人才测评结果可以被更好地应用于测评对象的学习和发展。

2．采用"漏斗式"反馈策略

为了通过测评反馈促进测评对象反思与进步，反馈者可以采用"漏斗式"反馈策略，如图 5-10 所示。

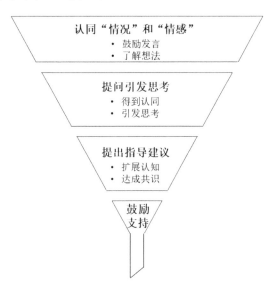

图 5-10　"漏斗式"反馈策略

　　"漏斗式"反馈策略的核心是先"跟"、再"问"、后"带"，即反馈者要先认同测评对象的说法，认同对方的"情况"和"情感"，了解对方的想法，鼓励对方说出自己的意见；在获得测评对象的信任和认可后，反馈者可以通过提问引发对方更多的思考和探索；最后，反馈者需要提出指导建议，让测评对象了解更多的情况和解决方案，和对方就行动计划达成共识，并给予对方鼓励和支持。

第

6

章 人才地图构建

人才地图可以展示企业的人才信息,帮助业务部门快速匹配符合岗位要求的人才,做出正确的人才选择,实现人岗匹配。此外,人才地图还可以为人才的未来发展指明路径,为企业的人才储备提供依据。

6.1　人才地图的定位与分类

人才地图分为对内人才地图和对外人才地图。对内人才地图是呈现企业的人才数量、人才质量和人才结构的动态地图，是对人才盘点结果的展示，有助于明确企业对人才的需求，为企业指明人才布局和发展的方向。对外人才地图有助于企业全盘了解自身需要的关键岗位人才在行业内的分布情况，帮助企业"按图索骥"，快速找到胜任关键岗位的合适人选，推动企业人才战略的实施。可见，人才地图对企业至关重要。

6.1.1　对内人才地图：牵引人才成长

对内人才地图针对的是企业内部的关键人才，能够帮助企业明确关键人才的发展现状，了解关键人才的优劣势。它可以清晰地呈现企业现有的人才资源与企业的人才需求之间的差距（包括岗位人才缺口、人才能力缺口、关键人才和后进人才情况、薪酬匹配缺口、激励力度缺口等），为企业构建人才培训、人才发展体系和招聘、选拔内外部人才提供标准与依据。

【案例】通用电气：坚持绘制人才地图

在通用电气内部有一个现象：总公司或子公司中有任何一个 CEO 离职，通用电气都会在 24 小时内宣布继任人选。通用电气之所以能做到这一点，是因为前 CEO 杰克·韦尔奇。

韦尔奇在上任后坚持开展人才盘点，绘制人才地图。据悉，通过人才盘点，韦尔奇梳理出通用电气的 5000 个备用人才。对于这些备用人才，韦尔奇坚持和他们一对一见面、聊天，并以笔记的形式详细记录他们的个人信息。

经过长期的努力，韦尔奇了解了企业内部关键人才的实际情况，对企业可以使用的人才形成了清晰的整体认知。以此为基础，通用电气针对关键岗位制定了招聘选拔、培育发展等一体化人才管理方案，并搭建了企业内部的人才梯队，为人才推动企业发展提供支撑。

对内人才地图主要有以下 3 个方面的应用价值。

1. 为制订绩效改进计划提供依据

绩效改进计划是指管理者和有待发展的员工沟通，为其创造条件、提供资源，和其共同制订的在一定时期内改进工作绩效、提高岗位产出的系统性计划。在制订绩效改进计划时，可能出现因为目标选择错误而导致员工被解雇的情况。当"绩效改进计划"与"解雇"相联系后，员工很容易抵触绩效改进计划，不愿配合，陷入恶性循环。

对内人才地图能够避免这种恶性循环，它不仅能帮助员工回顾自己的绩效表现，还能为制订绩效改进计划提供依据。根据对内人才地图，绩效改进计划可以被广泛而有针对性地用在大多数有绩效提升空间的员工身上，激发这些员工的动力，甚至培养出更优秀的员工。此外，对内人才地图还能展示员工的短板、潜力、与现任岗位的匹配度，企业可以为员工提供更有针对性的培训和帮助，或者根据员工的实际情况，把员工调整到合适的岗位上。

2. 结合胜任力模型保留和培养高潜人才

对内人才地图包含了每一个员工目前具备的专业技能和能力素质的量化记录，有助于让高潜人才浮出水面，形成企业的关键人才库。管理者可以把对内人才地图与胜任力模型结合起来，两两匹配，对高潜人才实施有针对性的保留和培养计划。

通过匹配对内人才地图和胜任力模型，管理者可以发现企业关键岗位人才的能力缺口，从而为关键岗位人才定制个性化的培训发展课程，为人力资源配置提供参考依据，并对关键岗位进行有针对性的调整与规划。

实施高潜人才的保留和培养计划是企业持续发展的重中之重。对内人才地图能够帮助企业高效识别内部的高潜人才，并对高潜人才实施有针对性的保留和培养计划，让企业发展有人才支撑，让关键岗位后继有人，让员工对工作有盼头。

3. 为优化人才规划提供支撑

对内人才地图可以清晰、直观地展现企业目前的人才质量，帮助企业识别业绩和能力较差、无法胜任岗位、无法为企业创造价值的员工。企业可以通过培训、调岗甚至辞退等方式处理他们，这样既能避免无谓的消耗，也能为招聘合适的人才扫清障碍。

此外，对内人才地图还可以帮助企业精准定位分布在不同区域的人才，结合企业的业务战略，找出企业缺失的关键人才或能力。在确定了具体的人才需求后，企业可以对标人才特征，通过各种渠道确定自身需要的人才分布在哪些行业、哪些企业、哪些岗位，并制定合适的招聘策略，吸引目标人才，为组织发展增添活力。

6.1.2　对外人才地图：助力人才引进

对外人才地图针对的是行业高端人才，通过系统绘制企业外部关键人才的分布情况，帮助企业掌握行业高端人才所在的企业、岗位和他们的资历、背景、薪酬、兴趣点、跳槽动机等。

行业高端人才往往是人才市场中的被动求职者，他们可能不会主动寻找跳槽机会。如果企业建立了行业高端人才数据库，管理者或 HR 就可以长期追踪行业高端人才，通过日常的交谈和互动，与行业高端人才建立"弱关系"，让行业高端人才了解企业的文化和动态。这样，当企业出现岗位空缺时，管理者或 HR 可以及时向行业高端人才抛出橄榄枝。通过长期追踪和沟通，行业高端人才会对企业形成一定的了解，这可以为招聘行业高端人才降低难度。基于此，针对行业高端人才的对外人才地图被广泛应用于企业对外招聘、猎头等工作。

企业对人才的需求逐渐从传统的填补岗位空缺转变为招聘可开拓新业务、占领新阵地的团队。对企业而言，绘制对外人才地图有助于其有计划、有针对性地开展人才引进工作。

第一，通过掌握人才市场中的人才情况（尤其是相关的数据和信息），企业可以形成强大的人才数据库，当招聘需求比较紧急时，企业可以快速定位优质候选人所在的企业和岗位。第二，通过收集同行的数据和信息，企业可以加深对行业人才和同行特点的了解，洞察竞争对手的人才战略布局和最新部署，提前洞悉竞争对手的产品策略和业务重点，甚至创造性地拓展新领域，前瞻性地发现和积累特定水平的专业人才，为企业形成"以未来为导向"的发展趋势做好充足的准备。第三，对外部人才进行全面了解可以为企业优化薪酬架构、组织架构提供思路，为企业制订合理的招聘计划和设定合理的招聘标准提供依据，尤其是对于战略性岗位、关键岗位，企业可以有针对性地开展员工招聘、培训、职业发展活动，并制订关键岗位的继任计划。

几乎所有猎头公司都会针对自身擅长挖猎的行业绘制对外人才地图，这是猎头公司快速、精准地挖猎客户所需人才的前提。

6.2　绘制人才地图的前期准备

绘制人才地图涉及的环节比较多，为了确保顺利绘制人才地图，前期准备的环节必不可少，具体包括把握绘制人才地图的时机、企业内部的人才盘点和企业外部的人才市场调研。

6.2.1　把握绘制人才地图的时机

一方面，工业 4.0 时代推动制造业飞速变革，各行各业加速向信息化、数字化转型；另一方面，部分企业陷入缺乏新型人才、人才断层、人才转型难等人才管理困境。随着人才管理理论与技术的日益成熟，企业管理者迫切希望绘制更加全面的人才地图，对人才进行高效管理，从而形成企业的核心竞争力。

【案例】中国企业加入高科技人才"抢夺战"

近年来，中国在高科技领域受到外部打压的情况愈演愈烈。为了改变这种受制于人的状态，中国企业开始在全球范围内抢夺高精尖人才。

中国企业在全球范围内"广撒网"，各省市纷纷响应号召，推出吸引海外高精尖人才落户的有利政策。例如，上海市某区实施高精尖导向的人才引进政策，鼓励和支持企业根据发展需要面向全球广泛吸纳人才，对于引进和培育高精尖海内外创新创业人才（团队）、建立正式劳动关系、签订劳动合同且持续时间满 1 年及以上的企业，按照区域经济发展贡献度给予奖励，对引进诺贝尔奖获得者、两院院士等国内外顶尖人才的企业给予最高不超过 500 万元的一次性奖励。

在知识经济时代，人才缺失可能直接导致企业发展受阻。绘制人才地图可以帮助企业及时洞察组织发展与人才发展的动态匹配状态，做好人才发展规划，实现企业整体健康发展。企业管理者和 HR 应该关注企业的发展情况，分析企业存在人才差距的主要原因，把握绘制人才地图的最佳时机。

1. 按照企业不同发展阶段的需要绘制人才地图

企业的发展阶段不同，对人才的需求存在差异，绘制人才地图的目的也不尽相同。

处于快速发展阶段的企业更关注市场、企业战略，希望通过高效的人才供应支撑业务拓展。处于稳定发展阶段的成熟企业倾向于每年绘制一次人才地图，以把握行业发展方向、梳理内部人才、激活人才潜力。处于转型阶段的企业更关注现金预算、支付能力，希望通过绘制人才地图高效实现人才重塑、人才升级，帮助企业完成变革与转型。

2. 在企业处于变革与转型期时绘制人才地图

如果企业处于变革与转型期，那么往往意味着当前的资源无法满足企业的需求。在变革与转型的道路上，企业会不断面临缺失人才的情况。缺失的人才从何而来？如果从外部引进人才，那么不仅意味着大量的财力与物力消耗，还可能出现引进人才与企业文化"水土不服"的现象。如果从内部培养人才，那么企业需要考虑以下 3 个问题：企业的变革与转型需要由什么样的人才推动？这样的人才在哪里？如何培养这样的人才？为了解决以上 3 个问题，企业往往需要绘制人才地图。

人才是企业打赢"变革与转型战"的"粮食"。"兵马未动，粮草先行"，培养出有效支撑企业变革与转型的人才是企业实现变革与转型目标的先决条件。

3. 在成立新事业部时绘制人才地图

如果企业计划成立新事业部、工厂或研发中心，就意味着企业即将进入新领域，需要大批量招聘某些新岗位上的员工。企业可能对新领域的人才特点不太熟悉，在这个时候，人力资源部门可以绘制人才地图，为企业的招聘工作提供依据，确保招聘工作具有较强的目的性和计划性。

当企业需要设置全新的岗位或不太清楚应该如何招聘员工的岗位时，可以绘制人才地图，为招聘相关岗位上的员工提供指引。

6.2.2 关注关键人才，分析人才需求

企业应重点关注高绩效、高潜力的关键人才，结合现在和未来的业务发展规划，明确实现战略目标所需的组织能力，对现有关键人才的类型、质量、数量进行评估，分析人才需求，实施"精兵"策略。基于业务战略的人才需求分析如图 6-1 所示。

业务发展	组织能力
战略目标规划 现状与挑战 业务布局 经营指标 关键动作	团队作风 组织协同 责任分工 领军人才 核心要求

类型	数量	质量

图 6-1　基于业务战略的人才需求分析

在对关键人才进行分析时，企业可以从业务发展的角度，分析企业未来 2～3 年的战略目标规划、实现战略目标需要做出的关键动作和业务布局、企业的现状与面临的最大挑战，以及各个部门的经营指标。通过对这些问题的分析，企业可以明确自身所需的组织能力，包括团队作风、组织协同、责任分工、领军人才、核心要求。企业可以审视关键岗位有没有空缺（若有，则填补岗位空缺的人才来源于哪里），形成基于关键岗位的人才需求表，如表 6-1 所示。

表6-1　基于关键岗位的人才需求表

单位：人

部门	关键岗位	需求数量	招聘数量	培养数量	培养名单
产品部门	产品经理	3	1	2	××、××
营销部门	营销顾问	5	4	0	—
技术部门	高级工程师	2	1	1	××

【案例】京东方物联网转型背景下的人才需求分析

京东方科技集团股份有限公司（简称京东方）创立于1993年4月，2016年7月正式升级企业定位，由半导体显示技术、产品和服务提供商转型为物联网技术、产品和服务提供商，由单一的显示器件企业转型为全球跨界物联网创新企业。

在未来几年内，京东方面临着物联网转型的巨大挑战。在所有物联网转型业务中，关键人才的成长和发展是重中之重。

在物联网转型业务领域，京东方从组织的角度搭建了"前中后台"架构：前台是分布在各个区域的创新中心，主要以"销售+交付+方案"为前端市场组织；中台是基于物联网不同细分应用场景的产品研发和技术开发组织，主要聚焦于智慧零售、智慧金融、智慧车联、智慧医工、智慧城市、工业互联网等细分领域；后台负责为整个商城提供基础设施建设、服务支持与风险管控等职能，主要承担重大组织变革和业务变革的整体协调工作。

京东方发现，其目前的人才结构和物联网转型业务不太匹配，新业务管理能力亟待提升，复合型管理人才、技术型人才供应不足。京东方的人才需求清单（部分）如表6-2所示。

表6-2　京东方的人才需求清单（部分）

岗 位 名 称	岗 位 类 别	事 业 群
物联网解决方案经理	信息技术类	智慧物联
iOS开发人员	研发类	智慧物联
高级计算机集成制造系统开发工程师	研发类	集团技术中心
新项目管理（医疗方向）	项目类	智慧医工
视觉算法工程师	研发类	智慧物联
软件产品经理	产品类	智慧物联

续表

岗　位　名　称	岗　位　类　别	事　业　群
软件开发工程师	研发类	智慧物联
营销战略人员	销售类	智慧物联
流程管理顾问	项目类	集团技术中心
数据管理顾问	项目类	集团技术中心
结构工程师	研发类	迷你/微型 LED
应用解决方案工程师	信息技术类	集团技术中心

在关键人才的管理方面，京东方面临以下 3 个挑战：如何锚定关键人才、找准关键人才的培养人群？如何让关键人才找到比较清晰的成长路径？如何在关键人才的成长过程中匹配相应的资源？

京东方通过关键人才画像确定了关键岗位上的人才应该具备的特质，并归纳以下 3 个应用场景：一是对团队 CEO 的培养和发展，二是对物联网转型业务中核心团队的分析，三是对物联网转型业务中高潜人才的培养。

在新业务的发展过程中，京东方确定了人才的主要来源：一是引进外部核心岗位人才，二是培养内部人才。京东方倾向于从内部挖掘有潜力的核心岗位后备人才，并对他们进行系统化培养。在选择和培养人才的过程中，京东方以业务战略为出发点，重点从"90 后"、业绩优秀、各事业群里对新业务有兴趣的人才中筛选，对符合上述要求的高潜人才进行系统化培养。以此为基础，京东方对核心岗位人才进行系统化布局和考虑，为物联网转型业务提供更好的人才支持。

京东方用 30 年的时间在半导体显示行业内跻身全球领先企业的行列，这与其密切洞察业务、快速锚定关键人才、合理制定人才管理举措是分不开的。基于战略性的人才布局和人才需求分析，企业可以建立动态的人才供应机制和人才管理机制，提升组织能力和绩效。

6.2.3　对关键岗位进行人才市场调研

在完成企业内部的人才需求分析后，HR 需要对企业的关键岗位进行人才市场调研，确定目标候选人所在的企业、岗位和他们的职业履历、目前的工作状态，为后续绘制人才地图夯实基础。

在开始调研之前，HR 需要梳理并确定人才市场调研的流程，如图 6-2 所示。

图 6-2　人才市场调研的流程

1．确定调研对象

HR 可以通过线上、线下招聘平台和来公司参加过面试的应聘者的信息，全面分析目标候选人的来源渠道、数量、能力素质、稳定性、重要程度等，输出如表 6-3 所示的调研对象分析表，确定重点调研对象。

表 6-3　调研对象分析表

来 源 渠 道	数 量	能 力 素 质	稳 定 性	重 要 程 度
同行公司				重点调研
合作伙伴公司				保持关注
代理公司				重点调研
学校				保持关注
猎头公司				重点调研
其他渠道				保持关注

2．明确调研内容

根据企业的人才需求，HR 需要明确调研应主要围绕哪些内容展开，包括但不限于岗位要求、任职资格、薪酬水平、工作强度、人员稳定性等内容。调研内容表如表 6-4 所示。

表 6-4　调研内容表

岗 位 要 求	任 职 资 格	薪 酬 水 平	工 作 强 度	人员稳定性

3．选择调研方式

根据不同的调研对象，HR 需要合理选择不同的调研方式，如图 6-3 所示。

典型调研	重点调研
选择有代表性的个人或部门（如营销部门）进行全面、深入的调研，判断竞争对手的人才情况	选择竞争对手中产值占比较大的项目或业绩最突出的个人进行重点调研

抽样调研	个案调研
抽取部分样本，通过对样本的调查和研究，推断总体情况	选择具体的对象和问题进行深入调研，查明原因，寻找解决方案

图6-3　不同的调研方式

4．分析调研数据

HR需要及时汇总调研结果，分析调研数据，输出人才市场调研表，如表6-5所示。

表6-5　人才市场调研表

项目经理	学　历	年　龄	技　能	职业履历	薪　酬	引入难度
A公司						
B公司						
C公司						
D公司						

在人才市场调研的过程中，最大的难点是获取目标候选人的联系方式，这也是最关键的信息。在获取目标候选人的联系方式时，HR不能违反法律法规。以下是获取目标候选人的联系方式的8个渠道。

（1）行业交流。

（2）公司内部员工推荐。

（3）招聘面试。

（4）合作伙伴公司。

（5）行业协会。

（6）专业论坛。

（7）社交平台。

（8）猎头公司等人才服务机构。

获取人才的信息不是一件一蹴而就的事情，企业管理者和 HR 需要持续积累人脉资源。系统地了解和掌握行业内的人才分布情况，有利于人力资源部门对关键人才进行快速定位与搜索。

6.3　人才地图的绘制

结合岗位职责和人才盘点结果，把关键岗位上的人才定位到不同的绩效、潜力层次，绘制多维度的人才地图，有助于企业更精确地掌握企业内部的人才分布情况，确定未来的人才需求，从而更高效地招聘人才或开展针对性培训，弥补人才缺口。

6.3.1　定义关键岗位

平衡计分卡创始人罗伯特·卡普兰曾说过："有些企业仅靠 5 种工作岗位上的员工就决定了企业 80%以上的战略重点，战略性岗位上的人才充足率（数量）和人才准备度（质量）具有重要的战略意义。"其中的"5 种工作岗位"就是企业的关键岗位。关键岗位是在企业实现战略目标的过程中承担着极其重要、不可或缺的责任的岗位，具有相对价值，不会因为任职者能力的高低而发生变化。

1. 识别和锁定关键岗位的流程

我们应该如何识别和锁定关键岗位呢？关键岗位是支撑战略发展的核心岗位，识别关键岗位应当从战略出发，通过对以下 4 个问题的思考，锁定关键岗位。

（1）企业今年的战略目标是什么？

（2）为了实现战略目标，企业需要完成哪些关键任务？

（3）为了完成关键任务，企业需要具备哪些关键能力？

（4）这些关键能力是哪些岗位具备的？

某公司从企业战略到关键岗位的推导流程如图 6-4 所示。

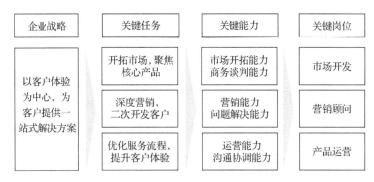

图 6-4　某公司从企业战略到关键岗位的推导流程

图 6-4 从企业战略开始，一步一步推导到关键任务、关键能力，直至找到影响企业达成战略的关键岗位。基于此，我们可以通过战略影响、绩效波动、岗位稀缺、岗位影响、领导认同这 5 个评估维度验证岗位的关键性，关键岗位评估表如表 6-6 所示。

表 6-6　关键岗位评估表

单位：分

评估维度	指　标	评估人员	分值	评分
战略影响	该岗位的缺失是否影响企业实现战略目标	HRBP	5	
	该岗位是否影响企业的经营利润与市场占比		5	
	该岗位能否显著节约成本		4	
	如果该岗位用人不当，是否会给企业带来巨大的损失		5	
	该岗位是否有创造新市场机会的潜能		5	
	该岗位的任职者犯的错误是否会给企业带来严重后果		5	
绩效波动	该岗位上的高绩效者与低绩效者的绩效是否相差数倍		4	
	如果该岗位的任职者绩效不佳，是否会被迅速发现		4	

续表

评估维度	指　　标	评估人员	分值	评分
岗位稀缺	要想吸引并留住该岗位上的优秀人才，企业是否需要花费较高的成本	招聘人员	4	
	该岗位上的人才是否很难培养	培训人员	3	
岗位影响	该岗位的任职者提升绩效是否会使组织绩效显著提升	HRBP	5	
领导认同	你认为企业中最关键的岗位是什么岗位？为什么	领导	5	

在风云诡谲的市场中，业务的发展状态和周期难以准确预测，所以识别和锁定关键岗位的流程不仅要简单、高效，还要随着企业战略、关键任务、关键能力的变化不断迭代更新。

2. 识别关键岗位的常见误区

下面我们来通过一个真实的案例了解一下，识别关键岗位有哪些常见误区。

【案例】李老师的无奈

临近年终，G公司邀请咨询顾问李老师做人才盘点。G公司的主要发展方向是机械制造，目前的员工规模将近100人，处于稳步发展阶段。人力资源总经理赵总在李老师进场前对其反复强调，老板张总特别重视人力资源工作，请李老师务必做好本次人才盘点。李老师听后信心十足，因为以前做人才盘点往往需要花费许多时间给老板做思想工作，让老板参与其中。G公司的老板如此重视人力资源工作，想必工作开展起来会很顺利。

然而，事与愿违。张总虽然特别重视人力资源工作，但是对什么岗位是关键岗位、谁是关键人才没有清晰的认知。张总对李老师说："我前几天和同行业内B公司的老板交流了一下，我觉得B公司的关键岗位应该就是我们公司的关键岗位。"李老师在和张总沟通时发现，张总对关键岗位的认知有非常大的误区。他认为，只要能参考同行的经验，就没必要花时间识别关键岗位；资深的管理层给公司立下了汗马功劳，他们任职的岗位都是关键岗位，无论剔除哪个岗位，他们都会有意见，认为公司不重视他们。

后来，李老师从专业的角度制作了定义关键岗位的分析报告，但张总对报告结论很不满意："你说营销人员重要，可如果没有市场人员，营销人员怎么跟进客户？你说人力资源不是关键岗位，可公司所有的岗位都是他们招聘的……"说到最后，每个岗位都极其重要。李老师向张总解释，关键岗位是根据战略定位来识别的，张总又不高兴了："我作为公司的老板，难道没有你了解公司战略吗？"

李老师十分无奈，他没想到之前认为开展起来会比较顺利的工作，现在却举步维艰。

上述案例中的张总表面上很重视人力资源工作，主动开展人才盘点、梳理人才结构，实际上对公司的关键岗位和关键人才没有清晰的认知，想当然地照搬其他公司的关键岗位，凭自己的感觉判断岗位是否重要，导致李老师的人才盘点工作难以开展。在没有准确识别关键岗位的情况下，人才盘点工作势必事倍功半。

在识别关键岗位时，管理者经常陷入以下3种"想当然主义"的误区。

1）只要企业类型相同，关键岗位就相同

很多管理者认为，只要企业类型相同、发展方向和业务侧重点一致、组织架构类似，关键岗位就是相同的。这种想法非常错误，管理者不能看到其他企业重点关注哪个岗位，就将自身企业的资源和重心放在相同的岗位上。上文说明过，识别关键岗位应当从战略出发，不同战略定位下的关键岗位是不同的。

2）所有管理层都是关键岗位

很多人认为管理层经验丰富、薪酬不菲，他们都是企业的关键岗位。其实不然，管理层分为支持型岗位和业务主导型岗位。例如，客户服务经理、交易服务经理等支持型岗位对战略影响、绩效波动、岗位稀缺等方面的作用不大，不能直接为企业创造核心价值，因而不能被定义为关键岗位。

3）基层岗位不是关键岗位

关键岗位的范围不局限于管理层，它们可能存在于任何一个岗位群体，有些企业中的专业性岗位或直接接触客户的基层岗位恰恰是关键岗位的主体。常见的关键岗位类型如图6-5所示，它们分别是主导企业组织和运营模式变革的领军人才、带领团队实现战略目标的核心管理层、技术水平领先的技术专家、解决战略级专业问题的业务骨干，以及对企业的销售业绩起支撑作用的营销骨干。

领军人才	核心管理层	技术专家	业务骨干	营销骨干
主导企业组织和运营模式变革	带领团队实现战略目标	技术水平领先	解决战略级专业问题	对企业的销售业绩起支撑作用

图 6-5 常见的关键岗位类型

识别关键岗位需要基于从企业战略到关键能力的解码,并通过核心评估维度加以验证。只要锁定了关键岗位,企业就能把 80%的"水"浇在 20%的"花"上。

6.3.2 实施人才盘点

任正非曾说过:"企业的经营问题,核心是人才的问题。"人才是企业的重要资产,人才有多少、人才在哪里,如何最大限度地发挥人才的价值,让人才为企业创造效益,是很多企业关注的焦点。要想解决这些问题,企业需要实施人才盘点。

人才盘点是一个对组织结构和人才系统进行全盘梳理的过程。在这个过程中,企业需要对组织结构、人才绩效、人岗匹配度、关键岗位的胜任力要求和继任人选、关键岗位人才的招聘和发展进行深入评估、充分讨论,并制订详细的组织行动计划,确保充足的优秀人才供应,以支撑企业实现战略目标和可持续发展。

人才盘点的价值是让企业全体成员对企业当前的人才情况达成全面共识;精准识别优秀的高潜人才,并对他们进行激励和培育;诊断组织的用工效率,淘汰不合格的员工,以人才驱动业务发展、支撑战略目标的实现。

人才盘点可以从以下 3 个维度来展开,分别是人才数量、人才质量和人才结构。

1. 人才数量

数量也被称为编制,定编是一项非常重要的人力资源管理工作。在盘点人才数量的时候,我们需要思考以下两点:一是基于当前的业务需要盘点人才数量,如图 6-6 所示;二是基于未来的业务需要盘点人才数量,如

图 6-7 所示。盘点人才数量的主要指标有人才充足率、关键岗位空岗率和空缺时间等。

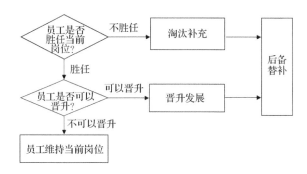

图 6-6 基于当前的业务需要盘点人才数量

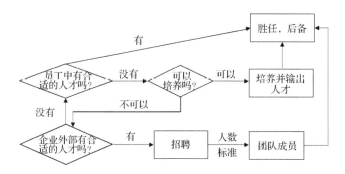

图 6-7 基于未来的业务需要盘点人才数量

在基于当前的业务需要盘点人才数量时，企业应盘点员工是否胜任当前岗位，如果不胜任，那么企业需要淘汰该员工，并在淘汰该员工后补充后备员工。如果胜任，那么企业需要评估员工是否可以晋升，若可以晋升，则根据组织需求进行相应的调整，并在调整后为当前岗位安排后备替补；若不可以晋升，则员工维持当前岗位。

在基于未来的业务需要盘点人才数量时，企业应盘点空缺的关键岗位和空缺时间，以分析和预测关键岗位未来的需求。员工中有合适的人才吗？如果有，那么企业可以将胜任者作为后备力量，在未来出现岗位空缺时，将其调整到合适的岗位上；如果没有，那么企业可以开展有针对性的培养，输出合适的人才，补充后备力量。如果企业内部无法培养，那么企业可以启动外部招聘，参考标杆企业，确定招聘的人数和标准。

2. 人才质量

质量也被称为任职资格。企业可以通过分析绩效考核结果、评价员工能力等方式，对人岗匹配度进行盘点，分析现有人才的质量，明确人才培育方向，淘汰不合格的员工。盘点人才质量的主要指标有人均效能、人力资源费、人才准备度等。

【案例】人才数量不等于人才质量

2022 年，G 公司招聘了近 1 万人，员工规模快速扩张。然而，人力资源部门在核算年度经营利润时发现，员工的人均效能直线下降。据统计，在最近一个季度的绩效考核中，30%的员工绩效不合格。人力资源部门在深入调查后发现，一项原来由 3 人负责的工作，现在由 8 人负责，不但工作量没有增加，反而因为负责员工过多，经常出现推卸责任、客户交接不清等问题，致使团队产生过多内耗、工作效率降低、客户的抱怨和投诉增多。

上述案例中的 G 公司在没有盘点现有人才质量的前提下大规模招聘，导致员工冗余，大量绩效不合格的员工充斥在岗位上，拉低了人均效能，成了公司发展的沉重包袱。在所有人才盘点维度中，人才质量往往是人才盘点最重要的关注点和最大的难点。究竟应该怎么盘点人才质量呢？企业可以参考以下 3 个步骤。

第一步，设定人才标准。

设定人才标准是一个主观评价和共识不断完善、迭代的过程。人才标准包括硬性标准和软性标准。在设定人才标准的时候，企业需要合理考虑绩效和潜力这两个因素，明确关键少数人群和可靠多数人群，正确识别人才。设定人才标准不能一味追求高、多、全，有的放矢、突出重点即可。

第二步，评估人才质量。

评估人才质量的方法分为纸笔评估和面试评估。纸笔评估包括自我评估和他人评估，如个性测评、360°评估、团队氛围测评等。面试评估包括小组面试和个人面试。不同的评估方法对时间、投入资源和评估对象的素质有不同的要求，企业应根据实际情况进行选择。

第三步，建立人才盘点机制。

人才盘点机制的核心是制衡，包括人与人的制衡、人与工具的制衡、工具与工具的制衡。

人与人的制衡是指参与评估的角色越多（如 HR、评估对象的直接上级和跨部门上级、外部咨询顾问等），越能避免徇私，各种角色也越能客观地发表意见。

人与工具的制衡是指人的主观性和工具的客观性都存在一定的局限，工具的客观评价结果应当服务于人的主观评价意见，以增强评价意见的准确性。

工具与工具的制衡是指任何一种工具都存在一定的偏差。例如，绩效高的员工如果不善于处理人际关系，其 360° 评估的平均分数就可能比较低，这对该员工是不公平的。单一的工具往往存在偏差，企业可以通过多种工具的组合来减少偏差。

基于制衡的原则，企业应采用纸笔评估和面试评估相结合的方式实施人才质量盘点，确定盘点小组的成员、盘点会议的内容和如何应用盘点结果。

3．人才结构

人才结构包括各层级员工年龄、性别、学历、工龄的占比，各层级管理者的占比，以及各岗位类别、职级的占比。盘点人才结构的核心是通过数据分析，判断人才结构失调的风险，从而提前制定防范风险的对策和方案。不同的人才结构如图 6-8 所示。

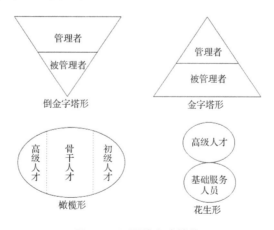

图 6-8　不同的人才结构

随着企业形态的演变，不同的企业会在不同发展阶段呈现倒金字塔形、金字塔形、橄榄形、花生形人才结构。

处于发展初期的企业或高新科技研发型企业通常呈现倒金字塔形人才结构，这意味着职级高的人员占比较大、职级低的人员占比较小。如果是所在行业变化速度较慢的企业或人才密度较高的制造型企业，那么人才结构一般为金字塔形。进入稳定发展阶段的成熟企业大多是橄榄形人才结构，根据能力的差异，可以将人才分为高级人才、骨干人才、初级人才，不同人才的边界并不明显，可以通过培养来转化。如果是资源驱动型企业或受政策影响比较大的企业，那么可能呈现花生形人才结构，占比较大的往往是高级人才和基础服务人员。

人才盘点的意义不局限于评估人才数量、人才质量、人才结构的现状和合理性，更重要的是，企业可以将人才盘点结果转化为人才地图，识别企业的人才现状和未来的人才需求之间的差距，通过采取一系列人力资源管理措施，缩小差距，解决人才数量、人才质量、人才结构方面的问题，提高人均效能，增强组织能力。

6.3.3　绘制并呈现人才地图

人才地图是对企业人才关键信息的系统性汇总和规划，不仅可以指明人才任用与发展路径，还可以量化人才缺口。

从短期来看，清晰的人才地图能够帮助人力资源部门与业务部门对企业内部的人才形成全面、准确的认知，从而及时、准确地做出合理的人才选择，避免人才流失。从长期来看，人才地图能够帮助企业掌握行业市场中的人才情况（包括各种数据、信息等），从而针对未来的业务发展建立人才储备库。

1. 绘制关键岗位的人才地图

在对比企业关键人才的供求分析结果、完成关键岗位的人才市场调研后，企业需要结合人才盘点结果，对目标企业和自身的人才情况进行对比，绘制关键岗位的人才地图，如表 6-7 所示。

表 6-7   关键岗位的人才地图

目标企业	关键岗位	姓名	资　　历	目前状态	吸引策略	联系方式
A 企业	算法工程师	××	硕士，29 岁，3 年工作经验	专业能力强、离职意愿弱	持续跟进	……
A 企业	搜索引擎优化、网站推广人员	××	硕士，31 岁，5 年工作经验	由于住址及薪酬原因，正在考虑离职	提高薪酬（年终奖）	……
A 企业	营销经理	××	本科，30 岁，8 年营销经验（其中 3 年是当前行业内的营销经验）	预计下半年来本地工作，注重职业发展路径	提供有发展前景的岗位	……
……	……	……	……	……	……	……

2. 整合人才地图

在绘制完关键岗位的人才地图后，企业需要根据最新的人才数据，分类整理目标企业的相关情况，整合人才地图（见表 6-8），方便相关人员后续查阅。

表 6-8   整合人才地图

目标企业	目标岗位	个人信息	工作强度	薪酬	引入情况	备　　注
A 企业	工程、营销	有	较高	中等	引入目标为 3 人，已引入 2 人	人才素质高、匹配性强，但该企业的人才流动率低，引入难度大
B 企业	全部	有	一般	比我司高 10%	引入目标为 2 人，已引入 0 人	人才素质高、稳定性强，福利待遇好，我司目前的待遇无法满足人才的需求
C 企业	营销	无	一般	中等	引入目标为 1 人，已引入 1 人	人才素质中等、稳定性较强、经验比较对口
……	……	……	……	……	……	……

3. 绘制组织人才地图

企业需要结合当前和未来的业务发展情况，分析人才盘点结果，绘制组织人才地图（见图6-9），全面了解组织的人才发展现状，以及与行业标杆企业之间的差距，从而有针对性、有计划性地对外招聘，对内淘汰、内调、选拔、激励、培养，搭建高效的人才梯队。

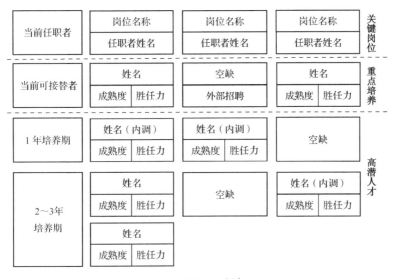

图 6-9　组织人才地图

在绘制组织人才地图的过程中，绘制者要根据企业的战略目标和未来的发展方向，确定人才需求；对标行业标杆企业的岗位分布和技能要求，与相关业务负责人交流当前的人才配置情况、成熟度、胜任力和人才缺乏的技能；评估现有人才的绩效，确定高潜人才。在绘制完毕后，绘制者可以邀请相关业务负责人修正组织人才地图，在此基础上绘制出来的组织人才地图能够帮助企业精准掌握人才分布情况，明确自身迫切需要的人才类型，建立专属的关键人才库。

4. 人才地图的呈现方式

人才地图的呈现方式主要有 3 种，分别是人才九宫格、复合型人才地图、人才卡。

1）人才九宫格

图 6-10 所示为人才九宫格，它以潜力、绩效为横坐标、纵坐标，把人才划分到 9 个不同的格子中，可以帮助企业发现优质员工和需要调整的员工。

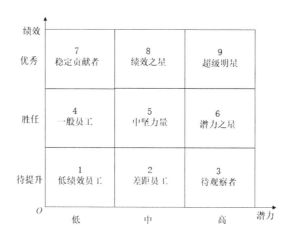

图 6-10　人才九宫格

图 6-10 的具体说明如下。

低绩效员工：既达不到预期的绩效，也没有潜力的员工。企业应调整这类员工的岗位或淘汰他们。

差距员工：具有一定的潜力，但绩效待提升的员工。企业应明确这类员工的改进要求。

待观察者：虽然具有较高的潜力，但是缺乏专业知识和经验，没有机会做出业绩的员工，通常是新提拔的员工或刚毕业的大学生。企业需要为这类员工提供全面的职业规划和培训。

一般员工：表现尚可，但潜力较低的员工。企业应保持这类员工的岗位。

中坚力量：绩效和潜力均处于中等水平的员工。企业需要给予这类员工更多的机会和培训。

潜力之星：具有较高潜力的员工。企业应给予这类员工更多的指导，根据具体情况调整岗位，发挥这类员工的特长。

稳定贡献者：能够凭借经验或专业技能创造优秀的绩效，但潜力较低的员工。企业可以让这类员工承担带教新员工的责任。

绩效之星：能够为企业创造优秀的绩效，但持续提升的潜力一般的员工。企业应给予这类员工促进其发展的机会或挑战，进一步提升这类员工的能力。

超级明星：具有很高的潜力和优秀的绩效，具备丰富经验的员工，在企业中的占比一般不超过 5%。企业可以让这类员工承担更重要的责任。

2）复合型人才地图

除了通过人才九宫格明确人才在企业中所处的位置，匹配不同的策略，企业还可以结合各岗位序列、各层级的实际情况，绘制复合型人才地图，检查人才梯队的运行情况，诊断组织的健康状况。

如图 6-11 所示的复合型人才地图分为 4 个梯队：第一梯队是超级明星，企业可以提拔他们；第二梯队是潜力之星，企业可以培养他们；第三梯队是绩效之星、稳定贡献者、中坚力量、一般员工、待观察者、差距员工，企业可以继续观察他们的成长情况；第四梯队是低绩效员工，企业可以对他们进行调整，如调岗或淘汰。

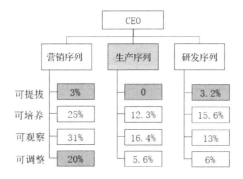

图 6-11　复合型人才地图

在图 6-11 中，不同的颜色可以反映不同组织的健康状况，具体说明如下。

营销序列的第四梯队是深色，20% 的低绩效员工可能被调岗或淘汰，这意味着营销序列需要加大招聘力度，引进新员工；可培养员工和可观察员工的占比为 56%，这意味着人才培养将成为营销团队未来的重点工作。

对比图 6-11 中的 3 个岗位序列，生产序列的健康状况最差，该序列没有可提拔的人才，急需在可培养的人才中挖掘可提拔的人才，制定人才培养方案。

3）人才卡

对于部分关键岗位，企业需要将其作为单独的个体来审视，并为其创建人才卡（见表6-9）。人才卡的内容包括人才的基本信息、工作经验和后备人才梯队情况，企业可以根据关键岗位的评估侧重点，设计相应的人才卡。

表6-9 人才卡

基本信息								
姓名		性别		年龄		人才测评分		绩效考核分
工号		部门		学历		胜任力		2021年
入职时间		岗位		管理经验		潜力		2022年
评估维度		评估总结			提升计划			
培训经验					离职风险			
调换或晋升岗位					个人认可度			
工作经验								
开始	结束	部门	岗位	职级	营销	生产	研发	职能
后备人才梯队情况								
继任类型	人数			培养发展路径				
可胜任								
需培养1~2年								

"没有地图的将军打不赢仗"，即使将军手中的地图非常粗糙，甚至不太精确，也可以帮助军队找到前行的方向。人才地图就像将军手中的地图一样，它不仅是呈现人才盘点结果的工具，还是帮助企业"排兵布阵"的"作战图"，是对企业关键人才全面、客观的评价。

6.4 人才地图的应用

人才地图的应用是企业应对人才管理挑战、控制人才管理风险的关键。通过应用人才地图，企业可以透视人才结构，寻找人才差距；甄选高潜人才，实施有针对性的人才培养计划；建立关键人才库，打造良性的人才流动机制，获得源源不断的后备人才。

6.4.1　透视人才结构，寻找人才差距

根据人才地图，企业可以对组织地图中的人才结构进行分析，洞察人才质量结构，寻找人才差距，并通过人才管理体系弥补人才差距，促使人才不断涌现，满足不同发展阶段的人才需求。

1. 绘制组织地图

根据人才地图，企业可以绘制反映人岗匹配情况的组织地图，了解每个岗位序列、每个层级的人才梯队。

图 6-12 所示为某企业针对销售序列的组织地图，其中 S 代表可以马上提拔，M 代表需要 1 年的培养时间，L 代表需要 2 年的培养时间，XL 代表需要 3 年的培养时间。分析图 6-12，我们可以发现：虽然销售 VP（Vice President，副总裁）可胜任当前岗位，但是他的后备人才梯队中的两个继任者（李成、周宁）需要 1～2 年的时间才能胜任销售 VP 的岗位。也就是说，至少在 1 年时间内，销售 VP 的岗位需要保持稳定，不能调整。

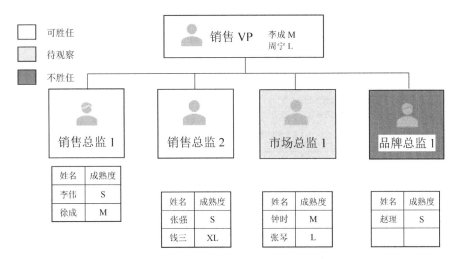

图 6-12　某企业针对销售序列的组织地图

如果企业能把所有员工都纳入可以反映人岗匹配情况的组织地图，就能对整个组织的现状、下一步的发展方向和后备人才梯队的建设情况一目了然。

2. 洞察人才质量结构

通过对比分析企业整体的人才地图、不同层级的人才地图和不同部门的人才地图，企业可以洞察人才质量结构，确定现实与目标之间的差距，制定有针对性的人才策略。

【案例】A公司的人才质量结构分析

A公司是一家区域性快消品销售公司，其业务主要扎根当地，目前的员工规模接近300人。2022年，A公司期望其业务能够覆盖全国市场。虽然A公司的员工较多，但是没有后备人才梯队作为支撑，因而迟迟找不到合适的人选外驻其他省份开展业务。在这种情况下，A公司的CEO张总联合人力资源部门的周总开展了一系列人才管理变革，他们在人才盘点上花费的精力最多。周总以"快速调整人才结构、降本增效、推动人才跨界流动"为主题开展了为期1个月的人才盘点，并绘制了相关的人才地图，具体内容如下。

1）A公司的人才九宫格和人才结构图

A公司的人才九宫格和人才结构图分别如图6-13、图6-14所示。

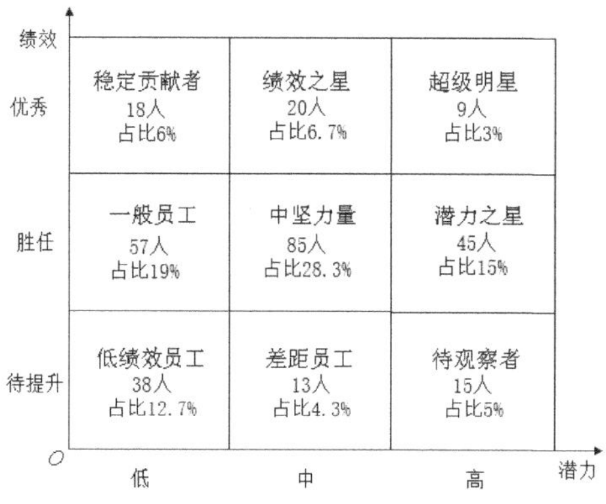

绩效			
优秀	稳定贡献者 18人 占比6%	绩效之星 20人 占比6.7%	超级明星 9人 占比3%
胜任	一般员工 57人 占比19%	中坚力量 85人 占比28.3%	潜力之星 45人 占比15%
待提升	低绩效员工 38人 占比12.7%	差距员工 13人 占比4.3%	待观察者 15人 占比5%
	低	中	高　潜力

超级明星	3%
绩效之星	6.7%
稳定贡献者	6%
潜力之星	15%
中坚力量	28.3%
一般员工	19%
待观察者	5%
差距员工	4.3%
低绩效员工	12.7%

图6-13　A公司的人才九宫格 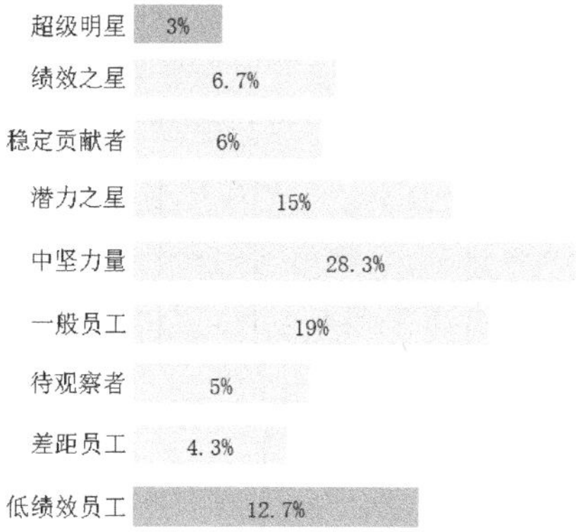　　　图6-14　A公司的人才结构图

从A公司的人才九宫图和人才结构图来看，A公司的人才队伍存在以下不足。

（1）超级明星类人才偏少，缺乏带头人才，难以帮助A公司实施外省扩张战略。

（2）低绩效员工偏多，占比达 12.7%（理想状态是 5%以内）。A 公司需要调整或淘汰部分低绩效员工，以达到降本增效的目的。

（3）后备力量不足，与理想状态相比，绩效之星和中坚力量的占比较小，缺乏标杆力量。

（4）A 公司急需通过内部培养或外部招聘来补充和替换部分员工，完成人才升级。

2）A 公司管理层的人才九宫格

A 公司管理层的人才九宫格如图 6-15 所示。

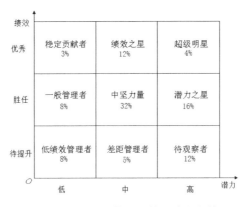

图 6-15 A 公司管理层的人才九宫格

观察图 6-15，我们可以发现 A 公司的管理层队伍存在以下问题。

（1）超级明星类管理者的占比较小，缺乏带头管理者。

（2）管理层队伍的稳定性较强，胜任者的占比达到 75%（除了低绩效管理者、差距管理者、待观察者），不过与理想状态相比仍有提升空间。

（3）由于 A 公司新提拔了一批管理者，因此待观察者的占比较大。后期，A 公司需要重点关注此类管理者的培养与发展情况。

（4）低绩效管理者的占比较大，A 公司可通过一系列人才管理措施进行调整和优化。

基于以上分析结果，A 公司认为最关键的环节是人才策略的实施。针对不同类型的员工和管理者，A 公司采用了"3B"人才策略，第一个 B 是 Buy，代表从外部招聘优秀人才（包括员工和管理者），支撑企业战略发展；第二个 B 是 Borrow，代表内部调岗，盘活人才；第三个 B 是 Build，代表注重内部人才的培养与发展。

从上述案例中可以看出，通过对比分析企业整体和不同层级的人才九宫格，企业可以洞察人才质量结构，制定相应的人才策略，实现对人才的分类管理。

6.4.2 甄选高潜人才，实施有针对性的人才培养计划

不同企业对高潜人才的定义不同。当代颇具影响力的管理咨询大师拉姆·查兰认为，高潜人才应具备 5 种关键能力，分别是有效提高时间回报率，激发他人及培养他人，成为创意及执行大师，研究客户、对手及环境，提高思考及判断能力。微软将高潜人才定义为"有能力、有承诺、有抱负晋升到更高的职位或在担任关键角色的过程中获得成功的人"。华为认为高潜人才需要具备领军人才的 5 项素质，分别是主动性、概念思维、影响力、成就导向、坚韧性。

企业需要明确自身对潜力的定义和衡量维度，识别人才质量，甄选高潜人才，实施有针对性的人才培养计划。

【知识点】各机构对潜力的定义和衡量维度

在 VUCA 时代，潜力是识别人才质量的重要标准。各机构对潜力的定义和衡量维度有所不同。

《哈佛商业评论》认为潜力是个体成长为复合型人才和适应复杂多变环境的能力。光辉国际对潜力的定义是学习敏锐度，即个体从以往的经验中正确地学习，并将所学内容成功运用于全新情境中的能力和意愿。亿康先达认为潜力是指个体具有成长性，可以应对更大的挑战。智睿咨询提出潜力是预测个体的成长性、发展前景和个体能否成为成功领导者的个性特质。商业调研与分析公司[①]认为潜力是意愿、能力、敬业度的结合。各机构对潜力的衡量维度如表 6-10 所示。

---

① 该公司于 2017 年被 Gartner 收购。

表6-10　各机构对潜力的衡量维度

机构	衡量维度		
	驱 动 因 素	足 智 多 谋	人 际 交 往
《哈佛商业评论》	正确动机、好奇心、决心、变革能力、使命必达	洞见、创造力、分析能力、决断力	感召力、感知力、参与度
光辉国际	变革敏锐度、结果敏锐度	心智敏锐度	人际敏锐度、自我认知
亿康先达	动机、好奇心、韧性	洞察力	人情练达
智睿咨询	领导力、个人发展	对复杂事务的掌控力	可靠、自信
商业调研与分析公司	事业心、自主、兴趣、积极性、权力	引领愿景、目标导向、激励他人、赋能他人	沟通表达、灵活性、敬业度

我们可以把上述5个机构对潜力的核心衡量维度归纳成一句话："有勇,有谋,会来事儿。"甄选高潜人才的根本目的是为企业选出有培养效益的人才。企业应结合自身的战略目标和能力需求进行人才盘点,选出潜力较高的"种子"人才。

在甄选高潜人才时,企业应注意以下两点。

1．人才九宫格不是绝对的选拔工具

人才九宫格是从绩效和潜力两个维度对人才进行评定的。从如图 6-10 所示的人才九宫格中可以看出,6 格、9 格中的员工属于潜力较高且能胜任工作的员工;8 格中的员工可能因为遇到暂时性的发展阻碍而呈现中潜力状态;3 格中的员工可能因为缺少培训或工作经验而绩效表现不佳。在和业务部门沟通后,人力资源部门可以有针对性地从 8 格和 3 格中选择少数员工,将他们作为高潜人才来培养。基于此,我们不建议单独用人才九宫格甄选高潜人才,企业应该结合使用其他选拔工具。

2．高绩效不等于高潜力

高绩效说明员工在当前的岗位上能够为企业做出卓越的贡献,而高潜力说明员工具备承担更大责任的能力。例如,研发技术潜力高的员工可能是

某领域的专家级人才，但其未必能胜任管理岗位，企业应在绩效评估之外设定客观的潜力衡量维度。

综上所述，企业如果能甄选高潜人才，就能有的放矢地投入资源，实施有针对性的人才培养计划。

6.4.3　建立关键人才库，打造良性的人才流动机制

如果把企业竞争比作一场"人才争夺战争"，关键人才库就是这场战争的"炮火支持"。建立关键人才库，打造良性的人才流动机制，是打赢这场战争的重中之重。

1．关键人才库的价值

关键人才库是企业关键岗位的人才资源储备池，当内部出现人才缺口时，企业可以从关键人才库中快速筛选满足自身需求的高价值人才，为自身的发展提供坚实的人才保障。关键人才库具体有哪些价值？它可以解决哪些问题呢？

（1）关键人才库可以解决企业持续发展过程中关键岗位的人才数量和人才质量不理想的问题，为企业源源不断地输送高质量人才，缩短关键岗位的空白期。

（2）关键人才库可以解决人才培养的效率和针对性不足的问题，有助于企业确定培养人群，因材施教，制定有针对性的人才培养方案。

（3）关键人才库可以解决人才激励和关键人才流失问题，有助于企业了解关键人才的发展需求，及时激励关键人才，降低关键人才的流失率。

（4）关键人才库可以解决企业对外部人才的依赖问题，满足企业内部的人才需求，降低外部人才融入企业文化的难度和用人不当的风险。

2．建立关键人才库

建立关键人才库可以分为以下 3 个步骤。

第一步，建立关键人才档案。

企业需要对关键人才进行梳理，根据人才盘点结果，对关键人才进行重要级排序，把关键人才的基本信息（如姓名、年龄、学历、部门/岗位、入

职时间、职级等）和绩效等级、评估结果、发展建议登记入档、分类归档。关键人才档案如表 6-11 所示。

表 6-11　关键人才档案

姓名	年龄	学历	部门/岗位	入职时间	职级	绩效等级	评估结果	发展建议

第二步，了解关键人才的需求。

根据关键人才档案，企业可以对关键人才进行精细化管理，了解关键人才的需求，降低关键人才的流失率。企业可以从精神需求、物质需求、职业发展需求这 3 个方面入手。

精神需求：关键人才更看重薪酬还是职场关系？如何激发关键人才的潜力（赞赏、尊重或授权）？

物质需求：关键人才的生活水平和家庭背景是什么样的？关键人才对物质的需求程度如何？

职业发展需求：关键人才未来想选择专业通道还是管理通道？关键人才晋升到目标岗位的预计周期是多长？关键人才想参加哪个类型的培训？

第三步，确定关键人才规划。

企业可以分析关键人才目前的能力、绩效和需求，结合对关键人才所在岗位的期望，帮助关键人才确定未来的发展目标和职业追求，进而为关键人才制订有针对性的培养计划，实现关键人才和企业的双赢。

【案例】华为的后备梯队建设

任正非曾说过："人才不是华为的核心竞争力，对人才进行高效管理的能力才是华为的核心竞争力。"在华为，人才被视为企业的资本，而且人力资本增值的目标优先于财务资本增值的目标。通过选拔和培养人才，华为建立了每个层级的关键人才库，并匹配了有针对性的培养方案，使人才实现跨部门、跨层级自然流动与灵活调配。华为的后备梯队建设路径如图 6-16 所示。

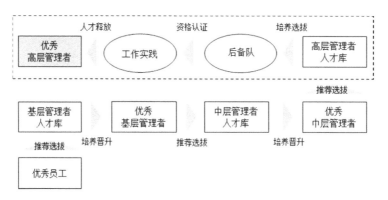

图 6-16　华为的后备梯队建设路径

以高层管理者人才库为例。基于高层管理者的能力素质要求，华为会从优秀中层管理者中推荐选拔高潜人才进入高层管理者人才库，经过培养选拔后，优秀的候选人可以进入后备队，通过资格认证的后备队成员可以参与市场运营等工作实践，进行实战训练。通过这种"训战结合"的机制，华为将一批批符合高层管理者的能力素质要求的人才汇集到关键人才库中。当出现岗位缺口时，华为会把关键人才库中的人才择优释放到相应的岗位上，让他们成为真正的优秀高层管理者。

华为的所有管理者都要经过正规训练和实战考验，才会被正式释放到相应的岗位上。这种知行合一的培养模式使关键人才库中的人才不断流动，有效避免因个人或群体的离职、异动等脱轨因素导致人才断层，既保障了企业战略的延续，又为员工搭建了公平、健康的发展平台。

6.5　人才地图的完善与优化

由于企业内外部环境的变化会随时影响组织结构和人才质量结构，因此绘制人才地图不是一次性的行动，而是持久性的行动，企业需要不断完善与优化人才地图。

6.5.1 人才地图需要动态更新

要想长久发展，企业必须在"埋头做事"的同时"抬头看路"，洞察内外部环境的变化。绘制人才地图不是一件一蹴而就的事情，各层级人员需要通力合作。人才地图不是一时之功，绘制完就被束之高阁，而是需要动态更新的。

人才地图应该多长时间更新一次呢？这个问题没有定论，企业需要结合所在行业变化速度的快慢和人才密度的高低来判断。

企业可以根据图 6-17 判断人才地图的更新周期。在图 6-17 中，纵轴代表行业变化速度，指企业所在行业的变化速度，与技术的更新迭代密切相关。横轴代表人才密度，指优秀人才在企业所有人才中的占比，占比越大，人才密度越高；占比越小，人才密度越低。

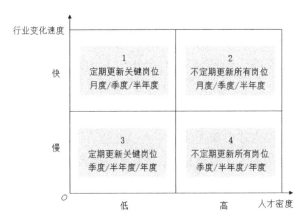

图 6-17　人才地图的更新周期

图 6-17 的具体说明如下。

1 格中多为餐饮业、零售服务业等行业的企业，如海底捞、喜茶、西贝餐饮等。这类企业的人才密度较低，大多数员工并非企业的核心人才，这类企业可以对关键岗位的人才地图进行月度/季度/半年度定期更新。

2 格中多为华为、阿里巴巴、腾讯等互联网高科技企业。因为人才密度高、行业变化速度快，所以这类企业需要根据企业战略，对所有岗位的人才地图进行月度/季度/半年度不定期更新。

3格中多为传统制造行业的企业，如格力、三一重工等。这类企业可以季度/半年度/年度为周期，定期更新关键岗位的人才地图。

4格中多为麦肯锡、新东方等咨询、教育培训行业的企业。由于人才密度高、行业变化速度慢，因此这类企业可以对所有岗位的人才地图进行季度/半年度/年度不定期更新。

此外，当出现以下4种情况时，企业也需要及时更新人才地图。

（1）企业规模迅速扩大，需要更多的优秀人才支撑业务发展。

无论是扩大规模还是发展新兴业务，企业都需要及时更新人才地图，调整人才招聘、培育计划，以支撑业务发展。

（2）企业战略转型，人才需求标准发生变化。

当人才需求标准发生变化时，企业需要及时更新人才地图，掌握人才质量和人才结构情况，制定新的人才策略。

（3）关键岗位人才大量流失，企业严重依赖外部人才。

人才梯队青黄不接、对外部人才需求量过大等问题会对企业文化和团队氛围造成负面影响。企业需要及时更新人才地图，重新识别哪些人可以重用、哪些人不可以重用、哪些人可以招聘、哪些人不可以招聘，从源头把关，及时止损。

（4）企业内部人才分布不均。

如果部门之间的人才质量悬殊，企业就需要及时更新人才地图，打造良性的人才流动机制，确保人才流通顺畅。

【案例】阿里巴巴的全年人才地图更新节奏

在阿里巴巴，马云一直强调："企业越来越大，桌子、椅子这些资产每天都盘点一遍，为什么我们不把人才盘点一遍？人才也是企业的资产，应该每年盘点一遍，看一看人才有没有增值。"从2008年开始，阿里巴巴时时关注人才，每个月度、季度、年度都要做大大小小的人才盘点。

图6-18所示为阿里巴巴的全年人才地图更新节奏。从图6-18中我们可以看出，阿里巴巴在1月做领导力360°调研和组织调研，2月在事业部年会上做总裁年度述职，3月做全员绩效评估，4月做人才盘点，5月对

新人进行组织温度调研，6 月做年度绩效、潜力回顾和晋升，8 月做组织部晋升，10 月做半年度绩效回顾，11 月做"双 11"复盘，12 月再次做组织部晋升。

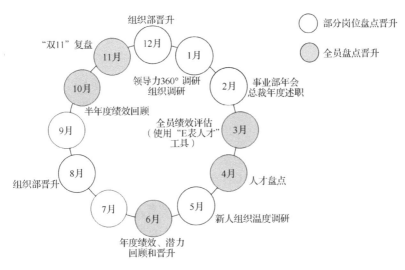

图 6-18　阿里巴巴的全年人才地图更新节奏

　　阿里巴巴的人才地图真正做到了时时更新、处处更新，每个团队管理者都能看清自己手中有多少张"王牌"，以及接下来应该采取什么样的人才策略，以确保实现财年目标。

　　企业的人才密度、所处行业变化速度的快慢和上述 4 种特殊情况都会影响人才地图的更新周期，这意味着绘制人才地图是一个持续完善与优化的过程。

6.5.2　持续完善与优化人才地图

　　世界万物是不断发展的，我们要用发展的眼光看问题。人才地图不是静止不变的，而是经常变化的，它需要及时地、最大限度地反映企业的人才情况。在对人才九宫格中的员工进行一段时间的观察后，往往会出现以下 3 种情况。

一是岗位不动、位置动：驱动力强、发展意愿强的员工可能上升到更高的格子中，企业需要给予这类员工更多的激励和培养机会；驱动力弱、低潜力、低绩效的员工可能主动离职，退出人才地图。

二是岗位动、位置动：员工的岗位发生调整，员工在人才九宫格中所处的位置随之发生变化。企业需要根据员工位置的变动情况，采取不同的措施。

三是岗位不动、位置不动：对于这类员工，部门负责人可以在和他们进行充分沟通后调整管理措施，若员工长期处于低绩效、低潜力的位置，则可以淘汰他们。

人才九宫格是一种周而复始的人才管理工具，企业需要动态关注人才的发展与变化，不断校准和优化人才九宫格。

【案例】花旗银行：让员工在人才九宫格中"行走"

人才九宫格是花旗银行的战略性人才管理工具。花旗银行认为，员工是动态发展的，无论岗位是否变化，每个员工的绩效和潜力都处于不断变化之中。从管培生、职能经理、业务经理到部门经理、区域经理，每一次岗位变化都会对员工提出新的绩效和潜力要求。花旗银行坚持每年进行人才盘点，对员工做出正确的定位，同时为处于不同格子中的员工设定下一个阶段的目标。花旗银行的人才九宫格如图 6-19 所示。

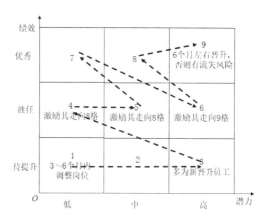

图 6-19　花旗银行的人才九宫格

我们可以从图 6-19 中看出花旗银行员工的发展路径，如 3 格中的员工潜力高，但绩效没有达到标准。该员工目前最重要的任务是提升绩效，走向 4 格。在该员工走到 4 格后，企业应激励其走向 8 格，成为中潜力、优秀绩效员工。

　　花旗银行的人才盘点是全球性的行动，从各个区域到全球，整个盘点过程需要花费一年的时间。虽然持续时间长且过程复杂，但是通过人才盘点绘制出来的人才九宫格可以使花旗银行对自己的"人才底牌"一目了然。持续完善与优化人才地图是对人才价值的系统性回顾和展望，可以有效促进人才流动，帮助企业制定精准、高效的人才管理策略。

第

7

章 岗位学习地图

当企业发展到一定规模后，企业对人才的需求和员工对成长的需求越来越多元化，人力资源部门无法仅通过培训满足这些多元化的需求。此时，企业需要建立一套员工自助的能力发展体系，这套体系的底层逻辑是学习地图。

7.1　学习地图的内涵与价值

学习地图是帮助员工明确职业发展路径和激发各层级员工的潜力的重要工具。作为最主要的一类学习地图，一方面，岗位学习地图可以定义从企业基层员工到领域专家的职业发展路径，帮助他们厘清职业生涯各阶段的重点知识和能力，指导他们迅速成长；另一方面，岗位学习地图可以帮助企业明确培训活动的路径，使企业对员工培训和发展的投资价值最大化。

7.1.1　学习地图的常见误区

行业研究数据表明，2019 年，超过 50%的企业完成了对关键岗位学习地图的构建。越来越多的企业意识到，不成体系的课程会导致培训缺少针对性和指向性，从而大幅减弱员工学习和培训的效果，造成企业资源的浪费，而学习地图能够有效改善这种情况。

构建和使用学习地图已是大势所趋。不过，在接受企业的咨询时，我们发现部分企业在构建学习地图时容易陷入一个误区——为所有岗位都构建学习地图。

企业有必要为所有岗位都构建学习地图吗？对于这个问题，不同的企业有不同的答案。企业在不同发展阶段对培训的需求如图 7-1 所示。

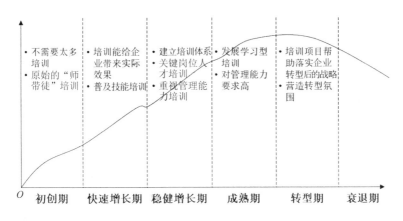

图 7-1　企业在不同发展阶段对培训的需求

处于不同发展阶段的企业对培训的要求不同。当企业发展到比较成熟的阶段或规模较大时，为了便于对培训进行管理，并为企业的晋升通道提供支撑，企业应当面向全员，构建清晰的、精细化的、覆盖所有岗位的学习地图，以打造全员学习与组织发展相辅相成的学习型组织。

　　对处于迅速发展阶段的企业或中小型企业而言，构建精细、完善的学习地图是不合理的。这些企业的岗位职责体系还不完善，部门变动性强，而且培训基础薄弱，若过早构建学习地图，则很可能在后期部分岗位职责发生变化时出现学习地图与岗位职责不匹配的情况。这些企业需要大幅度调整甚至重新构建学习地图，以适应这种变化，容易造成资源浪费。

　　举个例子，一家快速发展的公司挖来了一位大型企业的培训经理。该培训经理把大型企业的培训经验直接移植到了新公司，效果并不理想。究其原因，新公司的培训重点不是通过投入大量精力来提升所有员工的长期能力，而是解决"员工的能力跟不上快速增长的市场"这个问题。该培训经理应该抓住这个核心问题，帮助新公司从快速增长期过渡到稳健增长期。

　　在企业建立了完善的岗位职责体系、发展较为稳定后，此时是企业构建完整的、体系化的学习地图的最佳时机。对中小型企业或处于迅速发展阶段的企业而言，追求学习地图的完整性不是首要任务，正确的顺序应该是先构建关键岗位的学习地图，再逐步扩大范围，在企业的岗位职责体系稳定下来后，逐渐将学习地图覆盖更多岗位。

7.1.2　学习地图的内涵与分类

　　学习地图是基于典型的工作任务要求和展示完成工作任务所需的知识、技能的图谱，能够有效牵引员工的学习、发展和提升。某企业的学习地图如图 7-2 所示。

　　以图 7-2 中的学习地图为例，该企业的新员工需要在入职后学习新员工学习内容，经过一段时间的沉淀，成为一名能够熟练完成工作的普通员工，学习普通员工学习内容、完成实践，进入 Y 形通道。此时，该员工既可以选择纵向晋升为业务骨干、业务专家，也可以通过横向轮岗走上不同层级的管理岗位。简单来说，我们可以把学习地图理解为员工在企业内部学习和成长的指引性地图。这张指引性地图可以帮助员工快速胜任自己的岗位工作，为员工的晋升指明方向。

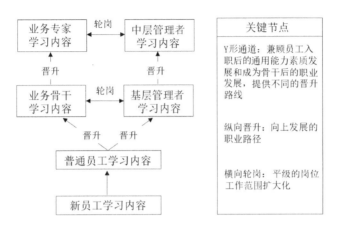

图 7-2　某企业的学习地图

根据应用领域或覆盖范围的不同，我们可以对学习地图进行不同维度的分类。

1. 根据应用领域进行分类

根据应用领域的不同，学习地图可以分为基于岗位胜任力模型的学习地图、基于学习项目的学习地图、基于产品或服务的学习地图、基于E-Learning（电子学习）课程的学习地图和基于 IDP 的学习地图。

1）基于岗位胜任力模型的学习地图

基于岗位胜任力模型的学习地图是一种非常常见的学习地图，它是以岗位胜任力模型为基础的课程体系规划。经过数十年的发展，这种学习地图已经从"从课程视角进行设计"的阶段发展到"基于组织需要的能力对学习者的要求设计课程"的阶段。构建者通过系统化解读组织需要的能力对各岗位员工的要求，根据岗位职责分析结果确定各岗位员工的学习内容，以匹配企业内部的职业成长通道。

2）基于学习项目的学习地图

基于学习项目的学习地图是另一种非常常见的学习地图，它起源于对学习项目中学习流程的系统化梳理。

按照培训教育的发展趋势，在未来，几乎所有学习项目都是混合式学习项目。混合式学习项目涉及多种学习资源和学习活动，在学习过程中，针对不同的学习者，教师需要设计不同的学习流程。优秀的学习项目大多用学习地图的形式呈现学习流程，这样可以高效指导学习者、教师、项目经理在学习过程中进行协调与配合。

3）基于产品或服务的学习地图

基于产品或服务的学习地图也被称为产品知识学习地图，这种学习地图是以产品为核心来构建的，通过对产品培训体系或产品知识库进行系统化梳理，规划使用人群的学习路径，常用于对销售人员、渠道代理商等进行培训。

基于产品或服务的学习地图对传统的产品或服务体系重新进行整理，以形象、直观的形式展现给学习者，其展现形式多种多样。优秀的产品知识学习地图不但能呈现产品知识的结构，有的甚至能把学习管理系统（Learning Management System，LMS）与学习者的学习状态结合起来，通过不同形态的学习地图，直接反馈学习者的状态。例如，耐克的产品知识学习地图用汽车的行车路线表示学习者所处的不同阶段，并标识学习者在各阶段需要掌握的产品知识，学习者在学习地图上的位置能够清晰地体现其成长路径、已掌握的产品知识和未来需要完成的学习进度。

4）基于 E-Learning 课程的学习地图

基于 E-Learning 课程的学习地图是为学习者在线学习规划的学习路径，体现了"因材施教"这一传统的理想化教学理念。以智能化技术为手段，基于 E-Learning 课程的学习地图发生了新变化——针对不同的学习者，同一门课程可以呈现完全不同的学习内容，为学习者规划有针对性的学习路径，让在线学习与学习者个人能力的匹配更精确、高效。

5）基于 IDP 的学习地图

基于 IDP 的学习地图也被称为 IDP 学习地图，是基于员工年度学习发展计划的学习地图。每个员工都应该拥有一张属于自己的 IDP 学习地图。

IDP 学习地图与基于岗位胜任力模型的学习地图不同,前者是从组织的角度设计、规划的,虽然在不同的岗位之间存在学习路径,但是学习内容是组织要求的,没有考虑学习者的个性化学习需求;后者既能满足组织对提升学习者的岗位胜任力的要求,又能满足学习者的个性化学习需求,是对前者的落地和实施,实用性更强。

本章主要探讨岗位学习地图。

2. 根据覆盖范围进行分类

根据覆盖范围的不同,学习地图可以分为整体型学习地图、群体型学习地图和重点岗位序列型学习地图。

整体型学习地图:关注点是企业整体,覆盖范围包括企业各业务部门和各层级。

群体型学习地图:关注点是企业中的关键群体,如核心管理层、后备干部、新员工等。

重点岗位序列型学习地图:关注点是企业中的重点岗位序列。当企业的培训资源、培训经费有限时,这种学习地图可以帮助企业有的放矢地开展培训活动。

7.1.3 岗位学习地图的价值

在设计学习活动时,岗位学习地图可以对岗位的能力要求和学习者需要掌握的知识、技能进行精确匹配,并根据不同层级涉及的不同知识和技能,综合分析学习者的需求特点,结合丰富多彩的学习方式,为学习者配备丰富的、结构化的学习内容。

基于岗位学习地图的培训体系超越了传统意义上的培训课程,前者通过有针对性的体验设计,大幅增加了学习者对岗位所需知识和技能的兴趣,不仅促进了企业和员工的发展,还提高了培训部门进行培训管理的效率。

从企业、培训部门、员工的角度来看,岗位学习地图的价值是不同的。

1．企业：岗位学习地图可以节约企业的成本

不同岗位对胜任力的要求是不同的。岗位学习地图可以为员工的考核、晋升、轮岗、胜任力提升提供详细的指引。

通过构建岗位学习地图，企业可以缩短员工达到胜任力要求的时间，加快员工的成长速度。对企业而言，缩短培养员工的时间就是在节约企业的成本。

2．培训部门：岗位学习地图可以为培训管理提供指导

岗位学习地图清晰地规划了岗位学习的内容和顺序，有效解决了课程对相应岗位能力缺乏指导的问题、课程与课程之间缺乏逻辑的问题，以及课程与员工的职业成长通道之间缺乏关联的问题。

当员工有培训需求时，培训部门可以基于岗位学习地图，对员工的现状进行分析，快速了解员工的能力，寻找与其能力相匹配的培训内容。

与此同时，岗位学习地图整合了大量的学习资源，培训部门可以根据培训资源、培训经费等具体条件，为员工选择合适的学习方式，从而高效开展学习活动。例如，轮岗较为频繁的企业可以通过岗位学习地图规划轮岗的标准化课程，并让员工在线学习标准化课程，从而让员工迅速了解新岗位的工作要求。

3．员工：岗位学习地图可以为员工的学习和发展导航

对于某个知识点或某种技能，岗位学习地图可以匹配多种学习方式，员工可以选择去教室上课、在线学习、参与线下工作坊或其他学习方式。

通过形象的学习方式，岗位学习地图可以清晰地为员工指明其每个阶段的学习目标是什么、应该掌握哪些学习内容、晋升或轮岗需要具备哪些能力等，帮助员工深刻理解学习内容和学习目标之间的关联，并借助岗位学习地图选择符合自身学习偏好、满足自身学习需求的学习内容。

如果能使用结合岗位学习地图和职业发展规划，员工就能以职业发展为目标、以能力提升为导向，制订专属的个人发展计划。这样，在成长和发展的过程中，员工从被动等待变成了主动学习，大大增强了学习的主观能动性，加快了个人的成长速度。

7.2 岗位学习地图的构建

构建岗位学习地图需要培训部门与业务部门协作。要想让岗位学习地图基于业务场景引导员工学习和发展，构建者应当在采取行动前充分了解岗位学习地图的构建流程，做到胸有成竹。

7.2.1 岗位学习地图的发展历程

随着知识经济时代的到来，管理者越来越意识到人才对企业发展具有重大意义，越来越重视对员工能力的培养。作为指导员工学习和发展的重要工具，岗位学习地图从 1.0 版本升级到 3.0 版本。

1. 岗位学习地图 1.0

岗位学习地图的前身是培训体系。在传统的应用过程中，岗位学习地图主要是从课程的视角进行梳理和归类的。在制订培训计划前，培训部门既缺少对组织所需能力的系统分析，也缺少对关键岗位的划分，往往凭借经验或直接按照业务部门的要求确定培训内容。岗位学习地图 1.0 示例如图 7-3 所示。

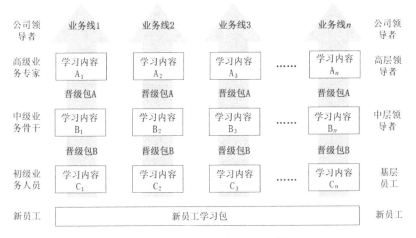

图 7-3 岗位学习地图 1.0 示例

　　在岗位学习地图 1.0 时期，一些企业已经意识到了员工能力应与企业发展相匹配，并建立了培训体系，设计了多条业务线，新员工可以选择专业通道或管理通道。不过，这个时期的学习资源较为单一，而且多条业务线之间缺少联系，只有单向的成长路径，造成组织需要的能力与课程的对应性不强，导致培训内容与岗位所需能力、岗位绩效脱节。岗位学习地图 1.0 无法为想在专业通道和管理通道之间转换的员工提供路径，难以提高员工的工作满意度，对员工的激励效果不明显。此外，岗位学习地图 1.0 还缺少对培训体系构建、课程运营过程、岗位培训效果等的评价体系和机制，致使企业缺乏针对岗位培训的有效管理办法。

2. 岗位学习地图 2.0

　　岗位学习地图的构建者在实践中逐渐意识到，从课程视角构建的岗位学习地图难以把组织需要的能力与关键岗位联系起来。为了解决这个问题，构建者开始把岗位学习地图的设计视角从课程视角转变成组织需要的能力对学习者的要求。岗位学习地图 2.0 示例如图 7-4 所示。

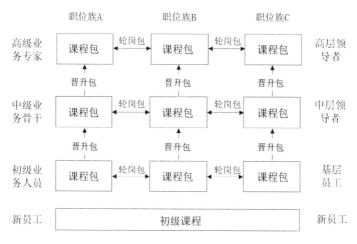

图 7-4　岗位学习地图 2.0 示例

　　岗位学习地图 2.0 更关注员工的能力成长轨迹和职业发展路径。培训部门通过系统化解读组织需要的能力对各岗位员工的要求，对员工进行细分，根据细分结果，对员工的能力成长轨迹和学习内容的先后顺序进行分析，并对课程体系进行系统化梳理,按照职级划分课程层级,在纵向上适应员工职业生涯的跃升,在横向上适应员工岗位的平行轮换,通过设计相应的支援性学习资源包(课程包、晋升包、轮岗包),连接不同路径,把路径整合成地图,从而把单一的、以课程为中心的学习活动变成"学习者+学习内容+学习方式+学习资源"的集合。

3. 岗位学习地图 3.0

以学习者为中心的教学往往能够取得最佳的教学成果。为了进一步激发员工的学习主动性,岗位学习地图 3.0 更加以学习者为中心,关注学习者之间的差异。

岗位学习地图 3.0 对员工的个人情况与学习地图进行匹配,在广泛利用学习资源的基础上,结合能力测评、绩效差异分析等手段,为员工提供指导,让员工在清晰定位自己的知识和能力的基础上,从多元化的学习方式中选择最适合自己的学习方式。

岗位学习地图已经从 1.0 版本升级到 3.0 版本,为了方便读者更直观地了解岗位学习地图的来龙去脉,我们整理了岗位学习地图的发展历程,如表 7-1 所示。

表 7-1 岗位学习地图的发展历程

版本	设计视角	学习者定位	状态	学习方式
1.0	课程	被动接受者	静态	学习方式单一
2.0	组织需要的能力 对学习者的要求	被培养者	动态	多种学习方式的组合
3.0	学习者的需求	主动学习者	个性化	多元化且能有效黏合的 学习方式

7.2.2 岗位学习地图的构建流程

构建岗位学习地图是一项大工程,构建者需要综合考虑学习者、学习内容、学习方式、学习资源等。为了使岗位学习地图更实用,提高构建岗位学习地图的效率，在正式采取行动之前，构建者应确定需要构建学习地图的岗位和切入的颗粒度。

在预算充足的前提下，稳健发展的企业或实现岗位职责体系化的企业可以构建完整的岗位学习地图。首次构建岗位学习地图的中小型企业可以先选择关键的岗位或岗位序列，再建立课程体系。鉴于学习资源的稀缺性，在选择关键岗位时，企业可以综合考虑以下 4 个方面。

（1）岗位重要性：优先选择与企业的战略目标吻合度高、企业重视的核心岗位。

（2）业务优先：优先选择对企业的业绩支持力度大的岗位，如前端业务部门。

（3）岗位人数：岗位现有人数或新增人数越多，课程体系能够覆盖的范围越广，课程体系的价值就越大。

（4）岗位稳定性：优先选择相对稳定的岗位，岗位学习地图的适用时间会更长，而且可以在短期内根据岗位情况进行动态调整。

在确定了需要构建学习地图的岗位后，构建者要选择构建岗位学习地图的方法，主要有基于任务模型和基于胜任力模型这两种构建岗位学习地图的方法，它们分别从"事"和"能"的角度出发，各有特点。在基于任务模型构建岗位学习地图时，构建者不需要使用胜任力模型，只需要根据关键的任务事项，直接映射学习内容，比较简单，适合映射流程性学习内容，如客户拜访。在基于胜任力模型构建岗位学习地图时，构建者需要进行能力分析，通过从能力到学习内容的映射构建岗位学习地图，对各种能力进行逐步分解，学习内容更全面、系统，适合映射结构化学习内容，如沟通表达。

相比之下，基于胜任力模型构建岗位学习地图的应用范围更广，其步骤包括岗位梳理、能力分析、内容设计、体系建立。这几个步骤的成果分别是岗位库、胜任力模型、学习内容、学习活动，经过整合，它们便形成了岗位学习地图。岗位学习地图的构建流程如图 7-5 所示。

图 7-5　岗位学习地图的构建流程

1．岗位梳理

通过岗位梳理，合并职责相近的岗位，划分岗位族，可以大大减少冗余或重复的课程，降低构建岗位学习地图的复杂度。

2．能力分析

胜任力模型是构建岗位学习地图的基石，基于胜任力模型的岗位学习地图能够帮助员工把握学习和发展的方向，按照层层拆解企业战略的能力要求提升自己的能力。如果企业已经构建了较为成熟的胜任力模型，那么构建者可以基于胜任力模型确定学习内容。

若需要构建学习地图的岗位没有相应的胜任力模型，则构建者需要对岗位进行能力分析，可以采用行为事件访谈、战略研讨会、能力分析研讨会等方法，导出岗位 KSA［K（Knowledge，知识）、S（Skill，技能）、A（Attitude，态度）］清单，为构建岗位学习地图提供关键支持。

【知识拓展】岗位 KSA 清单

岗位 KSA 清单是指岗位对员工的知识、技能、态度的具体要求。

知识：专业知识，指与产品、行业属性有关的理论、概念、信息；通用知识；管理知识。

技能：专业类技能，指运用概念、规则和技巧解决专业问题的能力，如处理客户投诉、开发大客户等；通用类技能，指运用通用的工具、概念和技巧解决问题的能力，如操作 Excel、有效沟通等；管理类技能，指运用概念、方法和技巧解决管理问题的能力，如辅导下级、管理项目等。

态度：包括个人素质、价值观等，属于底层能力，很难通过培养来改变，企业必须在选拔员工时考虑人岗匹配度。

3. 内容设计

内容设计是构建岗位学习地图的核心步骤，它由 3 个环节组成，分别是内容获取、内容分类、内容分级。

内容获取主要是指完成能力和学习内容之间的映射，基于胜任力模型，提炼员工需要掌握的知识和能力，并根据挖掘能力的关键点和员工的特点等，确定相应的能力提升措施，如传统的面授学习、在线学习或广义的学习活动（内部研讨、读书会、工作坊等）。

在一般情况下，不同学习者的学习需求不同，适合的学习方式也不同。例如，对于管理者，培训部门可以提供抽象或深层的理论材料；对于新员工，培训部门可以采用多媒体等学习方式。在确定了学习者和能力后，培训部门需要搜索学习内容，包括企业内部、合作伙伴和市场中的学习内容。若有成熟的学习内容，则企业可以直接购买；若没有，则企业需要设计与开发模块化学习内容，并对学习内容进行整合。

在完成学习内容的获取后，培训部门需要根据胜任力的分类、分级情况，对相应的学习内容进行分类、分级，形成各岗位族的专业类学习内容和管理类学习内容。

4. 体系建立

在完成内容设计后，培训部门需要根据不同员工的职业发展路径，把学习内容分为新员工学习内容、普通员工学习内容、管理通道学习内容、专业通道学习内容，并根据职业发展路径形成晋升包，根据岗位的核心工作要点形成轮岗包，最终形成清晰、完整的岗位学习地图。

学习发展手册是将岗位学习地图应用于员工层面的最佳工具。学习发展手册以岗位学习地图为基础，通过更直观、生动的方式和更丰富的内容，帮助员工明确自己目前所处的位置和未来的发展方向，不断激发员工的学习兴趣。

构建岗位学习地图应当由培训部门、相关领域的专家、业务经理和优秀员工共同参与，可以采用研讨会或团队共创等形式。在按照上述流程构建岗位学习地图的过程中，企业的战略地图先被转化为岗位胜任力地图，再被转化为岗位学习地图。通过直观、生动的岗位学习地图，企业可以把岗位能力、学习资源、职业发展路径有机地整合在一起，确保企业战略发展和员工能力提升紧密关联。

7.3 学习内容的设计与开发

学习内容的设计与开发是构建岗位学习地图的核心，学习内容是否合理、科学直接决定了岗位学习地图的质量。合理、科学的学习内容设计可以把课程与业务系统有机结合起来，提高员工学习和培训的效率。

7.3.1 获取学习内容

岗位学习地图包含员工从所在领域的新手成长为专家的过程中关于"何时学""学什么""怎么学""怎么考"的所有内容。在获取学习内容之前，培训部门需要进行岗位工作分析，导出岗位 KSA 清单（见图 7-6），具体步骤如下。

（1）对照岗位说明书，整理岗位关键职责。

（2）围绕岗位关键职责，分解工作任务。

（3）区分各项工作任务对应的岗位 KSA 清单，确定岗位 KSA 清单和等级要求。

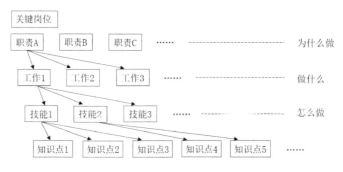

图 7-6　岗位 KSA 清单

如果没有岗位说明书，那么培训部门可以请业务专家列出各自的工作任务，在完成合并后，商讨工作任务之间的先后顺序，对各项工作任务进行二次排序，并根据工作任务与岗位绩效的关系倒推岗位职责（这个步骤最好请评审专家现场确认）。

在区分各项工作任务对应的岗位 KSA 清单时，培训部门需要从难度、重要程度、频率这 3 个维度对每一项工作任务打分，以确定最终的岗位 KSA 清单和等级要求。

在导出岗位 KSA 清单后，培训部门需要对照该清单搜索企业内外部的学习资源。这里的"学习资源"不单指培训课程，它具有更广泛的含义，如某项工作任务的交付成果案例也属于学习资源。案例能否成为学习资源，关键在于其是否具有典型性和实用性。一些看似碎片化的学习资源可以在二次整合、归纳后形成某个学习主题，为课程开发提供素材。

获取学习内容通常有以下两个渠道：一是企业内部的渠道，如与岗位工作相关的操作手册、工作说明书、流程图、专业书籍、培训教材、工具表单、工作案例等；二是企业外部的渠道，如行业出版物、培训课程资源、咨询项目留存的项目交付文件等。

在获取了学习内容后，培训部门和业务专家需要对学习内容进行整理、评估、筛选，把实用的、满足岗位实际需求的学习内容纳入企业的学习资源库，以对应的能力或工作任务为标签进行分类，将其作为相关岗位的学习资源；将过时的、与实际业务场景不符的学习内容作为课程开发的素材。

7.3.2　开发学习内容

企业获取的学习内容未必与岗位 KSA 清单完全匹配，对于无法通过现有渠道获取且对员工的发展十分重要的学习内容，培训部门需要通过开发学习内容的方式补齐它们。这样才能保证企业的学习资源与时俱进、与实际业务场景相符合，能够满足岗位和员工的需要。

开发学习内容的第一步是确定学习主题。

要想确定学习主题，培训部门需要对岗位职责（工作任务）划分模块，以基于胜任力的 KSA 模型或基于关键任务的 KSA 模型为依托，匹配有针对性的学习主题。通过岗位职责确定学习主题的具体逻辑如图 7-7 所示。

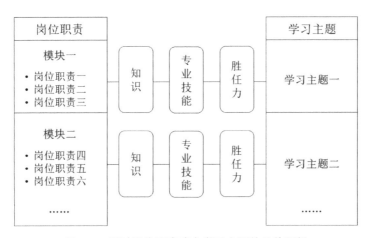

图 7-7　通过岗位职责确定学习主题的具体逻辑

对于企业缺少相关的学习资源或需要通过课程开发来提升能力的关键岗位职责，培训部门可以根据图 7-7 中的对应关系，确定学习主题。这个环节可以帮助培训部门厘清岗位职责的关键模块、相应的岗位 KSA 清单、学习主题三者之间的对应关系，明确学习主题对员工的知识和能力的具体要求，梳理需要开发的学习主题及其对应的岗位 KSA 清单。

在确定了学习主题后，培训部门需要确定学习目标，即学习者能够通过学习展示出什么或能够做到哪些事情、做到什么程度，其作用是解决课程开发需要涉及哪些内容和涉及内容的深浅等问题。在确定学习目标时，培训部门可以遵循 SMART 法则（见表 7-2），从知识、技能、态度这 3 个方面入手。

表 7-2　遵循 SMART 法则确定学习目标

维　　度	具 体 说 明	示例 （以"培育大客户"为例）
明确性	学习目标是具体的	• 学习者：区域经理 • 学习目标：
可衡量性	能否实现学习目标是可以被准确衡量的	（1）陈述与大客户建立合作关系的关键步骤。 （2）陈述与大客户强化合作关系的策略。
可达成性	学习目标是可以实现的	（3）列举实现学习目标的主要措施。
相关性	学习目标与需要解决的问题是相关的	（4）对培育大客户的要点和方法形成整体认知。
时限性	实现学习目标的时间范围	（5）制订大客户帮扶计划。 ……

传统培训经常出现的一个问题是，导师传授的知识过于概念化，无法与实际业务场景结合起来，导致学习者在课堂上听得津津有味，一回到工作场景中就不知所措，或者学习者在课堂上难以与导师形成知识的连接，学习效果大打折扣。

为了确保学习者能够把学习内容与实际业务场景结合起来，增强课程的生动性，在开发课程时，培训部门可以基于实际业务场景开发实用性较强的案例，降低学习者把所学知识迁移到实际业务场景中的难度。在开发案例的过程中，培训部门需要根据学习者的具体情况，细化案例内容，并用恰当的形式呈现各个知识点。

在完成对学习内容的整合后，对于不同的学习主题，培训部门需要根据其与具体岗位的关联、学习内容的重要程度、知识承接顺序等因素，确定不同学习内容的优先级，并按照从新手到熟练者的顺序划分员工的等级，为员工匹配相应的学习资源包。

7.3.3 设计学习方式与学习频次

设计学习方式与学习频次是构建岗位学习地图的重要环节。如果岗位学习地图的构建者能够充分考虑学习内容的重要程度、复杂程度与学习者的状态之间的关系，精心设计学习方式与学习频次，学习者在践行岗位学习地图时就能更高效地掌握岗位所需的知识和技能。

常用的学习方式包括自学、面授课程、在岗辅导，它们的优缺点如表 7-3 所示。

表 7-3 常用的学习方式的优缺点

学 习 方 式	优 点	缺 点
自学（手册、在线课堂等）	• 时间、空间灵活。 • 成本低。 • 可嵌入工作环境	• 学习效果难以保证
面授课程（工作坊、传统课堂等）	• 集中培训，深入互动。 • 形式丰富，体验感较好	• 对导师授课技巧的要求较高。 • 成本高。 • 课程规模容易受环境的限制。 • 难以嵌入工作环境
在岗辅导	• 贴合工作场景，学习者可以进行嵌入式学习。 • 互动性强，可以一对一纠正学习者的错误	• 辅导效果容易受导师的影响

从学习效率的角度来看，对于具体岗位，需要通过面授课程的方式大规模开展教学的内容并不多，员工可以通过自学的方式获取约 2/3 的学习内容。为了增强员工自学的意愿，培训部门可以实施自学效果评估，收集员工对自学效果的反馈，并把评估结果与员工的绩效或晋升联系起来。对于情景化程度高、在工作场景中发生的频率高、需要多次练习才能熟练掌握、学习强度大的知识，在岗辅导往往可以达到更好的效果。

根据岗位 KSA 清单和学习内容的分级情况，学习方式的设计如表 7-4 所示。

表7-4　学习方式的设计

学习内容		分　级		
		初　级	中　级	高　级
知识	学习目标	记忆、理解	简单应用	综合与创新应用
	学习方式 课堂培训	讲授	讨论、案例分析	学习类交流
	自我提升	阅读与自学、专业工具包	阅读与自学、专业工具包	—
	任务与体验	—	任务与体验	任务与体验
	教练辅导	—	—	练习与反馈
	培训与教练他人	—	—	培训与教练他人
技能	学习目标	理解与模仿	简单应用	熟练应用
	学习方式 课堂培训	讲授与录像	演练	模拟练习、角色扮演
	自我提升	—	自我训练	自我反省
	任务与体验	参观	练习	任务与体验
	教练辅导	示范	练习与反馈	练习与反馈
	培训与教练他人	—	—	培训与教练他人
态度	学习目标	接受与认同	行为转化	内化为价值观
	学习方式 课堂培训	电影	角色扮演、案例研究、情景模拟	
	自我提升	阅读与自学	自我训练	自我反省
	任务与体验	参观学习	演讲与拓展	
	教练辅导	接受教练辅导	接受教练辅导	—
	培训与教练他人	—	—	培训与教练他人

在设计岗位学习地图的学习频次时，比较常用的理论是"学习的乘方法则"和"训练效应的负加速曲线"。

认知心理学关于"学习的乘方法则"的理论如下。

（1）信息在被记忆的过程中会表现出"实践强化"的特性。例如，若学习者在学习知识后实践2次，则学习者对信息的记忆强度是2^2倍，即4倍；若实践3次，则学习者对信息的记忆强度是3^2倍，即9倍。

（2）"学习的乘方法则"衍生了"学习归零趋势"理论，即在培训结束30天后，无论是知识还是技能，学习者的测试分数都低于培训结束时的分数，甚至接近培训前的水平，呈现归零的趋势。

（3）能力的难易程度会影响实践的强化效果，即低难度能力的稳定性弱，容易在短时间内迅速提升或下降，如行政技能、技术知识既可以在 1 天内从 0 分提升到 85 分，也可以在 30 天内从 85 分下降到 12 分；高难度能力的稳定性强，在短时间内只能有限地提升或下降。

基于"学习的乘方法则"，在设计学习频次时，培训部门需要根据能力的难易程度、稳定性和掌握能力的先后顺序，设计恰当的实践，帮助学习者巩固所学的知识和技能，主要考虑实践的时间段、周期等因素。

如图 7-8 所示的"训练效应的负加速曲线"表明：随着频次的增加，训练效应会逐渐减弱，最终达到较高的稳定水平。

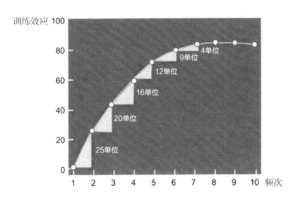

图 7-8 "训练效应的负加速曲线"

根据这个理论，培训部门在设计学习频次时可以参考以下标准：（1）对于有一定难度的知识和技能类学习内容，每个学习主题的学习频次为 3～5 次；（2）对于新员工或有一定难度的学习内容，每个学习主题的学习频次为 4～6 次；（3）对于有经验的员工或难度较低的学习内容，每个学习主题的学习频次控制在 3 次以内。

7.4 岗位学习地图的绘制、校验与落地

不同的学习活动、学习频次会达到不同的学习效果，如有的企业会为员工提供一对一辅导，有的企业则没有这种辅导。通过标准化效果最佳的学习活动绘制、校验与落地岗位学习地图，可以使企业从员工培训与发展中获得更多的收益。

7.4.1　绘制岗位学习地图

根据不同岗位的成长路径，把学习内容、学习方式、学习频次和周期结构化，并匹配相应的晋升包、轮岗包，可以形成清晰、完整的岗位学习地图。

受岗位员工规模、岗位重要性、岗位能力要求和岗位实际价值等因素的影响，岗位学习地图的呈现形式不是唯一的。在一般情况下，岗位学习地图需要体现员工在不同发展阶段的岗位职责、关键任务、岗位 KSA 清单、学习频次和周期等规划。

画布是呈现岗位学习地图的常用形式。某企业的大客户营销岗位学习地图如图 7-9 所示。

成熟期 2年以上 具备更全面、综合的业务能力，能够在实践中灵活运用技能，并持续提升绩效	**深入营销** 课程1：金融服务方案设计 课程2：企业财务报表分析（进阶篇） 行动学习：设定主题并制订行动计划	**精准实务** 课程1：供应链融资业务实务操作 课程2：国际业务实务操作、项目贷款实务操作 实操：过程研讨与计划修订	**复盘实践** 课程：投行业务实务操作 沙盘：客户经理营销沙盘模拟 行动学习：行动学习成果制作与辅导
成长期 1~2年 对公司业务及未来发展有更深层的认知，能够反思难点、关键点，并运用于工作中	**业务领航** 前置学习：公司授信业务全流程操作技巧 业务解析：公司业务条线当期重要业务宣传 课程：授信尽职调查及报告撰写	**关键应对** 课程：授信业务风险管理 辅导：授信业务跟踪与辅导反馈 研讨会：开放空间-客户经理的工作挑战及应对策略	**实务解析** 课程：小微型企业贷款实务操作 实操：票据业务实务操作 实践：复盘研讨反思，并分享实践案例
新任期 1年以下 认知客户经理角色与业务，快速适应工作，全面掌握基本业务技能	**基础认知** 领导寄语：客户经理角色定位 课程1：公司业务产品知识概述 课程2：银行监管、法律与合规概述	**业务技能** 课程1：客户营销技巧 实践：拜访陌生客户 辅导：设计客户方案 研讨会：优秀客户经理经验分享	**职业素养** 课程1：商务礼仪 课程2：企业财务报表分析（入门篇）

图 7-9　某企业的大客户营销岗位学习地图

除了画布的形式，岗位学习地图还可以用检查表的形式来呈现。检查表可以追踪员工的学习效率, 使岗位学习地图的各种信息一目了然。某企业的数据安全岗位学习地图如表 7-5 所示。

表 7-5　某企业的数据安全岗位学习地图

学习主题	学习内容	导师	学习方式	课程频次			检测方式
				学习频次/次	单次时长/小时	周期/周	
数据安全	虚拟化知识	××	线上培训	2	1	1	在线考核
			在岗实践	—	—	4	项目成果
	文档加密知识	××	线上培训	2	1	1	在线考核
			在岗实践	—	—	4	项目成果
	数据脱敏知识	××	在岗实践	—	—	2	项目成果
应用安全	互联网安全知识	××	在岗实践	—	—	2	项目成果
	安卓安全知识	××	线上培训	1	0.5	1	在线考核
			在岗实践	—	—	4	项目成果
……	……	……	……	……	……	……	……

【案例】华为的营销岗位学习地图

在快速扩张时期, 华为把营销岗位确定为企业的关键岗位, 并以营销岗位所需的能力为基础, 确定该岗位的学习路径, 对该岗位的学习内容进行设计与开发, 绘制该岗位的学习地图, 如表 7-6 所示。

表 7-6　华为的营销岗位学习地图（部分）

学习路径	学习内容	学习任务	学习频次	周期
自学阶段	• 拜访高层客户。 • 客户关系公关。 • 决策链分析。 • 项目管理相关知识	线上自学、考试	8 小时	一周
技能培训阶段	• 客户关系管理。 • 项目监控指导。 • 团队管理及商业管理	模拟演练、案例研讨	6～8 个场景	3 天
基地实习阶段	• 拜访客户实操技能。 • 管理项目实操技能	导师带领完成客户拜访和反馈	8 次	1 个月
		参加代表处营销周例会	4 次	
		分享案例	4 次	
		参加营销项目开工会、分析会	1 次	

续表

学习路径	学习内容	学习任务	学习频次	周　　期
上岗实习阶段	团队管理及内部项目运作管理	总结月度工作	3次	3个月
		主持团队内部会议	6次	
		导师辅导及反馈	3次	
		大客户接待及交流	1~2次	

华为把营销岗位的学习路径分为自学、技能培训、基地实习、上岗实习4个阶段，以模拟演练和案例研讨为主。营销岗位的储备员工必须在线上完成自学，并通过相应的考试，才能接受面授课程。在接受面授课程时，员工需要集中完成大量的模拟演练和案例研讨，实现从知识到技能的转变。在员工能够熟练运用所学的知识后，华为会通过实战训练，在真实的业务场景中打通员工对营销岗位知识体系的理解，帮助员工快速成长。

7.4.2　校验岗位学习地图

任何创作的落地都要经历头脑和行动的二次创作。在完成岗位学习地图的绘制后，培训部门需要对岗位学习地图进行校验。

对于员工的培训与发展，企业最关注的突出矛盾往往是学习内容无法培养满足业务发展需求的能力。岗位学习地图是化解这个矛盾的关键。

岗位学习地图的本质是选择合适的信息收集方式，通过专业化、体系化的数据处理，输出符合岗位实际情况的课程体系。在对岗位学习地图进行校验时，培训部门需要重点关注以下3个方面。

1．学习内容

学习内容是员工培训与发展运营管理工作的灵魂。对学习内容的校验包括两个方面：一是学习内容是否涵盖胜任力模型要求员工具备的所有能力，二是有没有把与岗位毫无关联的学习内容纳入学习体系。

2．课程结构

课程结构应当以业务开展节奏为基础。培训部门需要检查课程知识点的安排是否遵循由易到难、循序渐进的学习规律。

3．时间分配

时间分配应当与工作的优先级、复杂程度相匹配。

7.4.3 落地岗位学习地图

为了促进岗位学习地图的落地，企业需要建立培训、考核、授权、上岗管理机制，不能使岗位学习地图停留在规划学习层面，而应将其上升到对人才的"选用育留"层面，把培训责任下放给每一个员工，让员工从"要我学"转变为"我要学"。

1．学习发展手册

学习发展手册是岗位学习地图在员工层面迅速推广和应用的最佳工具。很多在人才培养方面卓有成效的企业使用过岗位学习地图指引手册、在岗实践指导手册等工具，帮助员工了解自己的职业发展路径和可选择的学习方式，促进岗位学习地图真正落地。

【案例】华为的员工职业发展手册

在员工职业发展手册中，华为把所有岗位分为管理类、通用类、营销类、技术类、生产类、研发类，针对不同类型的员工，开发相应的岗位成长体系，并利用员工职业发展手册，把岗位成长体系推广至全体员工。

华为的员工职业发展手册主要由 5 个部分构成，分别是职级系统介绍、熟悉中成长—入职篇、成长线路设计—发展篇、做最优秀的实践者—成就篇、以责任谋求共进。

发展篇明确了员工纵向发展、横向发展的机制，介绍了发展与培训计划的制订、个人职业发展流程等内容。华为把为员工制定职业发展规划、提供学习支持纳入员工职业发展手册，帮助员工明确持续成长的方向，并为员工提供有力的资源保障，最大限度地激发员工的斗志与激情。除了学习资源上的支持，对于具有较强的主观能动性、持续成长进步的老员工，华为还给予了一定的激励，如派研发人员出国深造、实施环境设施激励策略等。

华为绘制了基于岗位序列的学习地图，推动员工形成自我学习与发展的意识，为员工提升能力提供了清晰的指引。为了进一步落实岗位学习地图，华为借助员工职业发展手册，为鼓励员工关注自我学习与发展提供统一的机制。经过长时间的沉淀，人才辈出的华为打造了一个战斗力超强的"铁军"团队！

2. 对岗位学习地图与职业生涯、学习活动进行有机整合

在设计岗位学习地图的过程中，除了借助学习发展手册做好岗位学习地图的推广，培训部门还应该对岗位学习地图与职业生涯、学习活动进行有机整合。

（1）培训部门应梳理岗位的职业成长通道、职业发展路径的关键点，根据岗位学习地图准备相应的学习包，确保员工可以在晋升或调岗时通过学习包快速补齐能力短板，从而解决学习内容与岗位发展不匹配的问题。

（2）培训部门应对岗位的核心任务设计定性、定量指标，形成一套针对岗位的综合评价测试，通过测试倒逼员工主动学习。当岗位发生变动时，员工必须完成相应的测试。测试结果有助于培训部门为特定员工制订有针对性的个人发展计划，从而使员工的学习更加有的放矢。

（3）80%的岗位学习内容可以通过在线学习的形式在手机端展示，培训部门可以几门精品课程为核心支柱、以在岗辅导为学习常态，"两头重、中间轻"，从而更好地把岗位学习地图落实到工作中、嵌入到职业发展路径中，助力员工学习与发展。

【案例】微软：SPD 项目助力员工学习与发展

1995 年，微软开展了由 80 人开发和执行的 SPD［S（Skill，技能）、P（Plan，计划）、D（Development，发展）］项目，目的是让员工能力与工作相匹配，助力员工学习与发展。通过该项目，微软对每个职位族进行了能力识别，在每类能力中定义了 4 个技能层次，分别是基础层、工作层、领导层、专家层，并对各层次的能力进行了具体的描述，使其清晰、可衡量。

在此基础上，根据岗位学习地图，微软设计了职业生涯纵向发展的晋升学习包和职业生涯横向发展的轮岗学习包，并为员工提供了晋升、学习与发展的课程。例如，基层员工要想晋升为管理者，可以学习把专业能力转化为管理能力的学习内容，快速掌握管理技巧，提升自己的管理能力。当员工在不同的岗位、部门之间发生职业生涯横向转换时，微软会为其提供实现转换目标必需的学习内容，帮助员工在较短的时间内快速掌握新岗位的工作内容。

　　微软把岗位学习地图与职业生涯、学习活动有机地整合在一起，为员工提供了自学的导航系统。只要知道自己的发展方向，员工就可以在岗位学习地图上自主选择适合自己的"营养套餐"。通过这种方式，微软既满足了员工的职业发展需要，又加速了岗位学习地图的落地。

第

8

章　人才发展计划

美国领导力权威机构——创新领导中心的研究显示，成功管理者的成长很大一部分归功于有挑战的工作经历，另外一部分归功于身边有影响力的人。基于此，企业应针对高潜人才建立导师制，制订个性化的人才发展计划，让人才按照企业设计的发展路线稳步前进。

8.1　构建人才发展计划

人才发展计划作为贯穿员工成长过程的主线，不仅能帮助员工实现职业发展目标，提升员工的绩效水平，还能确保员工的职业发展目标与组织目标保持一致，提升组织的绩效水平，从而实现组织与员工的双赢。

8.1.1　人才发展计划的内涵

人才发展计划是一个既满足组织要求的岗位能力，又涵盖员工的个性化学习需求，能够帮助员工在一定周期内提升工作绩效与能力的学习发展计划。在京东内部，人才发展计划被称为"梦想契约"，员工需要与直接上级共同探讨、达成共识，并主动把该计划纳入自己的工作计划。

人才发展计划对员工层、管理层和组织层的作用如下。

1.　员工层

- 帮助员工清晰地规划自己的职业发展路径，提前掌握必需的能力，积累经验，形成职业竞争优势。
- 帮助员工获得更多的资源支持，提高成长效率。
- 提高员工的知识储备量和技能水平，激发员工的潜能，提升员工的工作绩效。

2.　管理层

- 提高管理者赋能员工、激发员工的积极性的能力。
- 推动管理者和员工建立相互信任的合作关系，提高员工对管理者的认可度。
- 搭建管理者和员工之间的沟通桥梁，高效传达组织的绩效要求，同时了解员工在工作时的心理状态，提高团队的绩效达成率。

3.　组织层

- 掌握人才队伍的发展动向，明确组织应该如何帮助员工实现职业发展目标，提高员工对企业的认可度。

- 激发员工自主学习和发展的积极性，打造学习型组织，促使企业制定有针对性的人才培养策略，提高人均效能。

企业发展和人才培养是密切相关的。实现企业人才高效质变的关键是结合企业现有的资源，充分考虑人才的现状和发展需求，帮助人才构建人才发展计划。

8.1.2　制订人才发展计划

企业应基于员工的优势或潜质，结合组织发展的需要，引导员工选择最适合自己的发展方向。人才发展计划的制订流程如图8-1所示。

图 8-1　人才发展计划的制订流程

第一步，导入人才发展计划。

企业可邀请人才发展专家或人力资源专家对员工及其直接上级开展人才发展计划培训，让员工了解人才发展计划的制订流程、工具和重要性，减少相关参与者对人才发展计划的认知偏差，提高计划实施效果。导师可以先讲解优秀的人才发展计划样本，再让员工构思自己的人才发展计划，并在这个过程中解答员工的疑问，帮助员工更好地理解人才发展计划。

第二步，员工认知。

在制订人才发展计划之前，员工对自身形成客观的认知是非常重要的。这一步需要员工的直接上级介入，为员工提供岗位胜任标准、上级评价等各种资料。

（1）直接上级可以通过面谈了解员工的职业发展目标、兴趣和发展意图。

（2）直接上级应让员工明确所在岗位目前和未来的胜任标准、发展目标，分享自己对员工存在的差距的认知，帮助员工充分、客观地了解自身的优劣势。

（3）企业应为员工匹配合适的导师，既可以从企业的导师库中指派或让员工的直接上级担任导师，也可以让员工选择信赖的导师，参与制订人才发展计划的整个流程。

第三步，确定目标。

首先，员工需要通过对自我的认知和对岗位的理解，明确自己的发展领域，即员工想在哪个领域发展。然后，员工需要梳理并确定重点发展项目，一个季度一般是 1～2 个发展项目。最后，员工需要基于现在的岗位要求，明确自己需要提升哪些方面、自己的目标岗位是什么、自己的职业发展目标是什么，以及为了实现职业发展目标需要在哪些方面努力，自己要在多长时间内实现该目标。这个步骤的关键是确保员工的职业发展目标与组织目标保持一致。

第四步，选择策略。

员工应围绕自己的职业发展目标，遵循 "721" 法则（项目实践、轮岗锻炼的占比为 70%，上级、导师、同事辅导的占比为 20%，企业内外部正式学习的占比为 10%），选择实践、培训、自学等多元化的学习方式。

第五步，制订计划。

人才发展计划应包括员工的基本信息、职业发展目标、学习内容、学习方式和起止时间、学习效果、评估人等内容。员工应制订详细、具体、可落地的人才发展计划。

第六步，确认计划。

在制订完人才发展计划后，导师、直接上级需要与员工进行多次沟通，并优化该计划。企业可邀请人才发展专家、导师、员工的直接上级对人才发展计划的具体内容进行评估和调整。调整后的人才发展计划需要由员工、直接上级、导师签字确认，并承诺履行。

【案例】宝洁的全员人才发展计划制订流程

宝洁之所以被称为 "CEO 的摇篮"，主要是因为其历任总裁都是通过内部培养上岗的。此外，宝洁还向微软、eBay 等大型企业输送了大量人才。这得益于宝洁在 "员工是企业最宝贵的财富" 这一观念的指导下，建立了非常强大的人才培养体系。其中，为全员制订人才发展计划是宝洁建立人才培养体系的起点。

宝洁非常重视对员工进行针对性培养。每个年度，宝洁的经理都会与员工进行年度个人发展面谈，并共同制订员工的人才发展计划。人才发展计划包括4个要素，分别是工作成果回顾、未来工作目标、职业兴趣和个人行动计划。

图 8-2 所示为宝洁的全员人才发展计划制订流程。从图 8-2 中可以看出，首先，宝洁的经理会向员工分享组织的工作计划，澄清企业的战略目标；其次，员工按照模板初拟人才发展计划；再次，经理和员工一起回顾过去一年的成果，对员工的实际能力和能力要求、实际绩效和期望绩效进行对比分析，找到员工进一步提升自己的机会，并对人才发展计划的每一个要素进行讨论和优化，明确员工下一个阶段的学习行动；最后，双方签字确认人才发展计划，达成共识。

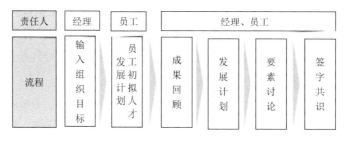

图 8-2　宝洁的全员人才发展计划制订流程

在宝洁，上至 CEO，下至生产线上的工人，每一个员工都有自己的人才发展计划。宝洁要求经理和员工每个季度至少要对人才发展计划进行一次总结、回顾，及时调整和优化人才发展计划，扫清妨碍员工执行人才发展计划的障碍。正是在这种机制的作用下，宝洁的员工不断历练、成长，企业的绩效也稳步上升。

8.1.3　人才发展计划工具

人才发展计划的核心是提升绩效，即对员工的职业发展和能力提升进行量化、评估。因此，人才发展计划的内容应该以职业发展和能力提升为中心来设计。

人才发展计划如表 8-1 所示，其主要包括以下内容。

表 8-1　人才发展计划

基本信息					
姓名		性别		出生日期	
入职时间		一级部门		二级部门	
岗位		职级		直接上级	
教育经历	起始日期	截止日期	学校	专业	学历
工作经历	起始日期	截止日期	公司	部门	岗位
个人现状					
项目	完成周期	内容描述（量化）		上级评价	
优势					
不足					
职业发展目标					
1 年职业发展目标					
2～3 年职业发展目标					
异地调动意愿		□不愿意		□愿意 可以调动的区域：	
发展计划					
学习方式	发展项目	行动内容	起止时间	评估指标	评估人
在岗实践					
导师辅导					
团队培养					
课程培训					
自学					
回顾日期：		□半年度		□年度	
☑以上内容经过充分沟通，已达成共识，我同意该发展计划		本人签字： 日期： 直接上级签字：　　　　　　导师签字： 日期：　　　　　　　　　　日期：			

（1）基本信息：员工的个人信息、教育经历、工作经历等。

（2）个人现状：员工的工作贡献、优势、不足等。

（3）职业发展目标：员工的 1 年职业发展目标、2～3 年职业发展目标，可以细化为企业中的具体岗位。

（4）发展计划：按照"721"法则，员工的学习方式可以分为在岗实践（70%）、导师辅导和团队培养（20%）、课程培训和自学（10%）。相关参与者应制订具体、可落地的发展计划，设定合理的起止时间，确定评估指标和评估人，对发展计划进行阶段性回顾。员工、直接上级、导师需要根据发展计划的详细内容确定回顾日期（一般一个季度回顾一次），并签字确认人才发展计划。

人才发展计划是人才发展的核心工具。制订该计划是一个不断迭代的过程，企业需要定期回顾与复盘，及时对该计划进行调整和优化。

8.2　落实人才发展计划

"三分部署，七分落实"，比部署人才发展计划更重要的是落实人才发展计划。员工应按照时间节点，坚决落实人才发展计划。员工的直接上级和导师应为员工提供辅导、资源支持，并定期与员工回顾、复盘计划落实情况，优化员工的人才发展计划。

8.2.1　完善人才发展计划

按照成人学习法则，从"知"到"行"是将学习成果转化为行动能力的过程。人才发展计划可以按照该法则来完善。

人才发展计划也被称为员工绩效改进计划，是提高员工绩效与能力的系统性计划。人才发展计划中的每一个发展项目都需要设计详细的行动内容、时间周期和衡量提升效果的评估指标。这些内容不是一成不变的，而是需要根据实际情况进行更新和完善的。在员工开始执行人才发展计划后，评估工作要伴随每一个发展项目,贯穿始终,评估指标也要根据行动内容进行量化和更新。

此外,按照"721"法则分解行动内容也是非常有必要的。例如,某企业部门主管的人才发展计划(部分)如表 8-2 所示,其中一个发展项目是"提高团队管理技巧"。相比于一次性完成所有行动内容,该部门主管可以先按照"721"法则,把行动内容分解成 6 项具体内容,再根据不同内容之间的逻辑关系和相关性进行优先级排序,合理安排学习时间。

表 8-2 某企业部门主管的人才发展计划(部分)

学习方式	发展项目	行动内容	……
自学	提高团队管理技巧	阅读书籍《卓有成效的管理者》《调动员工积极性的七个关键:稻盛和夫经营问答》,并做读书笔记	……
课程培训		学习管理者角色认知、激励辅导课程	……
在岗实践		与部门核心员工单独沟通两次	……
		与部门全体员工沟通一次,多倾听,少发表意见	
导师辅导		上报问题,寻找解决办法	
		导师实景辅导,提出改进建议	
……	……	……	……

8.2.2 执行人才发展计划

在执行人才发展计划的过程中,经常出现以下 3 种情况:一是员工没有动力、意愿执行人才发展计划;二是员工由于岗位轮换、工作繁忙等原因,耽搁了人才发展计划;三是员工虽然执行了人才发展计划,而且觉得自己积累了丰富的理论和实践经验,但是在工作中解决不了实际问题。

对于以上 3 种情况,如何让人才发展计划真正助力员工成长和发展呢?我们可以参考如图 8-3 所示的人才发展计划执行模型。

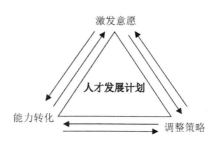

图 8-3 人才发展计划执行模型

1．激发意愿

员工没有意愿的原因有很多，有的员工认为自己的能力已经到达"天花板"，没有提升的空间；有的员工处于职业倦怠期，对新鲜事物提不起兴趣；还有的员工对自己现在的状态很满意。

要想激发员工的意愿，首先，我们要挖掘影响员工的意愿的主要因素，对症下药；其次，帮助员工分析问题的不良影响及后果，管理员工对未来的工作和生活状态的期望；最后，以部门为单位，给予员工物质上和精神上的双重激励，如在年底时评选"执行人才发展计划优秀个人"等奖项。

2．调整策略

目标越清晰，策略往往越有效。我们要基于组织、员工的期望和企业的资源，明确职责边界，取消无效和低效的业务场景，按照"721"法则，在员工执行人才发展计划的过程中合理调整策略，以挑战性任务为核心，为员工设计跨部门协调、担任项目小组长等业务场景，锻炼员工的实践能力，把个人成长融入日常工作。同时，我们可以采取让员工阅读资料或线上、线下培训等辅助策略。人才发展计划的周期通常是一年，在这个周期内，我们可以根据发展项目设置阶段性的里程碑节点，不断评估和回顾计划执行情况。

3．能力转化

在积累了丰富的知识和经验后，员工需要建立自己的知识体系，在工作中遇到问题时，运用头脑中的知识解决问题；在解决问题时，总结、归纳方法论，完善知识体系。员工需要通过不断的刻意练习，定期整理和更新自己的知识经验库，把零散的知识和经验整合成解决问题的方法，并转化为个人能力。

8.2.3　人才发展计划执行过程辅导

执行人才发展计划需要多个角色互相沟通和配合，共同助力员工实现职业发展目标。

人才发展计划执行过程涉及的角色主要有员工、直接上级和导师，他们在整个过程中的职责如下。

（1）员工负责执行和定期回顾自己的人才发展计划，积极参与学习活动，以及主动向直接上级、导师反馈自己在计划执行过程中需要的支持。

（2）直接上级是员工前行的"灯塔"，其辅导贯穿于执行人才发展计划的整个过程。此外，直接上级还承担着监督与考核员工的职责，需要定期关注员工的学习进度与效果，及时纠偏。

（3）导师在人才发展计划执行过程中的主要职责是辅导员工，和员工定期进行坦诚的交流，确保员工顺利执行人才发展计划。

对于人才发展计划的执行过程，我们需要进行详细的记录。员工可以使用纸质表格或电子表格（见表8-3）记录自己的收获与反思，从而进行自我督促。

表 8-3　某员工的发展记录

××××年××月发展记录				
学习方式	发展项目	行动内容	达成情况	我的收获与反思

根据员工的发展记录，直接上级和导师可以对员工的发展状态进行量化、追踪、评估，从而有计划、有重点地提供建议和指导。在必要时，直接上级和导师既可以根据实际情况，优化、更新员工的人才发展计划；也可以组织员工互相交流，促进经验分享与传播，确保员工高质量实现职业发展目标。

8.3 绘制干部发展地图

一位伟人曾说过："领导者的责任，归结起来，主要是出主意、用干部两件事。""出主意"是指领导者要会谋划，决策要科学、民主。"用干部"包含两层意思：一是正确选拔干部，二是善于使用干部。组织的可持续发展离不开干部的持续性成长。

8.3.1 干部履历标准化

作为企业的第一战略资源，干部引领着企业的价值导向，是企业实现战略目标的主力。

华为认为干部是业务发展与组织建设的"火车头"，担负着传承价值观、发展业务、建设组织、带领与激励团队的使命和责任。为此，华为建立了行政管理团队、华为大学、党委会"三权分立"的干部选拔制度。行政管理团队负责日常直接管辖组织，行使建议权与建议否决权；华为大学负责促进人力资源、人才管理等部门行使评议权与审核权；党委会负责行使否决权与弹劾权。

每个月，人力资源部门负责收集干部在工作中的绩效数据；人才管理部门负责对每个干部的能力（如决断力、商业洞察力、战略风险承担能力等）进行评估；党委会负责对商业违规事件进行调查；最终由人力资源部门整理最新的干部信息，并将其提交给行政管理团队，盘点干部的能力，选拔补位干部。

很多企业虽然重视对干部的管理与培养，但是往往停留在述职、考核等层面，对干部的基本信息、履历、能力等一概不知。在开展干部的管理与培养活动之前，企业应该实现干部履历标准化，以增强管理与培养干部的针对性。

干部履历如表 8-4 所示，具体包括干部的基本信息、工作经验、价值观、个人评估、各种记录和其他信息。

表 8-4　干部履历

类　别	具　体　内　容
基本信息	姓名、性别、出生日期、民族、籍贯、政治面貌、住址、学历、专业、职级、职称
工作经验	历任工作单位、起止时间、职位、工作内容、个人贡献、岗位调整情况
价值观	价值观评估
个人评估	年度工作业绩、个性、领导力、潜力、动机等评估结果
竞聘记录	参加竞聘的次数、得分情况、竞聘结果、考察期的表现
培训记录	参加过的培训课程、培训积分、考核结果、学习转化结果
薪酬记录	从担任管理者开始，职次调薪的额度和时间记录
其他信息	任职期间的奖惩、建言献策等信息

【案例】华为的履历制度

华为在干部提拔方面遵循"赛马而不相马"的原则，不会因为某个员工有所谓的"管理潜质"就刻意培养、提拔。2021 年 3 月，任正非在干部管理工作思路沟通会上表示，华为要持续优化干部选拔与任用机制，优化选拔标准与考察方法，逐步推行履历制度，让符合履历要求的干部得到优先选拔的机会。

（1）优化干部选拔与任用机制需要真正建立基于实际作业的履历制度，而不是曾经任职的岗位履历。

华为认为未来的干部履历包括两个方面：一是作业履历；二是履历的附件，即干部的自我鉴定。这样才是完整的干部履历，组织评价才能更全面。例如，干部在什么地点做过什么事？证明人是谁？这些都要有真实的记录。在这一点上，全球技术服务部的交付和维护数字化作业履历做得很好，干部做过的大型项目、中型项目、小型项目都有记录。不要担心履历厚，履历是干部的自我鉴定，组织评价是干部履历的缩影。在选拔干部时，企业可以参考组织评价，优先提拔在艰苦地区、艰苦岗位工作过的员工，"上过战场、开过枪、受过伤"是选拔干部的优先标准。

（2）明确关键岗位的资格要求、成长路径，推行履历制度，让符合履历要求的干部得到优先选拔的机会。

关于干部选拔标准，华为认为可以学习哈佛选拔人才的方式。哈佛选拔人才不仅看重他们的学术表现和学习成绩，还看重他们在社会实践中表现出来的影响力和领导力。只有亲身经历过，他们才能在面试时说真话，靠编故事是编不出来这些经历的，哈佛的面试官明察秋毫，编故事是过不了关的。华为认为，如果干部选拔有 10 个标准，那么企业应该把岗位工作的输出放在第一位。

关于干部考察方法，华为认为可以借鉴西方企业的面试方法。西方企业怎么面试？不是面试官提问题，而是让应聘者写一篇论文，谈谈自己的工作，面试官通过论文来考察应聘者对这份工作的认识。华为认为，对于高级干部，不应该考 "ABC"，而应该通过论文来考察。例如，干部说自己 "打下了上甘岭"。怎么打下来的？干部要写一篇论文，各个专家围绕干部的论文来考察。考察对或不对是次要的，关键是考察干部有没有用 "真枪实弹" 解决问题、有没有基层实践经验。

任正非认为，"上过战场、开过枪、受过伤" 是选拔干部的优先标准。履历制度的建立可以为选拔与任用干部提供参考依据，帮助企业管理者实时掌握干部队伍的情况。

在整理干部履历时，企业可以充分利用信息化系统，通过电子扫描、电子数据传输等技术，把纸质资料变成电子文件并保存，实现干部履历信息化。这不仅有利于迅速调取准确、可靠的干部信息资料，还有利于制订干部发展计划。

8.3.2 制订干部发展计划

企业成功有两个关键，分别是战略和组织能力。战略的核心是干部制定出来的，组织能力是由干部承载的。可以说，企业成功的关键是干部的能力。企业必须不断提升干部的能力，以保持企业的活力，增强企业的竞争力。

企业应根据战略和组织能力的要求，基于干部履历，为每个干部制订有针对性的、个性化的干部发展计划（见表 8-5），以持续提升干部的胜任度和能力。

表 8-5　干部发展计划

基本信息					
姓名		性别		出生日期	
入职时间		岗位		职级	
部门		直接上级		管理人数	
教育经历	起始日期	截止日期	学校	专业	学历
工作经历（包括同公司内的调岗、晋升）	起始日期	截止日期	公司	部门	岗位
个人现状					
项目	完成周期	内容描述（量化）		上级评价	
优势					
不足					
发展路径					
职业发展目标					
2 年内职业发展目标					
2 年后职业发展目标					
目标	分类	发展项目			周期
	掌握专业知识				
	提升核心能力				
	积累关键经验				
	其他				
异地调动意愿		□不愿意		□愿意 可以调动的区域：	
发展计划					
学习方式	发展项目	行动内容	起止时间	评估指标	评估人
在岗实践					
导师辅导					
课程培训					
自学					
回顾日期：		□半年度		□年度	
☑以上内容经过充分沟通，已达成共识，我同意该发展计划		本人签字： 日期： 直接上级签字：　　　　　　导师签字： 日期：　　　　　　　　　　日期：			

对于不同的发展项目，干部可以采用不同的学习方式。对于专业知识，干部可以采用培训（课程培训、自学）和在岗实践相结合的方式来掌握；对于核心能力，干部可以通过选拔和工作实践相结合的方式来提升；对于关键经验，干部可以通过轮岗和项目锻炼的方式来积累。

8.3.3　干部管理的工具和方法

在制订完干部发展计划后，企业需要借助科学的工具和方法，有针对性地进行干部管理。例如，华为根据干部发展的特点，设计了不同层次管理人员的发展项目，分别是针对一线干部后备人才的"青训班"项目、帮助基层管理人员从骨干转变为干部的基层干部培养项目，以及培养"将军"的"高研班"项目。

干部管理的方法主要有以下 6 种。

（1）选拔与培养：针对没有后备人才的岗位，从组织内外部选拔干部，并对绩效和潜力不理想的干部进行辅导。

（2）晋升与降职：对于高绩效、高潜力的"双高"干部，将其晋升到合适的岗位；对于绩效和潜力不理想的干部，采取降职等处理方法，建立"能上能下"的干部管理机制。

（3）岗位轮换：有计划地轮换干部的工作岗位，以培养干部的综合能力，打造复合型管理人才。

（4）挂职锻炼：在保留干部现任岗位的基础上，让干部兼任其他部门的管理副职或助理，扩大干部的工作面，为干部提供管理实践的机会，提升干部的综合管理能力。

（5）项目锻炼：根据干部发展计划，有针对性地为干部安排项目工作，让干部担任项目组长或副组长，考察、锻炼干部的素质和能力。

（6）脱产/半脱产培训：让干部暂时完全或不完全脱离岗位，外出深造进修。

【案例】京东的 ACS 培养模型

京东按照如图 8-4 所示的 ACS［A（Assessment，自我认知）、C（Challenge，挑战性培养内容）、S（Support，公司支持）］培养模型，为高潜人才精心设计培养项目，培养周期为一年。在此期间，京东会根据公司战略方向和个人发展意愿，帮助高潜人才快速提升能力。

图 8-4　ACS 培养模型

A：自我认知。

在培养项目前期，京东通过人才盘点、测评工具等帮助高潜人才进行自我认知，了解自己的个性、价值观、自我形象和动机等，也就是"冰山以下的部分"，让高潜人才明确培养哪些能力可以提升自己和组织的绩效，并与直接上级达成共识，共同制订未来的领导力发展计划，确定发展方向。

C：挑战性培养内容。

在为期一年的培养项目中，除了有助于提升能力的培养内容，京东高层还为高潜人才设计了很多挑战性培养内容，如把高潜人才外派到海外市场，直接让他们开拓海外业务、跨业务发展或带领更大的团队，全面管理区域性业务。

S：公司支持。

为了顺利开展培养项目，京东在人力、财力、平台方面给予了高潜人才很大的支持。

在人力方面，京东的 VP、高级总监等高层，各级人才发展专家，以及京东大学、业务部门的金牌讲师全力参与培养项目。项目组大力宣传培养项目，邀请高层参与开营仪式，为培养项目"站台"，激发高潜人才的积极性。

在财力方面，京东对培养项目投入巨资，如花费上百万元定制"中欧京东班"，邀请世界 500 强企业的原中国区 CEO 为高潜人才讲解行业管理理念或创新课程等。

在平台方面，只要京东内部有新的业务或发展机会，高层就会直接从高潜人才库中筛选合适的人才，给予高潜人才发展平台，发挥他们的才能。

基于 ACS 培养模型设计的培养项目不仅满足了高潜人才的发展需求，还给予了员工更多的发展资源与"土壤"，为京东培养了一批又一批支撑业务发展的核心管理人才。

8.4　导师制助力员工成长

在西方，"导师"一词可追溯到荷马史诗《奥德赛》，奥德赛在出征特洛伊战争前，把自己的儿子托付给好友曼托尔抚养和教育，曼托尔用 20 年的时间把奥德赛之子培养成才。

企业中的导师制是在学徒制的基础上借鉴学校中的导师制，由经验丰富的员工对经验较少的员工进行的指导和培训。

8.4.1　导师对员工成长的重要意义

加快员工的学习进度和提升员工的学习效果的好方法是提高直接上级或经验丰富的员工在学习过程中的参与度，为需要学习的员工提供辅导和支持。

调查显示，71%的财富 500 强企业正在使用导师制培养核心骨干，促进知识和经验的传承、转化。导师制是经通用电气、IBM、华为、阿里巴巴、腾讯、京东等著名企业验证有效的培训方法。

导师制对员工、导师和企业具有非常重要的意义。

（1）员工是导师制的直接受益者。在导师的辅导下，员工可以快速适应岗位角色、锻炼工作技能、提高岗位胜任度。此外，通过导师的人际关系指导，员工还可以获得心理支持，正确处理人际关系，把导师纳入自己的人际网，积累人脉资源，增加晋升与发展的机会。

（2）导师可以在辅导员工的过程中获得员工的尊重与认同，从而增加自己在组织中的影响力，高效锻炼自己的领导力，实现自我价值，获得成就感与满足感。

（3）企业可以通过导师制传播企业文化，促进对人才的培养和留存，营造"传、帮、带"的文化氛围，让优秀的知识和经验得以沉淀、传承。

导师在培养和发展员工的过程中扮演的是亦师亦友的角色：一方面，作为教练和辅导员，导师要向员工传授经验和方法；另一方面，在工作以外，导师要充当员工的生活和情感顾问。

1．教练和辅导员的角色

（1）帮助员工建立自我认知：导师可以帮助员工深入了解自己的优劣势和发展需求，为员工提供发展指导。

（2）帮助员工规划职业生涯：导师拥有丰富的从业经验，可以帮助员工了解组织的真实情况、规划职业发展路径，同时通过引荐增加员工晋升与发展的机会。

（3）向员工传授知识和经验：导师可以指导员工快速学习知识和技能，并积累经验，帮助员工避开未来工作中可能遇到的陷阱，避免犯低级错误。

2．生活和情感顾问的角色

（1）给予关怀：导师可以观察员工的情绪和状态，打消员工的顾虑，在员工沮丧时，给予员工关怀、鼓励、信心和支持。

（2）沟通和倾听：在员工状态不好时，导师可以充当员工的倾诉和咨询对象，为员工提供心理上的帮助与指导，以免其长期受负面情绪的影响。

【案例】华为的全员导师制

"用最优秀的人培养更优秀的人"是华为倡导的人才培养理念，这一理念贯穿华为最具特色的全员导师制。

华为的全员导师制是全员性、全方位的，因为华为认为所有员工都需要导师的指导。在华为，不仅新员工有导师，所有员工都有导师；不仅营销系统实行该制度，所有系统都实行该制度。

对于调整到新工作岗位上的老员工，无论其资历多深、级别多高，华为都会安排导师。导师也许比老员工的工作时间短、资历浅，不过，只要对方在该岗位上的能力比老员工强，对方就是老员工的导师。所以，即使是毕业后刚进入华为一两年的员工，也可以成为导师。

华为的导师职责比较宽泛，不仅包括业务上和技术上的"传、帮、带"，还包括思想上的指引和生活细节上的指导。

人才培养不是一件一蹴而就的事情，企业需要建立并不断完善导师制和人才培养体系，引导员工科学、高效地成长，促进员工与组织共同发展。

8.4.2　导师工作流程

为了确保导师传授的知识、技能、经验的有效性，以及它们与企业价值观的一致性，企业需要设计一套清晰、系统的导师工作流程，如图 8-5 所示。

建立信任关系　　沟通发展目标　　执行辅导计划　　员工评估总结

图 8-5　导师工作流程

第一步，建立信任关系。

在见面之前，导师和员工可以思考以下问题。

- 导师/员工的个性和做事风格是什么样的？
- 导师/员工的经验、背景和资历什么样的？
- 导师/员工的兴趣爱好是什么？
- 导师/员工为什么要辅导/接受辅导？
- 员工未来的职业发展目标是什么？导师的辅导能否帮助员工实现该目标？
- 员工希望从辅导中获得什么？

- 导师如何让员工变得更优秀?

通过思考以上问题,导师和员工可以快速加深对对方的了解,建立信任关系。

第二步,沟通发展目标。

在这一步,导师和员工需要进行一次全面的沟通。导师应根据员工的人才发展计划,和员工沟通其目前的实际情况、面临的挑战,并提出建设性建议,帮助员工确定具体、可落地的发展目标。

在员工确定了发展目标后,导师需要根据员工的特点,设计辅导频次不少于 6 次/年的辅导计划(见表 8-6),让员工知晓该计划,并提出期望与反馈。辅导计划由导师填写,在导师上级签字确认后生效,一式三份,分别由导师、员工、人力资源部门保存。

表 8-6　辅导计划

辅导频次	第一次辅导	第二次辅导	第三次辅导	第四次辅导	第五次辅导	第六次辅导
辅导内容						
辅导时间						
辅导方式						
回顾日期:		□半年度		□年度		
☑以上内容经过充分沟通,已达成共识,我同意该辅导计划	员工签字:					
	日期:					
	导师签字:		导师上级签字:			
	日期:		日期:			

第三步,执行辅导计划。

在辅导之外,导师可以每天对员工的需求进行一次日常检查,了解员工在执行人才发展计划的过程中遇到的问题,并及时指导员工解决相关问题。

在辅导过程中,导师应结合具体的工作实例,和员工共同讨论,指出员工的优势及不足,提出改进意见,并对计划实施效果进行客观的评价。导师可以使用如图 8-6 所示的 GROW[G(Goal,聚焦目标)、R(Reality,了解现状)、O(Option,探寻方案)、W(Will,强化意愿)]成长模型,对员工进行阶段性辅导。

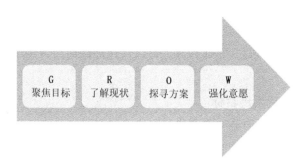

图 8-6　GROW 成长模型

- G（聚焦目标）：员工想解决什么问题，想实现什么目标？
- R（了解现状）：员工在知识、技能、经验等方面欠缺什么？员工改善现状的障碍是什么？
- O（探寻方案）：根据目标和现状，员工可以选择哪些方案？员工打算怎么做？
- W（强化意愿）：员工可以立即实施哪些方案？员工下一步的行动是什么？

在辅导完毕后，导师应在如表 8-7 所示的辅导记录表中记录每一次辅导的具体情况，并交给人力资源部门备案。

表 8-7　辅导记录表

第_____次辅导					
辅导时间		辅导方式		导师	
辅导内容					
员工收获					
导师意见					
下次辅导时间					

在辅导期间，导师应控制员工执行人才发展计划的进度。如果进度减慢，那么导师应让员工通过其他方式加快进度；如果员工提前完成了计划，那么导师可以在和员工沟通后，对后续任务进行适当的调整。

第四步，员工评估总结。

在辅导结束后，导师需要指导员工完成自评和工作汇报，帮助员工回顾发展进程与目标，协助员工的直接上级评估员工的发展情况。发展汇报表如

表 8-8 所示。

表 8-8 发展汇报表

学习方式	发展项目	行动内容	周期		达成情况	
			计划	实际	达成说明	未达成说明
在岗实践						
导师辅导						
团队培养						
课程培训						
自学						
个人总结						

为了确保导师工作流程顺利运行，在辅导员工期间，导师需要获得上级、员工的直接上级、人力资源部门的支持和理解。在辅导周期结束时，人力资源部门可以把所有员工和导师组织起来，举办庆祝活动，向导师表示认可和感谢。同时，员工、员工的直接上级和人力资源部门需要对导师的辅导表现进行客观的评价，为优化日后的辅导计划提供参考依据。

8.4.3 导师制的规范

制度的运行和管理需要统一的规范。为了确保导师制健康运行，企业需要从导师选拔标准、导师职责要求、导师激励制度这 3 个方面入手，建立统一的规范。

1. 导师选拔标准

导师的选择非常重要，优秀的导师能够"传道、授业、解惑"，引导员工正向发展；不合适的导师可能对员工的价值观、工作习惯等产生负面的影响。企业应该选择价值观正确、经验丰富、品德好、能力强的导师。

（1）价值观正确：导师要对企业文化有强烈的认同感，对企业的使命和愿景有深刻的理解，能够对员工进行正确的思想引导。

（2）经验丰富：导师要有充足的知识、技能储备和丰富的工作经验，能够指导员工解决在工作过程中遇到的各种难题。

（3）品德好：导师要品行端正，有较强的责任心，愿意发自内心地帮助员工提升。

（4）能力强：导师要有较强的组织、沟通协调、培养他人的能力，善于倾听他人的想法，并对他人提出建议，还要有较高的人际敏锐度，能够在员工状态不好时及时察觉。

2.导师职责要求

每个岗位都有各自的职责要求，导师岗位也要有明确的职责要求，以督促导师帮助员工实现能力上和思想上的既定目标。

（1）导师要定期与员工沟通，面谈就是一种非常有效的方式。

（2）导师要结合员工的岗位要求和自身情况，帮助员工确定培养目标、发展项目、行动内容。

（3）导师要根据员工的人才发展计划，对员工提出工作指导和建议，帮助其更深刻地理解工作内容，同时客观地指出员工的不足，促使员工反思。

（4）导师要为员工提供培训机会、设计业务场景，让员工"训战结合"、学以致用。

（5）在辅导结束后，导师要对员工的发展情况进行客观的评价。

3.导师激励制度

导师激励制度的本质是以人本思想为方向，对导师的行为进行有效的刺激，以激发导师辅导员工的积极性。企业可以从物质激励、精神激励、成长激励这3个方面入手。

（1）物质激励：企业可以根据导师的辅导效果，以及员工、员工的直接上级的综合评价，给予导师不同的现金激励和纪念奖品。

（2）精神激励：企业的高层管理者可以为优秀的导师颁发"最佳导师""优秀导师"等奖项，并授予每一位导师不同级别（初级、中级、高级）的职称。

（3）成长激励：企业可以为导师提供优先外出培训、深造、晋升和评优的机会。

【案例】华为的导师激励机制

为了确保导师制落实到位，华为对导师实行了以下 3 项激励政策。

第一，给导师发补助：导师可获得 300 元/月的导师费。

第二，定期评选"优秀导师"：被评选为"优秀导师"的导师可以获得 500 元的现金奖励，同时，公司会给予隆重表彰。

第三，华为的晋升机制规定：没有担任过导师的员工，一律不准晋升；不能继续担任导师的员工，不能继续晋升。

由此可见，华为把导师制上升到了培养接班人的高度。

上述 3 项激励政策增强了员工担任导师的荣誉感，大大提高了员工的执行力，在华为内部营造了良好的辅导氛围。

8.5　追踪人才发展计划

没有追踪，就没有结果。在员工执行人才发展计划的过程中，企业要把追踪工作落实到员工、导师、员工的直接上级、人力资源部门，对员工的发展进度进行把控、复盘、评估、反馈，在追踪过程中看到成果。

8.5.1　跟进导师和员工的成长进度

人力资源部门要定期组织导师和员工参加培训，不断提高导师的辅导专业度和员工的计划执行力，跟进导师和员工的成长进度。

1. 导师培训

导师应通过培训了解以下内容。

（1）导师应树立以员工为中心的辅导意识，清晰地认识到自己与员工之间不是上下级关系或竞争关系，而是相互尊重、相互学习的合作关系。

（2）导师应明确企业对导师的职责要求和导师工作流程，正确认知导师角色。

（3）导师应掌握面谈技巧，增进自己与员工之间的相互了解，及时发现问题，提升辅导效果，为员工提供反馈和支持。

（4）导师应了解辅导过程中的常见问题及其解决方案，可以通过情景模拟的方式进行练习。

（5）导师应聆听优秀导师的经验分享，可以请优秀导师现场答疑解惑。

2. 员工培训

员工应通过培训了解以下内容。

（1）辅导的目标、收获和需要的资源支持，以及员工需要做出的承诺。

（2）员工在执行人才发展计划的过程中遇到障碍时，应主动寻求导师的帮助。

（3）员工应保持开放的学习心态，积极采纳导师提出的合理化建议。不过，这不意味着照搬导师的建议，员工应在独立思考后采取行动。

（4）员工可以基于实践经验，向导师提出自己的看法和见解，与导师共同探讨最优方案。

（5）员工应积极完成学习任务，有意识地把所学知识付诸实践，加深对知识的理解。

【案例】百度全程跟进人才发展计划的实施过程

在百度的基层管理者培养计划中，人才发展计划贯穿始终，它是百度的培养发展策略中最关键的管理工具之一。

为了让员工有针对性地提升目标岗位所需的实战能力，百度的培训部门为每一个员工都匹配了相应的直线经理担任导师。在人才发展计划的实施过程中，员工会以经理助理的角色协助导师管理部门。导师负责监督和指导员工的人才发展计划实施情况，帮助员工把这种管理工具迁移到实际的工作场景中，以解决实际问题。

培训部门会定期对员工和导师开展培训，提高导师的专业度，增强员工的学习动力，以保证人才发展计划的实施效果。此外，培训部门还会和员工、导师进行一对一面谈，全程跟进员工的动态成长信息和导师的辅导情况，并根据导师的评估和反馈，帮助员工及时调整人才发展计划，使其符合目标岗位的要求。

在人才发展计划的实施过程中，员工和导师是最重要的角色。企业需要充分激发他们的积极性，为他们赋能，以促进导师提升经验传承能力，加快员工的能力提升速度。

8.5.2 评估导师和员工的发展工作

没有评估的人才发展计划只能流于形式、形同虚设。在发展周期结束后，导师、员工的直接上级和人力资源部门需要对员工的职业发展目标实现情况进行评估。同时，为了促进导师履行职责和树立优秀标杆，导师也需要被评估，员工、导师上级、人力资源部门可以按照40%、30%、30%的权重，完成对导师的评估。

1. 评估员工

评估员工的维度包括员工的职业发展目标实现情况、学习态度和发展周期前后的绩效对比。企业可以根据柯氏四级评估模型（见图8-7），对员工进行全面的评估。

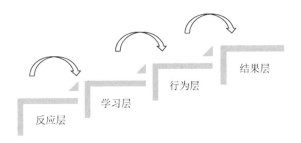

图 8-7 柯氏四级评估模型

1）反应层

员工是人才发展计划的直接受益者。部分发展项目无法以业绩的方式呈现，企业可以通过员工的总结和自评，了解员工的主观感受和人才发展计划的实施效果。

2）学习层

人力资源部门可以与导师合作，通过笔试、答辩、实战演练等方式，考察员工发展周期前后在发展项目（如知识、能力、经验等）上的变化。

3）行为层

实施人才发展计划是为了提高员工的能力，而能力通常是通过行为呈现出来的。推动员工的上级对员工发展周期前后的行为变化进行评价，分析人才发展计划是否让员工产生了行为上的改变，是评估员工是否实现职业发展目标的重要方式之一。上级评价表如表 8-9 所示。

表 8-9　上级评价表

员工姓名：					部门：			职位：	
培训课程：					发展周期：			评估人：	
发展项目	评价（用 "√" 标明）								
	发展周期前					发展周期后			
	5	4	3	2	1	5	4	3	2	1
评估结论：									

4）结果层

实施人才发展计划的最终目的是提高组织能力与绩效。为了达到该目的，人力资源部门可以对员工发展周期前后的工作能力、工作绩效进行评价和判断，评估员工的发展情况。

2. 评估导师

评估导师的维度包括工作态度、辅导计划的科学性、辅导计划的执行情况和员工发展情况等，导师评估表如表 8-10 所示。根据评估得分，导师可以被分为 5 个等级，分别是优秀、良好、一般、合格、不合格。对于优秀的导师，企业应给予奖励；对于不合格的导师，企业应取消其辅导资格。

对员工进行评估可以帮助企业衡量人才发展计划的实施效果，为制订下一个阶段的人才发展计划提供参考依据。对导师进行评估可以规范导师的工作行为，营造正向的辅导氛围。人力资源部门需要把评估结果告知导师、员工及其上级等相关人员，并收集他们的意见和反馈。

表8-10　导师评估表

评估周期			评估人		评估日期				
被评估导师	姓名		部门	岗位	辅导员工				
评估维度	评估标准			权重	优秀	良好	一般	合格	不合格
工作态度	积极地向员工传达企业文化和价值观			20%	5	4	3	2	1
	按时参加导师培训和相关会议				5	4	3	2	1
	辅导工作认真负责，积极回应员工。				5	4	3	2	1
辅导计划的科学性	按时提交辅导计划，并与员工进行充分沟通			20%	5	4	3	2	1
	制订完整、科学、可操作性强的辅导计划				5	4	3	2	1
……	……				5	4	3	2	1
辅导计划的执行情况	严格按照辅导计划辅导员工			30%	5	4	3	2	1
	每天与员工进行正式沟通，及时解决员工遇到的问题				5	4	3	2	1
	真实记录每一次辅导的情况，对员工提出建设性的方法和意见				5	4	3	2	1
……	……				5	4	3	2	1
员工发展情况	在辅导期间，员工遵守公司制度，无违纪现象			30%	5	4	3	2	1
	在辅导期间，员工的工作绩效明显提高，业务水平显著上升				5	4	3	2	1
……	……				5	4	3	2	1
评估得分									
导师等级									

8.5.3   人才发展计划的评估与复盘

复盘是对行动的深刻反思和经验总结，是一个不断改进的持续性过程，其实质是从经验中学习。人才发展计划的评估可以使用复盘法，包括阶段性复盘和结束后的复盘。

人才发展计划的实施周期比较长，人力资源部门需要进行阶段性复盘，及时跟进员工的发展进度和导师的辅导状态。阶段性复盘流程的具体说明如下。

1. 组织复盘会议

企业可以根据人才发展计划中的重要事件或里程碑节点，组织员工、导师及其上级，按照如图 8-8 所示的 ORID［O（Objective，数据层面）、R（Reflective，体验层面）、I（Interpretive，理解层面）、D（Decisional，决定层面）］聚焦式会话模型召开复盘会议。

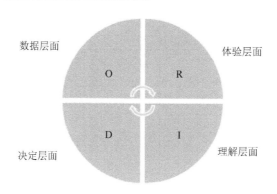

图 8-8   ORID 聚焦式会话模型

1）数据层面

参会者从客观的角度阐述自己在实施人才发展计划的过程中看到了什么、听到了什么，以及基于事实做出了什么行为。

2）体验层面

参会者从主观的角度阐述自己在实施人才发展计划过程中的感受，如有没有产生不愉快的情绪。

3）理解层面

参会者对人才发展计划的思考，如该计划带给自己哪些启示。

4）决定层面

经过人才发展计划的实施，参会者认为今后要怎么做才能做得更好，以及具体的行动计划是什么。

2. 回顾目标

各方对计划目标与实际结果进行对比分析，找出二者之间的差距。若没有设定计划目标，则各方可以对行动内容与实际结果进行对比分析。

3. 总结亮点

各方总结计划实施过程中的亮点，通过线上或线下会议的形式，邀请优秀员工分享经验，各方积极交流、畅所欲言。

4. 梳理不足

各方梳理计划实施过程中的不足之处，共同制定解决方案，同时明确方案落地的时间节点。

5. 沉淀经验

人力资源部门整合复盘资料，对员工、导师在执行计划的过程中遇到的问题和共同制定的解决方案进行详细的记录，整理成册，并下发给相关人员。此外，复盘资料还可以作为以后的员工培训资料。

结束后的复盘流程与阶段性复盘流程一致，不过前者的思考方向和回顾目标需要从全局视角来确定。企业应持续关注员工的发展情况，推动员工固化在人才发展计划中学到的知识、技能和经验，为实施下一个阶段的人才发展计划打好基础。

参 考 文 献

[1] 任康磊. 人才测评[M]. 北京：人民邮电出版社，2021.

[2] 李祖滨，汤鹏，李锐. 人才盘点：盘出人效和利润[M]. 北京：机械工业出版社，2020.

[3] 田效勋，李颖，刘瑞利. 高潜人才：培养下一代领导者[M]. 北京：中国人民大学出版社，2021.

[4] 张小峰，吴婷婷. 干部管理：八步法打造能打胜仗的干部队伍[M]. 北京：中国人民大学出版社，2020.

[5] 何欣. 重新定义培训：让培训体系与人才战略共舞[M]. 北京：中国法制出版社，2018.

[6] 水藏玺，向荣，刘洪良. 胜任力模型开发与应用[M]. 北京：中国经济出版社，2019.

[7] 韩文卿. 胜任力模型咨询笔记：世界 500 强企业的搭建方法[M]. 北京：中华工商联合出版社，2021.

[8] 李常仓，赵实. 人才盘点：创建人才驱动型组织[M]. 北京：机械工业出版社，2012.

[9] 美国人才发展协会. ATD 人才发展知识体系指南[M]. 苏文华，张野平，周烨，等译. 北京：电子工业出版社，2022.

[10] 威廉姆斯，罗森伯姆. 学习路径图[M]. 朱春雷，译. 南京：南京大学出版社，2010.

[11] 贝克尔，休斯里德，贝蒂. 重新定义人才：如何让人才转化为战略影响力[M]. 曾佳，康至军，译. 杭州：浙江人民出版社，2016.

[12] 马奎特. 学习型组织的顶层设计（原书第 3 版）[M]. 顾增旺，周蓓华，译. 北京：机械工业出版社，2015.

[13] 查兰，德罗特，诺埃尔. 领导梯队：全面打造领导力驱动型公司[M]. 徐中，林嵩，雷静，译. 北京：机械工业出版社，2011.

[14] 埃尔克莱斯，菲利普斯. 首席学习官——在组织变革中通过学习与发展驱动价值[M]. 吴峰，译. 北京：教育科学出版社，2010.